高校贫困生认定政策实施研究

李 飞 著

江苏人民出版社

图书在版编目(CIP)数据

高校贫困生认定政策实施研究 / 李飞著
. — 南京：江苏人民出版社，2023.12
ISBN 978 - 7 - 214 - 28448 - 8

Ⅰ. ①高… Ⅱ. ①李… Ⅲ. ①高等学校—贫困生—认
定—教育政策—研究—中国 Ⅳ. ①G645.5

中国国家版本馆 CIP 数据核字(2023)第 199354 号

书　　　名	高校贫困生认定政策实施研究
著　　　者	李　飞
责 任 编 辑	张　凉
出 版 发 行	江苏人民出版社
出版社地址	南京湖南路 1 号 A 楼　　　邮编　210009
印　　　刷	南京鸿润印刷有限公司
排 版 设 计	南京东汉文化传播有限公司
开　　　本	710mm×1000mm　1/16
印　　　张	15.5
字　　　数	268 千字
版　　　次	2023 年 12 月第 1 版
印　　　次	2023 年 12 月第 1 次印刷
标 准 书 号	ISBN 978 - 7 - 214 - 28448 - 8
定　　　价	92.00 元

(江苏人民出版社图书凡印装错误可向承印厂调换)

前　言

　　高校贫困生认定是高校贫困生资助的基础环节或核心议题,关系到贫困生资助增进个体效能、消解阶层固化等社会保护功能的有效释放。作为一种社会政策,高校贫困生认定政策的目标实现不仅与政策本身息息相关,更是与政策执行紧密相连。因为,对于任何政策来说,要获得其预期目标,都需要依靠强有力的政策执行,有效的政策执行过程被视为政策质量的重要保障。而政策执行作为一种将政策付诸实施的行动总和,其间的参与主体及其行动不可避免地会对政策执行及其效果产生诸方面影响。因此,对高校贫困生认定政策执行中的参与主体及其行动展开探讨,是洞悉高校贫困生认定政策实施的有效进路。

　　整体而言,已有研究的侧重点,更多的是贫困生认定标准、认定方法、认定程序等政策文本,而较少从微观层面关注政策实施中的参与主体及其行动。同时,在研究策略方面,更多的是进行静态分析,而较少进行动态的过程性分析,以至于未能更好地呈现高校贫困生认定政策实践的真实状态,并解释其政策目标何以实现。基于此,本文以地处我国中部地区的扬帆大学为案例,运用实践社会学所倡导的"过程—事件分析"的研究策略,以高校贫困生认定政策实施中的事件性过程为切入点,回到现象学所说的"回到事情本身",将高校贫困生认定浓缩为准备、申请、评议、结果四个阶段,以学校、辅导员、申请者以及学生评议人等参与主体为研究对象,通过观察、访谈等研究方法,深入阐释参与主体的行动及其逻辑。

　　研究发现,首先,高校贫困生认定政策实施过程也即多元参与主体制造贫困生身份的过程,在此过程中,不同参与主体基于各自的角色,展开了一系列的身份制造行动。具体来说,学校如同政策实施的"总舵手",对政策执行负有总体性责任,其行动可谓贯穿政策实施全过程,包括校级认定政策的制定、认定的组织管理、认定的指标设定以及异议处理。辅导员作为学生事务管理的"直接责任人",负责班级贫困生认定的具体组织与审核,在认定的申请阶段,其行动包括政策宣传、认定评议小组的组建以及认定评议规则的构建。在认定的评议阶段,其行动包括评议手段的设定、认定范围的设定、认定结果的把控。在认定的最后阶段,主要是对异议处理的行动。申请者是认定政策的目标对象,在认定的准备阶段,申请者通过"生活消费""做人""做事"进行自我贫困形象塑造的理想化表演。在认定的申请阶段,申请者依据不同政策待遇,采取差异化的申请路线。在认定的评议阶段,申请者采取"私下的倾诉"和"公开的言说"的"哭穷"行动,意图引发他者对自身贫困境况的情感认同。在认定的结果阶段,基于不同的情感体验,入围者的后续申请会出现"继续"与"放弃"的分化,而"无奈的退出"往往成为出局者的真实写照。学生评议人是一线的政策执行者,在认定的评议阶段,其行动体现于材料审核、贫困辨识等方面。在认定的结果阶段,"职业倦怠"使学生评议人产生一定的消极情绪,"轮流"或"抓阄"被用来决定谁来承担评议任务。

其次,在高校贫困生认定政策实施过程中,各参与主体的行动并非无源之水、无本之木,而是有其特定的逻辑。与此同时,作为"场域中的行动者",在分析其行动逻辑时,场域是一个重要考察因素。对于学校来说,由于相对自主性与自身逻辑的双重属性,学校在政策实施中展现出稳妥取向的行动逻辑,即追求政策执行的稳当、可靠,尽量避免政策风险,以及可能由此引发的负面后果与行政问责。对于辅导员来说,受职业定位的政策规范、高校学生管理实践以及个人生活境遇的多重作用,自我保护心态成为辅导员持久而又潜在的行为倾向系统,并在这种行为倾向系统的作用下,辅导员在政策实施中展现出谨慎与统摄的行动逻辑,前者指小心翼翼,以免发生不确定性风险;后者指统领各个事项,使认定在可以控制的范围内执行。对于申请者来说,由于被支配的场域位置,申请者在政策实施中展现出权宜性行动逻辑,即他们的行动并不是遵循了预先确定的规范的亦步亦趋的产物,而是洞察局部情况,依据具体情景(场景),

进行的主动创造。对于学生评议人来说，由于其在场域中具有"学生"与"政策执行者"的双重身份，他们在政策实施中展现出变通的行动逻辑，即因地制宜地灵活执行政策，从而实现政策的预定目标。

最后，本文进一步发现，各个参与主体背后有其更深层面的隐形机制，具体表现为两个方面：一是具有外在约束性的"权力的眼睛"，也即"权力的眼睛"所含有的"监视""权力""规训"等因素已经嵌入政策实施过程中，并运作于贫困生认定、贫困生资助以及贫困生认定管理；二是具有内在属性的"双重价值诉求"，也即政策实施内含社会保护与社会化的双重价值诉求，并运作于政策实施的各个环节。可以说，这两方面的隐形机制"内外结合"，共同作用于参与主体，深刻影响着参与主体的行动。不仅如此，借鉴组织对管理行为的价值判断模型，结合高校贫困生认定政策实施中参与主体的行动及其策略，笔者发现高校组织文化具有以下特性：其一，在动力特性方面，高校表现出保守与经验导向；其二，在效率特性方面，高校表现出过程与合作导向；其三，在秩序特性方面，高校表现出制度与集体导向；其四，在和谐特性方面，高校表现出关系与沟通封闭性导向。而针对高校组织文化的分析，可以进一步增进对高校组织行为"为何发生"等相关议题的理解。

目　录

第一章 绪 论

第一节 问题的提出

一、选题背景

对家庭经济困难学生(以下简称贫困生)的资助,关系学校及社会稳定大局,关系我国教育事业全面、协调、可持续发展。新中国成立以来,特别是改革开放以来,党和政府高度重视贫困生资助工作,并将这项工作列为国家长治久安和实现人民福祉的重要议题。党的十八大报告明确指出,"大力促进教育公平,合理配置教育资源,重点向农村、边远、贫困、民族地区倾斜,支持特殊教育,提高对家庭经济困难学生资助水平,积极推动农民工子女平等接受教育,让每个孩子都成为有用之才"。党的十九大报告再次强调,"要健全学生资助制度,使绝大多数城乡新增劳动力接受高中阶段教育、更多接受高等教育"。这不仅体现了中国共产党执政为民的理念,而且有利于促进教育资源均衡发展、保障公民的受教育权,促进我国社会稳定和谐向前发展。

福利资源的精准分配,有赖于政策目标的精准识别。若要将有限的资助资源精准分配给真正有需要的贫困生,实现"应助尽助"的政策目标,就需要构建一套切实可行的贫困生瞄准机制,从技术上为这种理想的政策目标保驾护航。事实上,政策制定者在贫困生资助政策颁布之初,就已经针对性地制定了贫困

1

生认定的配套政策。然而,就世界范围内而言,精确瞄准社会政策对象都是一个极具挑战的问题。① 西方的社会政策研究与福利效应评估,以及我国的农村贫困人口识别研究,已向我们充分展示了这种挑战。与此同时,由于贫困生识别依据其家庭经济情况,而其家庭情况又具有时空分离的隐秘性。尤其是2020年后,相对贫困治理成为新时代中国反贫困事业的核心议题②,而相对贫困的多维性、相对性,决定了其识别难度系数加大,进一步为精确识别贫困生增加了难度。正如有学者所认为的,贫困人口的瞄准机制兼具简约化和通用性的内在属性,而社会环境却是复杂而多样的。③ 但是,不管怎样,如何精确识别贫困生并实现资助资源的精确分配,是决策者必须解决的难题。

二、研究问题

高校贫困生认定是高校贫困生资助的基础环节或核心议题,关系到贫困生资助增进个体效能、消解阶层固化等社会保护功能的有效释放。作为一种社会政策,高校贫困生认定政策的目标实现不仅与政策本身息息相关,更是与政策执行紧密相连。有学者认为,对于任何政策来说,要获得其预期效果和目标,都需要强有力的政策执行,有效的政策执行过程被视为政策质量的重要保障。④ 而政策执行作为一种将政策付诸实施的行动总和,⑤其间的参与主体及其行动不可避免地会对政策执行及其效果产生诸方面影响。因此,对高校贫困生认定政策执行中的参与主体及其行动展开探讨,是洞悉高校贫困生认定政策实施的有效进路。

整体而言,已有研究的侧重点,更多的是贫困生认定标准、认定方法、认定程序等政策文本,⑥而较少从微观层面关注政策实施中的参与主体及其行动。

① Walker, R. *Social Security and Welfare: Concepts and Comparisons*. Maindenhead: Open University Press, 2005:200.

② 李棉管、岳经纶:《相对贫困与治理的长效机制:从理论到政策》,《社会学研究》,2020年第6期。

③ 李棉管:《技术难题、政治过程与文化结果——"瞄准偏差"的三种研究视角及其对中国"精准扶贫"的启示》,《社会学研究》,2017年第1期。

④ 陈水生:《什么是"好政策"?——公共政策质量研究综述》,《公共行政评论》,2020年第3期。

⑤ 宁骚:《公共政策学》,高等教育出版社,2018年版,第288页。

⑥ 丁桂兰、周艳华:《高校贫困生认定的现实困境与对策思考》,《教育与职业》,2010年第26期;杨绍政、刘庆和:《我国高校贫困生认定制度基础缺陷的矫正与配套政策设计》,《贵州社会科学》,2016年第12期。

同时,在研究策略方面,更多的是进行静态层面的分析,而较少进行动态的过程性分析,以至于未能更好地呈现高校贫困生认定政策实践的真实状态,并进一步增进对高校贫困生认定政策及其执行的认识。

基于此,本文以地处我国中部地区的扬帆大学为案例,运用实践社会学所倡导的"过程—事件分析"的研究策略,以高校贫困生认定政策实施中的事件性过程为切入点,以政策实施过程中的参与主体为研究对象,通过观察、访谈等研究方法,深入剖析参与主体的行动及其逻辑,进而揭示高校贫困生认定政策实践何以实现,高校贫困生身份何以被制造。具体来说,本研究主要探讨的问题包括高校贫困生认定的政策执行环境是怎样的? 其对贫困生认定产生了怎样的影响? 参与主体如何在高校场域内展开行动? 其行动的真实样态是怎样的? 参与主体的心态及其背后的作用机制是怎样的? 而了解这些问题,不仅可以打开高校贫困生认定的政策执行"黑箱",观照政策执行的"最后一公里",为高校贫困生认定政策目标何以实现提供解释,而且可以拓展贫困及其识别的非技术性认知,为我国构建相对贫困治理的长效机制贡献一些经验启示。

第二节 文献回顾

对文献的回顾与梳理,不仅有利于形成已有研究成果的知识图谱,为后续研究奠定理论与知识基础,而且可以发现已有研究的不足或有待弥补之处,为后续研究提供拓展空间或新机会。下面主要从四个方面进行文献回顾,分别是政策制定与执行、贫困与贫困识别、高校学生资助政策实践及高校贫困生认定政策实践。

一、政策制定与执行研究

政策是行动的指南,它是个人、团体或政府在固定环境中制订的行动计划。[①] 任何一项政策在其整个"政策生命"(policy life)中都将经历一定的功能

---

① 林水波、张世贤:《公共政策》,五南图书出版公司,1997年版,第8页。

性时期或阶段,①也即所谓的政策过程,包括从"问题出现"到"问题解决"的所有阶段②。其中,政策制定与政策执行就属于政策过程不可或缺的重要部分。

（一）政策制定

政策制定是公共组织尤其是政府围绕某个重要的政策问题,按照特定的程序和原则确定政策目标,拟订、评估、择定相关政策方案,并最终通过一定程序予以合法化的过程。③ 政策制定是政策过程的核心环节。政策制定决定了政策方案的成功与否,④而政策方案又是影响政策质量的首要因素。⑤ 围绕政策制定的议题,学者主要从公民参与、利益及其博弈、交易成本三个方面展开。公民参与是指普通公民或以普通公民身份参与的公职人员,通过一定的方式对公共政策的制定施加影响的行为。⑥ 公民参与是实现政策公正、平等价值取向的有效保障⑦,是推动政策变迁的重要因素。⑧ 公民参与政策制定的形式有民意调查、召集会议、听证会、专家咨询、关键代表接触、公民主动接触、恳谈会、旁听会、线上参与九种。⑨ 政策制定中,公民参与协商的模式有内生模式(决策型、动员型、咨询型)、外生型模式(建议型与压力型)及融合型模式。⑩ 公民参与政策制定也会受到一些因素的影响或制约,Thomas 认为,公民参与的时间、意愿、能力等因素,影响了参与的范围、层次及频率。⑪ 王洛忠等人基于多案例的

① 保罗·A.萨巴蒂尔:《政策过程理论》,彭宗超、钟开斌译,生活·读书·新知三联书店,2004 年版,第22 页。

② 宁骚:《公共政策学》,高等教育出版社,2018 年版,第 188 页。

③ 宁骚:《公共政策学》,高等教育出版社,2018 年版,第 257 页。

④ McConnell, A. "Policy Success, Policy Failure and Grey Areas In-Between". *Journal of Public Policy*, 2010,30(3):345-362.

⑤ Smith, T. B. "The Policy Implementation Process". *Policy Sciences*, 1973,4(2):203-205.

⑥ 王建容、王建军:《公共政策制定中公民参与的形式及其选择维度》,《探索》,2012 年第 1 期。

⑦ 宋林霖、代红凯:《公共政策制定过程中的公民参与理论述评》,《湖北社会科学》,2012 年第 1 期; Arnstein, N. S. "ALadder of Citizen Participation". *Journal of the American Institute of Planners*, 1969,30(4):216-224.

⑧ 保罗·A.萨巴蒂尔:《政策过程理论》,彭宗超、钟开斌译,生活·读书·新知三联书店,2004 年版,第131 页。

⑨ 王建容、王建军:《公共政策制定中公民参与的形式及其选择维度》,《探索》,2012 年第 1 期。

⑩ 徐敏宁:《我国民生政策制定中公民参与协商模式探究》,《江苏行政学院学报》,2021 年第 2 期。

⑪ Thomas, J. C. "Public Participation in Public Decisions: New Skills and Strategies for Public Managers". *Government Finance Review*. 1995,35(4):689-694.

定性比较分析,认为公民参与政策制定的程度差异受多重因素影响,包括政策类型、公民自身素质及外部制度环境等。[①]

公共政策是政治系统对全社会价值进行权威分配,以使一部分人可以享用某种资源,而排斥另一部分人享用这种资源。[②] 因此,政策制定实际上是利益协调的过程,而这种协调又不可能完全消除利益的差异性、层次性,并由此引发失衡、矛盾、冲突。王运锋认为,公共政策制定中存在部门利益冲突,其动因是部门的政治权力、经济利益、政绩、价值观四个方面的追求。政治权力追求包括扩大本部门政策资源,以及设置本部门行政审批和许可权;经济利益追求包括为本部门服务群体和服务对象争取经济利益最大化,以及为本部门争取相应经济利益;政绩追求包括完成部门任务、执行上级政策、通过考核评价;政策价值包括公共性、公平、民主、效率等方面,价值追求即是指部门基于不同偏好的价值取向。[③] 马宝成认为,公共政策制定是一个多元、复杂主体的博弈过程,不同博弈主体的多元博弈途径、博弈信息的不对称性及参与的不充分性,导致政策制定存在诸多不确定性,需要通过协调不同主体利益关系、制度化利益博弈、扩大博弈途径、提升信息透明化及均衡主体发育等方面的优化政策制定。[④] 与此同时,利益相关者对政策制定会产生重要影响,这种影响既体现在其直接影响政策制定,还体现在其通过话语建构对政策质量的评判产生影响。[⑤] 因此,政策制定者应尽可能扩大社会价值的照顾范围,[⑥]以防止因经济利益冲突而导致的政策失败。[⑦]

---

① 王洛忠、崔露心:《公民参与政策制定程度差异的影响因素与路径模式——基于31个案例的多值定性比较分析》,《南京大学学报(哲学·人文科学·社会科学)》,2020年第6期。

② 戴维·伊斯顿:《政治生活的系统分析》,王浦劬译,华夏出版社,1999年版,第39页。

③ 王运锋:《公共政策制定过程中部门利益冲突的动因分析》,《河北大学学报(哲学社会科学版)》,2016年第6期。

④ 马宝成:《公共政策制定中的利益博弈》,《人民论坛》,2012年第11期。

⑤ Zittoun, P. "Analysing Policy Failure as An Argumentative Strategy in The Policymaking Process: A Pragmatist Perspective". *Public Policy and Administration*, 2015, 30(3-4): 243-260.

⑥ Bovens, M. and P. Hart. "Frame Multiplicity and Policy Fiascoes: Limits to Explanation". *Knowledge and Policy*, 1995, 8(4): 61-82.

⑦ Peters, B. "State Failure, Governance Failure and Policy Failure: Exploring the Linkages". *Public Policy and Administration*, 2015, 30(3-4): 261-276.

自 20 世纪 80 年代伊始,政策制定过程的分析引入交易成本视角,以克服政策过程被一般规范分析方法当作最大化社会福利的黑箱。[①] 对交易成本的分类,将有利于交易成本的测量,[②]进而有助于理解政策制定,促进高质量政策的生成。[③] 黄新华认为,交易成本涉及信息、谈判、代理、运转及合法化等多个方面,需要构建承诺、激励、监督、授权及信誉等多重机制,以便节约政策制定的交易成本。[④] 王琳、何瑶认为,交易成本涉及信息、决策、适应、维护、监控及风险等方面,且由于政策制定主体的有限理性与能力不足、政策制定环境的监督不力与信息不对称、政策制定过程的政策范围模糊与政策效果的不易测评等,不仅导致政策制定的交易成本较高,而且会衍生机会成本等隐性成本。[⑤]

(二)政策执行

政策执行是指政策执行主体采用多种措施与手段影响政策对象,从而实现政策内容,并且使政策目标得以实现的行动过程。[⑥] 20 世纪 70 年代以来,以美国为代表的西方公共政策研究领域兴起公共政策执行研究热潮,并形成"自上而下""自下而上"及"上下结合"三种研究路径。[⑦] "自上而下"是第一代政策执行研究路径,有的称其为"以政策为中心的途径",也有的称其为"政策制定者透视"。[⑧] 这种研究路径聚焦于两个方面:一是政策目标的实现度和经合法授权的执行主体的行动;二是执行主体的理解及其想法。[⑨] 其创始人是马克斯·韦伯,在他看来,理想的决策系统是自上而下单向的命令传递。[⑩] 依此理想模

---

① 阿维那什·迪克西特:《经济政策的制定》,刘元春译,中国人民大学出版社,2004 年版,第 6 页。

② McCann, L. , B. Colby, K. W. Easter, A. Kasterineand K. V. Kuperan. "Transaction Cost Measurement for Evaluating Environmental Policies". *Ecological Economics* , 2005, 52(4): 527-542.

③ 阿维那什·迪克西特:《经济政策的制定》,刘元春译,中国人民大学出版社,2004 年版,第 40 页。

④ 黄新华:《政治过程、交易成本与治理机制——政策制定过程的交易成本分析理论》,《厦门大学学报(哲学社会科学版)》,2012 年第 1 期。

⑤ 王琳、何瑶:《公共政策制定交易成本问题探析》,《理论导刊》,2011 年第 5 期。

⑥ 宁骚:《公共政策学》,高等教育出版社,2018 年版,第 288 页。

⑦ 贺东航、孔繁斌:《公共政策执行的中国经验》,《中国社会科学》,2011 年第 5 期。

⑧ 李允杰、丘昌泰:《政策执行与评估》,元照出版公司,2003 年,第 40 页。

⑨ 麦克尔·豪利特、M. 拉米什:《公共政策研究:政策循环与政策子系统》,庞诗译,生活·读书·新知三联书店,2006 年版,第 272 页。

⑩ 马克斯·韦伯:《马克斯·韦伯社会学文集》,阎克文译,人民出版社,2010 年版,第 203 页。

型,政策行为的宗旨或目标由上层规划和制定,下层在服从和遵行中执行政策。① 与此同时,虽然"自上而下"研究路径偏向个案研究,但也努力构建一般化的理论模型,致力于政策执行研究的深化。② 以史密斯(T. B. Smith)为代表,他开创性地构建了一个理论模型,也就是"过程模型",这个模型旨在分析政策执行的多种因素及其所形成的生态关系。③ 史密斯认为,政策执行过程中会产生紧张压力,并形成支持或反对的政策执行响应。④ 这种紧张由政策本身、执行机构、目标群体和环境因素构成。政策本身涉及政策的形式、类型、缘由、范围、社会支持度和社会印象等;执行机构涉及机构的结构与人员组成,以及主要领导者的理念、方式、技巧、能力等;目标群体涉及其组织化、先前政策经验及其对领导者的相关认知程度等;环境因素涉及政治、经济、文化、历史等关联政策生存空间的环境。⑤

"自下而上"是第二代政策执行研究路径,有的称其为"向后推进策略",也有的称其为"草根路径"。⑥ 这种研究路径以政策制定者和执行者的互动为着眼点,主张政策制定者应该为政策执行创造尽可能自主的空间,并对基层官僚或地方执行机构适度放权,使他们拥有更多的自由裁量权,实现以适当的方式构建与外界环境相契合的政策执行过程。⑦ 有学者认为,"自下而上"是以个体的行动研究为立足点,重点关注相关主体和机构及其二者之间的互动关系。⑧也有学者认为,政策执行不是由上层决策者决定的,而是由执行者之间的讨价

---

① 宁骚:《公共政策学》,高等教育出版社,2018年版,第289页。
② 陈喜乐、杨洋:《政策执行研究的范式转变》,《厦门大学学报(哲学社会科学版)》,2013年第1期。
③ 宁骚:《公共政策学》,高等教育出版社,2018年版,第295页。
④ Smith, T. B. "The Policy Process Implementation". *Policy Sciences*, 1973(4):197-209.
⑤ Smith, T. B. "The Policy Process Implementation". *Policy Sciences*, 1973(4):197-209.
⑥ 林水波:《公共政策新论》,智胜文化事业有限公司,1999年版,第259-261页。
⑦ 宁骚:《公共政策学》,高等教育出版社,2018年版,第290页。
⑧ 米切尔·黑尧:《现代国家的政策过程》,赵成根译,中国青年出版社,2004年版,第119页。

还价决定的,而且执行者的执行技巧及其责任心将最终决定政策执行效果。[①] 甚至有学者认为,妥协、联盟抑或交易成为有效政策执行的常态,因而政策执行的功能特性呈现出互惠优于监督。[②] 为此,麦克拉夫林(M. Mclanghin)构建了"互适模型",也可以称其为"互动理论模型",强调政策执行是一个动态平衡过程,这个过程以执行者和受影响者围绕政策执行目标或手段的相互调适而展开,而政策执行成功与否主要依靠二者的互适程度。[③] 在此基础上,霍恩(C. E. Van Horn)和米特尔(D. S. Meter)还注意到政策执行人员的价值取向、行为能力、精神面貌等特性对政策执行效果的直接影响,并构建了"系统模型"[④]。

"上下结合"是第三代政策执行研究路径,试图克服"自上而下"的单边主义与"自下而上"的多边主义所存在的不足,[⑤] 将政策执行过程视作开放、复杂和动态的体系,以回应日益复杂的社会环境及其对社会治理带来的新挑战[⑥]。秉持此研究路径的政策学家相信,在政策执行的过程中,一方面,要确保政策制定者做好顶层政策设计,并提升政策资源的效用;另一方面,要深入了解政策相关参与者,及时掌握其诱因结构。[⑦] 基于这种观点,"府际政策执行沟通模式""综合模型""政策变迁倡导联盟框架"等政策执行模型得以构建。"府际政策执行沟通模式"由麦尔科姆·高金等人提出,在他们看来,政策执行是通过府际或组织间的网络来实现政策目标的,政策执行过程内含高度的动态性和复杂性。[⑧] "综合模型"由梅兹曼尼安(D. A. Mazmanian)和萨巴蒂尔(P. Sabatier)共同提出,他们在"系统模型"的基础上,不仅将政策问题纳入影响政策执行的变量中,而且将其作为关乎政策执行质量的重要变量。[⑨] "政策变迁倡导联盟框架"试

---

① Michael Lipsky. *Street-level Bureaucracy: Dilemmas of the Individual in Public Services*. New York: Russell Sage Foundation, 1980: 98.

② 李允杰、丘昌泰:《政策执行与评估》,元照出版公司,2003年版,第66-67页。

③ 陈振明:《公共政策学——政策分析的理论、方法和技术》,中国人民大学出版社,2004年版,第251页。

④ Van Meter D. S. and C. E. Van Horn. "The Policy Implementation Process: A Conceptual Framework". *Administration and Society*, 1975, 6(4): 445-488.

⑤ Fox, C. J. "Bias in Public Policy Implementation Evaluation". *Policy Studies Review*, 1987(7): 128-141.

⑥ 陈喜乐、杨洋:《政策执行研究的范式转变》,《厦门大学学报(哲学社会科学版)》,2013年第1期。

⑦ 李允杰、丘昌泰:《政策执行与评估》,元照出版公司,2003年版,第83页。

⑧ 陈庆云:《公共政策分析》,北京工业大学出版社,2006年版,第180页。

⑨ 宁骚:《公共政策学》,高等教育出版社,2018年版,第297页。

图从政策变迁视角分析政策执行的过程,该模型由萨巴蒂尔(P. Sabatier)提出,他认为政策效用是长期形成的过程,判断一个政策成功与否可能需要 10 年以上的时间,因此,政策执行必须考察信仰体系,这个体系包括价值优先性及对因果关系、世界状态、政策工具的认知等。[①]

20 世纪 90 年代中期起,国内学界逐渐兴起政策执行相关议题的研究,并形成一批研究成果。[②] 在理论研究方面,最早出现的是政策变通视角,即政策会依据具体情况因地制宜地执行,将原则性与灵活性有机结合,[③]包括自定义性、调整性、选择性及歪曲性政策变通。[④] 基于这种视角,学者提出选择性政策执行[⑤]、自保式政策执行[⑥]、象征性政策执行[⑦]及过度式政策执行[⑧]等。此外,有的学者主张利益分析视角,认为政策执行的本质是执行主体基于利益考量展开的博弈,而执行主体为获取自身效用函数最大化极易诱发政策执行的滞梗。[⑨]有的学者从组织学角度进行了分析,认为基层政府之间的共谋行为已经成为制度化的非正式行为,其原因是决策过程与执行过程的分离[⑩]。与此同时,还有一些学者分析了政策执行的影响因素,其中,信息不对称[⑪]、公众参与和支持[⑫]、政策满意度[⑬]等变量受到较多关注。

① 陈喜乐、杨洋:《政策执行研究的范式转变》,《厦门大学学报(哲学社会科学版)》,2013 年第 1 期。

② 贺东航、孔繁斌:《公共政策执行的中国经验》,《中国社会科学》,2011 年第 5 期。

③ 吴宾、齐昕:《政策执行研究的中国图景及演化路径》,《公共管理与政策评论》,2019 年第 4 期。

④ 庄垂生:《政策变通的理论:概念、问题与分析框架》,《理论探讨》,2000 年第 6 期。

⑤ O'Brien, K. J. and L. Li. "Selective Policy Implementation in Rural China". *Comparative Politics*, 1999,31(2):167-186.

⑥ 李棉管:《自保式低保执行——精准扶贫背景下石村的低保实践》,《社会学研究》,2019 年第 6 期。

⑦ 李瑞昌:《中国公共政策实施中的"政策空传"现象研究》,《公共行政评论》,2012 年第 3 期;孙发锋:《象征性政策执行:表现、根源及治理策略》,《中州学刊》,2020 年第 12 期。

⑧ Deng, Y., K. O'Brienand J. Chen. "Enthusiastic Policy Implementation and its Aftermath: The Sudden Expansion and Contraction of China's Microfinance for Women Programme". *The China Quarterly*, 2018(234):506-526.

⑨ 丁煌、李晓飞:《逆向选择、利益博弈与政策执行阻滞》,《北京航空航天大学学报(社会科学版)》,2010 年第 1 期。

⑩ 周雪光:《基层政府间的"共谋现象"——一个政府行为的制度逻辑》,《社会学研究》,2008 年第 6 期。

⑪ 丁煌、定明捷:《基于信息不对称的政策执行分析》,《北京行政学院学报》,2008 年第 12 期。

⑫ 刘晶、陈宝胜:《公共对话式政策执行:建设服务型政府的重要突破口》,《中国行政管理》,2013 年第 1 期。

⑬ 刘雪明、卢汉桥:《廉政政策执行中的公民有序参与研究》,《中国行政管理》,2010 年第 1 期。

二、贫困与贫困识别

贫困是一种复杂的社会经济现象[①],随着人类社会的不断发展,人们对贫困的理解与认识是一个不断演进的过程。与此相对应的是,人们对于贫困的识别与测量也经历了一个不断深入和丰富的过程。[②] 对现有文献搜集与分析显示,贫困可以分为三种类型,与之相伴的是,贫困识别通常涉及三种指标。

(一)贫困的三种类型

《英国大百科全书》对贫困有一个定义,认为贫困是一个人缺乏一定量的或社会可接受的物质财富或货币的状态。我国汉语对"贫"与"困"的理解可见诸各类典籍,《说文解字》视"贫"为"财分少也";《新华字典》视"贫"为"收入少,生活困难"。"困"可以理解为"陷在艰难痛苦的窘迫环境中"。[③] 具体而言,贫困有三种类型[④]。

一是生存型贫困,又可称为绝对贫困。1887 年,布思对伦敦人的生活和劳动状况进行了大范围的调查和贫困测量,开启了贫困问题的系统性研究。1899 年至 1950 年,朗特里基于英国约克镇穷人生存状况的调查编著了《贫困:城市生活研究》(Poverty:A Study Town Life),书中对贫困及绝对贫困标准线都进行了明确界定,指出如果一个家庭的总收入不足以维持获取纯粹体能所必要的最少生活必需品,则这个家庭处于贫困状态。[⑤] 生存性贫困含有两重属性:第一,有一个最低的收入标准,在这个收入标准之下人体的生理机能难以维持;第二,个体能够获取足够的收入以满足生理基本需要则意味着脱离贫困状态。

二是基本需要型贫困。此类贫困是在人们缺乏满足其基本需要(basic needs)的手段时发生的。基本需要型贫困含有两重属性:第一,与生存型贫困相似,低下的收入难以维持生理的基本需要;第二,"基本需要"到底指什么?

---

① 霍萱、林闽钢:《中国农村家庭多维贫困识别指标体系研究》,《社会科学战线》,2018 年第 3 期。
② 王红艳:《话语的建构与实践:以贫困叙述为例》,中国社会科学出版社 2015 年版,第 42 页。
③ 王小林:《贫困的测量:理论与方法》,社会科学文献出版社 2017 年版,第 1 页。
④ 王红艳:《话语的建构与实践:以贫困叙述为例》,中国社会科学出版社 2015 年版,第 42-43 页。
⑤ Rowntree,Benjamin Seebohm. Poverty:A Study of Town Life. London:Routledge/Thoemmes Press, 1997.

1942年,贝弗里奇(William Beveridge)发表《社会保险和相关服务》,指出阻碍战后重建的"五大恶"(five giants)为匮乏、疾病、无知、肮脏及闲散。可以说,"五大恶"论推动了人们对何为"基本需要"的理解。在此之后,联合国千年发展目标将人类基本需要分为"消除极端贫困和饥饿""实现普及初等教育""促进两性平等并赋予妇女权利""减低儿童死亡率""改善产妇保健""与艾滋病、疟疾和其他疾病做斗争""确保环境的可持续性"及"全球发展合作"八个方面。2011年,中共中央颁布《中国农村扶贫开发纲要(2011—2020)》,对中国政府界定的贫困的"基本需要"进行了明确,即"不愁吃、不愁穿,保障其义务教育、基本医疗和住房"。2015年11月,中共中央、国务院颁布《关于打赢脱贫攻坚战的决定》,指出"到2020年,稳定实现农村贫困人口不愁吃、不愁穿,义务教育、基本医疗和住房安全有保障",进一步明确了"基本需要"具体包括哪些方面。

三是相对剥夺型贫困。20世纪80年代以来,人们逐渐意识到判断人类福祉如何无法仅凭货币来进行衡量,贫困的测量与反贫困应是多维的、系统的,贫困概念由绝对贫困过渡到相对贫困。要准确理解相对剥夺型贫困需要把握两点:第一,就其本质而言,贫困是社会结构性不平等的历史与现实产物,如具有分配和再生产属性的社会政策发生不平等则会带来相应贫困问题;第二,思想观念影响人们对贫困标准的理解与认知。不同地域文化、民俗风情及社会心理会产生不同的贫困划分标准。

(二)贫困识别:三种指标

"识别"又称为归类或定性,是国际私法中的特有概念,指在适用冲突规范时,依据某项法律制度,对有关事实或问题进行分类和定性,将其归入一定的法律范畴,从而决定应援用哪一种冲突规范的认识。① "识别"不仅应用在法律领域,还广泛应用在其他领域,比如在人工智能领域的"识别模式",它是指处理和分析代表事物或现象的各种形式的信息的过程,目的在于描述、辨认、分类和解

---

① 来自百度百科解释,网址:https://baike.baidu.com/item/%E8%AF%86%E5%88%AB/264948?fr＝aladdin.

释事物或现象。"贫困识别"是贫困主题研究的首要性问题。[①] 2013 年,习近平总书记在湖南湘西考察时首次提出"精准扶贫"思想,为我国的扶贫开发战略指明了方向。精准扶贫是一个与粗放扶贫相对应的概念,是指根据不同贫困地区的环境和不同贫困农户的情况,采用科学有效的措施,精准识别、精准帮扶、精准管理扶贫对象的一种贫困治理方式。总之,"谁贫困就帮扶谁"。精确识别是精准扶贫的前提,唯有准确识别"谁贫困"才能实现"扶真贫"和"真扶贫"。所谓贫困识别,就是各级政府基于一定的标准通过一定的程序,辨认出符合条件的贫困村、贫困户,并将其建档立卡,国家采取精准化的帮扶政策。具体而言,贫困何以识别或者说如何进行贫困识别? 这不仅属于贫困识别的概念操作化问题,也是贫困治理不得不面对的首发性问题。笔者在收集分析文献资料的基础上,将贫困识别的方法分为以下三种:

一是收入标准。19 世纪末 20 世纪初,布斯和娄趣开始用收入测量英国的贫困。1979 年,建立起现代福利国家的英国废除了由朗特里提出的"购物篮子法"测算基本需要的预算,实行以"家庭收入低于中位数收入的 60%"来定义贫困的方法,中位数收入是指处于中位数收入分配阶层的家庭所获得的税后收入[②]。1963 年,美国经济学家欧桑斯基以食物和非食物的最低需要来测算贫困线,1964 年美国将这一方法用于确定国家贫困线。世界银行从 1984 年开始使用收入标准来测算贫困,将人均年收入低于 100 美元的国家或地区划入贫困或欠发达状态。20 世纪 90 年代,世界银行经济学家拉瓦雷(Martin Ravallion)等人收集并分析了 86 个国家(包括发达国家和发展中国家)1980 年—1990 年的消费数据,发现人均最低消费为每月 22 美元。据此,世界银行提出了知名的"一天 1 美元贫困线"。2008 年,世界银行根据新收集的 75 个国家贫困数据的分析将"一天 1 美元贫困线"修订为"一天 1.25 美元贫困线"。2011 年后,世界银行根据抽样国家的居民消费价格重新测算了贫困线,将一天 1.25 美元贫困

---

① 张晓静:《贫困的识别、加总与分解》,《上海经济研究》,2008 年第 1 期。
② 王小林:《贫困的测量:理论与方法》,社会科学文献出版社 2017 年版,第 5 页。

线调整为一天 1.9 美元。

二是人类发展指数(HDI)。受亚当·斯密将一个人不羞耻地出现于公共场合的能力视为基本需要思想的影响,阿玛蒂亚·森在前人的基础上进一步拓展了贫困的定义逻辑,将"贫困""福祉被剥夺""基本需要""能力"四要素放置于一个连续谱上,也即"贫困—福祉被剥夺—基本需要—能力"。1990 年,联合国开发计划署(The United National Development Programme,下文简称 UNDP)以森的贫困理论为基础,开创性地构建了人类发展指数(Human Development Index,下文简称 HDI),以此作为衡量人类发展状况的综合性指标,为国际社会囿于人均 GDP、预期寿命等单一维度衡量人类发展程度的限定开拓了新的思维模式和可操作空间。人类发展指数作为衡量人类发展的重要指标体系,其构成主要分为生命指标、教育指标及 GDP 指标的三个分指标值的等权平均数。与此同时,三个分指标值是建立在出生时的生命预期寿命、成年人的识字率、综合入学率(包括小学、中学、大学)及人均实际 GDP 购买力四个维度基础上计算而来。HDI 的计算公式为:一个国家的 HDI=(生命指标+教育指标+GDP 指标)/3,该公式所得数值介于 0 和 1 之间,而且数值越大说明人类发展指数越好。[①]

三是多维贫困指数(MPI)。阿玛蒂亚·森的能力贫困拓展了人们对贫困的基本理解:从认知层面来看,使人们认识到贫困不仅是收入难以满足食物和非食物的基本需要开支,更是无法正常获得教育、卫生等基本服务的能力贫困;从哲学层面来看,使人们对贫困的类型学与发生学解析由单维视角发展为多维视角,从而对贫困的理解实现了质的飞跃。在此之后,学者们纷纷投入多维贫困测量方法的研究。阿特金森(Atkinson A.)将多维贫困的测量分为社会福利方法(the social welfare approach)和计数方法(the counting approach)两类。社会福利方法主张将贫困的不同维度视为社会福利函数的参数,并据此来评估个体或家庭状况。2007 年,阿尔基尔(Sabina Alkire)和福斯特(James Foster)

---

① 李红:《谈人类发展指数的理论评价与应用》,《经济问题》,2007 年第 5 期。

在由阿玛蒂亚·森在牛津大学国际发展系创立的牛津贫困与人类发展中心提出多维贫困指数的 AF 方法,全称为"Alkire-Foster"方法。2010 年,联合国开发计划署在发布的《人类发展报告》中向全球公布了多维贫困指数(MPI)测量方法。多维贫困指数包括"健康""教育""生活水平"的三个维度共计 10 多项指标。具体来说,健康维度包括"营养""儿童死亡率"两个指标;教育维度包括"成年人受教育年限""儿童入学率"两个指标;生活水平维度包括"做饭所使用的燃料""厕所""饮用水""电""屋内地面""资产"六个指标。[①] 该指数可以从多个维度测算、分析、评估个人或家庭的被剥夺情况,以此说明个人或家庭的贫困状况。[②]

(三) 相关实践与应用

贫困与贫困识别已经得到我国学界、政府及社会的广泛关注。经过对现有文献进行收集和分析,发现相关实践与应用除了集中在精准扶贫背景下的建档立卡贫困户为何"瞄偏"与何以"瞄准",更多的是关于农村低保制度的研究。

首先是贫困测量,即贫困何以"瞄准"以使相应的扶贫资源准确分配给真正贫困的政策目标对象。2007 年 7 月,国务院下发的《关于在全国建立农村最低生活保障制度的通知》(以下简称《通知》)规定,"农村最低生活保障对象是家庭年人均纯收入低于当地最低生活保障标准的农村居民,主要是因病残、年老体弱、丧失劳动能力及生存条件恶劣等原因造成生活常年困难的农村居民"[③]。《通知》发布以来,农村低保覆盖人数由 2007 年年底的 3566.3 万人一度发展到 2014 年最高达 5207.2 万人。随后,由于精准扶贫政策深化推进及脱贫攻坚成效日益显现,农村低保人数持续减少至 2018 年的 3519.7 万人。与此同时,农村低保标准亦随社会经济发展水平实现动态调整,平均保障标准由 2007 年的每人每年 840 元提高至 2018 年的每人每年 4833 元。为此,国家不断加大了农

---

① 关于多维贫困指数的测量,详见牛津大学贫困与人类发展中心网站中的资源栏目:http://www.ophi.org.uk.

② UNDP. Human Development Report and UNDP(2011),Human Development Report,2010.

③ 国务院:《国务院关于在全国建立农村最低生活保障制度的通知》[DB/OL]. 2008-3-28. http://www.gov.cn/zhuanti/2015-06/13/content_2878972.htm.

村低保的资助力度,全年发放的农村最低生活保障金由 2007 年的 109.1 亿元增长至 2018 年的 1056.9 亿元。[1]

那么,首要问题是如此规模的低保群体是如何识别出来的?唯有先弄清楚低保识别问题,包括机制、标准等,才能将有限资源用于帮助确实贫困的群体,实现党和政府的全面脱贫目标。为此,2010 年 11 月,国家民政部下发《民政部关于进一步规范农村最低生活保障工作的指导意见》(以下简称《意见》),指出"凡家庭年人均纯收入低于当地低保标准的农村居民家庭,均属于农村低保的保障范围",《意见》进一步指出,"低保标准的确定与调整,首先要经过科学测算。按照既能保障困难群众基本生活,又与当地财力和经济社会发展水平相适应的原则,采取市场菜篮法、恩格尔系数法等方法,合理使用统计调查数据进行测算"。与此同时,首位重点工作环节为"家庭经济状况调查",而且调查覆盖率要达到 100%。2015 年 3 月,国家民政部和国家统计局联合下发《关于进一步加强农村最低生活保障申请家庭经济状况检查工作的意见》(以下简称《意见》)。《意见》首先指出,科学核查农村低保申请家庭经济状况,是准确认定低保对象、合理确定救助金额、及时发放救助资金的前提,是贯彻落实《社会救助暂行办法》的内在要求,对于加强农村低保规范管理、确保农村低保制度持续稳定健康发展具有重要意义。更为重要的是,《意见》从总体要求、核查范围和内容、核算方法、核查主体和方式及保障措施等方面对农村低保申请家庭经济状况核查进行了一系列具体要求,如核算方法部分要求从"家庭收入"及"家庭财产"两方面进行核查。

可以看出,国家政策主要将家计调查作为贫困识别的方法,强调"按户施保、标准补差"的具体操作原则。然而,任何一种"纯净模式"的技术路线图与现实环境的复杂性犹如硬币的两个面,是一对无法彻底分割的矛盾结合体,这种性质对农村低保的瞄准机制和瞄准效率提出了更高的要求。[2] 为了准确核查

---

[1] 数据由笔者根据国家民政部历年发布的民政事业发展统计公报整理所得。

[2] 李棉管:《技术难题、政治过程与文化结果——"瞄准偏差"的三种研究视角及其对中国"精准扶贫"的启示》,《社会学研究》,2017 年第 1 期。

低保申请者的家庭收入状况，一些地方政府采取灵活多样的方法进行家计调查，如："五看法""十步工作法""九不准"等。① 四川省巴中市通江县将"十步工作法"总结为"宣传发动、农户申请、群众评议、初步公示、村民审议、村委公示、乡镇审核、乡镇公示、县级审批、县级公示"。② 陕西省渭南市合阳县坚持"五看"工作法，具体为一看房、二看粮、三看劳动力、四看读书郎、五看健康状况，以推进扶贫对象识别的精准度。③

除了政策具体实践以外，一些学者从不同的角度、运用不同的方法对贫困识别问题进行了一系列研究并提出一系列对策建议。2011 年，努斯鲍默等人运用 AF 构建了多维能源贫困指数，并将此指数应用于非洲能源贫困的测量。同年，阿尔基尔和罗奇将 AF 方法运用于儿童贫困的测量。国内学者大多数将研究集中于国外相关贫困与贫困识别理论与方法的应用。尚卫平等人利用"Bour-guignon-Chakravarty"方法探讨了多维贫困测量的方法，并从预期寿命、成人识字率及人均 GDP 三个指标测量和比较了 1998 年—2000 年的非洲、亚洲、大洋洲、北美洲、南美洲及欧洲的贫困程度。④ 陈立中基于 Watts 多维贫困指数分别从收入、知识、健康三个维度测算了中国多维贫困指数，同时进行了夏普里分析。⑤ 在 2018 年"减贫与发展高层论坛"上，胡安钢将贫困总结为"收入贫困""人类贫困""知识贫困""生态贫困"四种类型，并强调反贫困应坚持多维立场与多维视角。⑥

AF 多维贫困测量方法因其操作性强、易于量化及可分解等优点而得到广泛青睐。如，王宇和陶涛运用 2016 年中国老年社会追踪调查(CLASS)数据，从

---

① 李博、左停：《谁是贫困户？精准扶贫中精准识别的国家逻辑与乡土困境》，《西北农林科技大学学报（社会科学版）》，2017年第 4 期。

② 公衍勇：《关于精准扶贫的研究综述》，《山东农业工程学院学报》，2015 年第 3 期。

③ 李彩平：《甘井镇：推行"十步工作法"助推精准脱贫》，合阳县人民政府网，2016-4-13. http://www.heyang.gov.cn/info/1024/36132.htm.

④ 尚卫平、姚智谋：《多维贫困测度方法研究》，《财经研究》，2005 年第 12 期。

⑤ 陈立中：《转型时期我国多维度贫困测算及其分解》，《经济评论》，2008 年第 5 期。

⑥ 张楚晗：《从贫困大国到小康社会：中国如何消除四类贫困——中科院—清华大学国情研究中心主任胡鞍钢谈 21 世纪多维贫困》，《中国老区建设》，2008 年第 12 期。

"老有所养""老有所依""老有所安""老有所乐"四个维度出发,将各维度对应指标均匹配到国家关于老年人或妇女的政策和法律法规依据,识别出我国农村老年妇女在非收入层面的多维贫困现状;[①]邓婷鹤等人根据 2015 年中国健康与养老追踪调查(China Health and Retirement Longitudinal Study,CHARLS)数据,在测算收入贫困的基础上,采用 AF 方法测算了农村老人的客观多维贫困指数和包括主观福利的多维贫困指数,以此说明虽然收入始终是农村老人多维贫困识别的重要因素,但以主观福利为代表的非收入因素影响更大;[②]李昊等人结合中国家庭收入调查数据(CHIP2013)中的流动人口子样本,着重从健康、教育、生活水平和社会排斥四个维度测量并分析了中国流动人口的多维贫困;[③]等等。总之,此类研究都是运用 AF 方法从某几类维度出发分析相应主体的贫困现状及其贫困测量。

还有一些学者将贫困识别聚焦于特定群体:一是针对少数民族的贫困测度,如王宏丽基于洛伦兹(Lorenz)曲线测算并分析了新疆少数民族贫困县的贫困程度及波动趋势;[④]李振宇等人利用 CFPS2010 年—2016 年的数据,分析了少数民族人口的贫困特点并构建了多维贫困指数测度其贫困现状[⑤]等。二是关于妇女的贫困测度,如王宇等人基于 AF 方法分析了 2016 年中国老年社会追踪调查(CLASS)数据,从而得出我国农村老年妇女非收入层面的多维贫困状况,包括医疗服务不足、卫生条件简陋、互联网生活匮乏等,为贫困老年妇女群体的识别提供了参考;[⑥]黄森慰等人基于 AF 方法分析了 2015 年福建省妇联"巾帼扶贫"五年攻坚计划的专项调研数据,从 11 个方面对贫困妇女进行了多

---

① 王宇、陶涛:《"非收入"多维贫困的识别与影响因素探析——基于 CLASS 数据对农村老年妇女样本的考察》,《云南民族大学学报(哲学社会科学版)》,2019 年第 6 期。
② 邓婷鹤、毕洁颖、聂凤英:《中国农村老年人多维贫困的测量与识别研究——基于收入贫困与多维贫困视角》,《统计与信息论坛》,2019 年第 9 期。
③ 李昊、张昭:《流动人口多维贫困的测量与分解研究》,《经济问题探索》,2019 年第 5 期。
④ 王宏丽:《新疆少数民族贫困县贫困程度的测度与分析》,《新疆社会科学》,2012 年第 2 期。
⑤ 李振宇、张昭:《少数民族人口多维贫困测度与分析》,《西北师范大学(社会科学版)》,2019 年第 5 期。
⑥ 王宇、陶涛:《"非收入"多维贫困的识别与影响因素探析——基于 CLASS 数据对农村老年妇女样本的考察》,《云南民族大学学报(哲学社会科学版)》,2019 年第 6 期。

维度测量,结果表明福建省妇女贫困主要表现在社会关系、健康、教育、卫生设施及决策权等方面。① 三是关于贫困儿童的测度,如杨晨晨等人利用 AF 方法对重庆市武陵山区早期儿童家长的调查数据进行了分析,发现早期儿童贫困问题已从单维发展到多维,并且多维贫困儿童的贫困程度更高;②李晓明等人利用 AF 方法分析了 CFPS 数据库,结果发现,农村儿童多维贫困比城市儿童多维贫困严重,并且儿童贫困呈现华东和东北轻于西南、西北地区,儿童贫困的识别可以从营养维度、医疗维度和贫困文化维度进行。③

三、高校学生资助政策实践

高校学生资助政策作为一项重要的保民生、暖民心工程,是促进社会公平公正、阻隔贫困代际传递的重要内容和举措,充分彰显了我国社会主义制度的优越性。④ 而理想的政策只是政策过程的一个因素,政策目标的实现还需要高质量的政策执行,或者称之为政策实践。围绕高校学生资助政策实践,学者主要从政策本身、政策效果两个方面展开讨论。

(一)高校学生资助政策

财政资助计划被认为可以改善高等教育的获取和负担能力,因此受到世界各国的普遍关注。国外关于学生资助政策的研究主要集中在三个方面:一是学生资助资格获取的分析,可以分为学生需要说和学生成绩说。前者主要关注学生的资助需求,探讨资助是否有效提升贫困家庭学生获取高等教育机会,并保障其顺利完成大学学业;⑤后者主要关注学生的学业水平,探讨资助资格是否

---

① 黄森慰、姜畅、郑逸芳:《妇女多维贫困测量、分解与精准扶贫——基于福建省"巾帼扶贫"五年攻坚计划调研数据》,《中国农业大学学报》,2019 年第 4 期。

② 杨晨晨、刘云艳:《早期儿童多维贫困测度及致贫机理分析——基于重庆市武陵山区的实证研究》,《内蒙古社会科学(汉文版)》,2019 年第 3 期。

③ 李晓明、杨文健:《儿童多维贫困测度与致贫机理分析——基于 CFPS 数据库》,《西北人口》,2018 年第 1 期。

④ 孙涛、高清晨:《我国高校学生资助政策的伦理困境及其突围》,《高教探索》,2020 年第 12 期。

⑤ 赵婷婷、任玥:《美国高等学校的学生资助政策——印第安纳大学 Donald Hossler 教授访谈》,《高等教育研究》,2010 年第 2 期。

应该与学生的学业水平相关联。① 二是关于学生资助流程的分析,强调烦琐的资助申请程序导致贫困家庭学生放弃资助申请,以至于影响了低收入家庭子女获取高等教育的机会。② 有学者就研究了美国联邦学生资助的烦琐程序如何阻止合格学生申请经济援助,③以及如何简化申请程序④等。三是关于学生资助的具体形式研究,即采取什么样的资助可以提升资助效果。如,美国为了更好地协调众多资助项目的分配,设置了"资助包"计划,以保证每个学生都能获得与其困难程度相称的经济援助。⑤

针对我国高校学生资助政策,学者主要从其价值性、教育性、精准性及时间滞延四个方面展开讨论。价值性是指政策的基本偏好,贯穿整个政策领域及其子系统中。⑥ 有学者认为,高校学生资助政策具有社会、人才、政治、思想及文化的价值功能。而在其实际运行过程中,又面临立德与失信的价值伦理冲突、本分与失责的责任伦理冲突⑦、生存与发展的信念伦理冲突、短期与长期的发展伦理冲突。⑧ 因此,需要构建基础性的底线伦理、补充性的边际伦理、反思性的理智伦理及导向性的美德伦理⑨,以推动高校学生资助政策的价值跃升。教育性主要是指资助育人,就是以资助为抓手,潜移默化地培养符合我国人才需求特点的社会建设者。⑩ 这方面的研究成果颇丰,且主要集中在思想政治教育

---

① Susan,D. and J. Scott-Clayton. "Judith. Financial Aid Policy:Lessons from Research". *The Future of Children*,2013,23(1):167-91.
② 赵婷婷、任玥:《美国高等学校的学生资助政策——印第安纳大学 Donald Hossler 教授访谈》,《高等教育研究》,2010 年第 2 期。
③ Cochrane,D. F. , A. LaManqueand L. Szabo-Kubitz. *After the FAFSA : How Red Tape Can Prevent Eligible Students from Receiving Financial Aid*. Washington. DC:The Institute for College Access and Success,2010:2 17.
④ Davidson and J. Cody. "Improvingthe Financial AidProcess for Community College Students:A Literature Review of FAFSA Simplification, Information, and Verification". *Community College Journal of Research and Practice*,2015,39(5):397-408.
⑤ 赵立卫:《美国大学生资助的"资助包"制度》,《比较教育研究》,2005 年第 2 期。
⑥ 保罗·A. 萨巴蒂尔:《政策过程理论》,彭宗超、钟开斌译,生活·读书·新知三联书店 2004 年版,第 122 页。
⑦ 张军、秦苏滨:《高校贫困生资助制度中的责任伦理缺失原因探析》,《河南社会科学》,2011 年第 6 期。
⑧ 刘家祥:《高校贫困生资助政策的价值逻辑》,《江苏高教》,2018 年第 4 期。
⑨ 江应中:《高校贫困生资助政策的伦理性及价值跃迁》,《江苏高教》,2010 年第 3 期。
⑩ 王定功、邱广伟:《育人应是学生资助的价值取向》,《中国教育学刊》,2020 年第 8 期。

领域。学者们主要探讨了资助育人的功能[①]、体系[②]、机制[③]及模式[④]等。精准性是学生资助政策瞄准政策对象的准确程度,这是社会福利政策的基础性议题,关系"应助尽助"的政策目标能否实现。学者们主要探讨了精准资助的路径、模式及创新等,其中区块链、大数据等新兴技术被认为可以有效提升学生资助的准确性。[⑤] 时间滞延是指行动与结果两者之间的时间性差距。[⑥] 有学者认为,高校学生资助政策存在议题的认识、政策决策、政策执行及政策评估与反馈调整的时间滞延等问题,其原因涉及政府、宏观经济政策、高等教育自身发展及相关利益主体等方面。[⑦]

(二)高校学生资助政策效果

政策评估被视为政策过程的最后阶段,它主要指的是评估政策目标实现的效果。[⑧] 针对高校学生资助的政策效果,学界进行了不同层面的评估,从宏观层面来看,高校学生资助政策进一步促进了高等教育公平,维护了社会的稳定运行;[⑨]从微观层面来看,高校学生资助政策不仅减轻了众多受助学生的经济压力,而且促进了他们的学业发展和心理健康发展。[⑩] 进一步深入来看,在"获得何种资助"的问题上,有学者运用非参数和半参数等方法进行了评估,发现政府性的资助在不同大学之间实现了公平分配,校内分配能够惠及贫困生。然而,大学资助和社会资助不能完全惠及贫困生。[⑪] 在"受助后有何变化"的问题

---

①沈秋欢、胡友志:《高校"资助育人"的功能分析与价值确证——基于教育制度伦理学视角》,《重庆高教研究》,2019年第3期。

②罗冬丽:《探讨新形势下大学生资助育人体系的构建》,《中国高校科技》,2017年第S1期。

③段玉青:《全员育人视域下的大学生资助育人机制探析》,《湖北社会科学》,2017年第5期。

④黄建美、邹树梁:《高校资助育人创新视角:构建多维资助模式的路径探析》,《中国高教研究》,2012年第4期。

⑤胡邦宁:《区块链在高校精准资助中的价值意义与实施路径》,《人民论坛》,2020年第35期;罗丽琳:《大数据视域下高校精准资助模式构建研究》,《重庆大学学报(社会科学版)》,2018年第2期。

⑥彼得·圣吉:《第五项修炼》,郭进隆译,三联书店2002年版,第96页。

⑦刘朝武:《高校贫困生资助政策时间滞延现象反思》,《教育发展研究》,2016年第9期。

⑧林水波、张世贤:《公共政策》,五南图书出版公司,1982年版,第326页。

⑨武立勋、胡象明:《高校家庭经济困难学生资助政策实施效果研究——基于对北京部分高校本科毕业生的调查分析》,《国家教育行政学院学报》,2016年第2期。

⑩刘晶、曲绍卫:《高校贫困生资助政策的效果研究》,《现代教育管理》,2013年第3期。

⑪罗朴尚、宋映泉、魏建国:《中国现行高校学生资助政策评估》,《北京大学教育评论》,2011年第1期。

上，从家庭经济状况来看，发现资助明显改善了学生家庭经济消费结构[1]，受助学生贫困率降低62%以上，其家庭经济负担减轻22%以上[2]；从学业成绩来看，发现受到经济资助后，不仅可以减少学生的辍学行为，而且对学生学业产生直接和间接的积极效应[3]；从心理状态来看，发现受到经济资助后，受助学生的学习态度和环境适应能力均有明显的积极改变[4]；从人际交往来看，发现受助学生的人际交往信心与能力得到明显提升，社会活动参与度越来越高[5]；从就业情况来看，发现学生资助对受助学生的就业机会、薪资待遇、晋升发展及自我就业满意度等方面均有明显的正向影响[6]。与此同时，也有学者发现了一些负面情况，发现受助学生在学习、消费、行为等方面受到关注，进而产生角色紧张，甚至是自卑心理[7]。

除此之外，高校学生资助政策实践中也面临一些问题，阻碍了其效益的产出。有学者认为，我国虽然建立起多元化的资助体系，但各个资助类型也不免存在一些负面效应，如助学贷款存在银行"惜贷"、个人还款存在失信等不良现象，困难补助申请程序烦琐及存在个人隐私泄露风险等[8]。有学者分析了高校学生资助的方式，认为传统的二分法将学生资助分为"非赠与性"与"赠与性"，致使资助者、资助资源、受助者三者处于"失联"状态，不利于扶贫、育人等资助功能的实现，因而主张"非赠与性"及"附义务赠与性"与"无义务性赠

① Maitra，P. and R. Ray. "The Effect of Transfers on Household Expenditure Patterns and Poverty in South Africa". *Journal of Development Economics*，2003，71(1)：23-49.

② 廖小岑、黄维、要攀攀、李凡：《大学新生贫困资助政策的瞄准性、充足性与减贫效果评估》，《教育发展研究》，2020年第3期。

③ Cabrera，A. F.，A. Norand M. B. Castaneda. "The Role of Finances in the Persistence Process: A Structural Model". *Research In Higher Education*，1992，33(5)：571-593.

④ 余鸣娇、徐吉鹏：《高校贫困生教育援助效果之评价》，《高教发展与评估》，2012年第5期。

⑤ 刘晶、曲绍卫：《后金融危机时代我国大学生资助实效性研究——基于全国11所大学调查问卷与访谈分析》，《首都师范大学学报(社会科学版)》，2012年第6期。

⑥ 曲垠姣、岳昌君、纪效珲：《大学生经济资助对就业质量的影响研究》，《清华大学教育研究》，2018年第1期。

⑦ 李飞、王钰、张勇：《高等学校贫困生的身份困境及其调适策略》，《沈阳农业大学学报(社会科学版)》，2019年第3期；胡纵宇：《大学场域中的生存异化——贫困大学生成长境遇的社会学分析》，《湖南师范大学教育科学学报》，2013年第5期。

⑧ 甘剑锋：《对高校贫困生资助政策的评价与思考》，《中州学刊》，2011年第2期。

与性"的资助方式三分法,平衡权、责、利三者之间的关系,不断提升高校学生资助的效能。① 也有学者分析了高校学生资助的模式,认为目前的资助重扶困缺教育、重经济帮扶缺精神关爱,需要构建"发展型"的资助模式,提升资助效果②。还有学者认为,资助政策整体上具有正向功能,但对思想教育资源开发不够,导致受助学生的感恩和诚信意识不足,且对受助学生的发展性激励不够③。

四、高校贫困生认定政策实践

高校贫困生认定政策是为保障高校学生资助政策的顺利实行而出台,对高校学生资助政策的高质量运行意义重大。可以说,没有成功的高校贫困生认定政策,就难以有成功的高校学生资助政策。围绕高校贫困生认定政策实践,主要从政策本身、政策效果两个方面进行文献回顾。

(一)高校贫困生认定政策

针对高校贫困生认定政策,学者们主要从认定标准、方法、程序等方面展开讨论。对学生家庭经济的调查是高校贫困生认定的核心议题,即通过合理而科学的指标实现对家庭经济真实情况的考察或衡量。在国外,有三种家庭经济调查的模式:一是以美国为代表的国家,主要依据学生家庭收入情况来认定贫困生;二是以菲律宾为代表的国家,主要以间接反映家庭经济情况的分类指标来认定贫困生;三是以日本为代表的国家,主要结合家庭收入和分类指标来认定贫困生。④ 在国内,有学者将可以反映家庭经济情况的指标归纳为 10 个方面,即家庭人均可支配收入、家庭人口结构、父母受教育水平、父母职业、教育支出、赡养支出、医疗支出、意外灾害支出、家庭所在地区社会经济发展水平及家庭性

---

① 宋飞琼:《高校学生资助方式:性质的重新界定与功能的开发利用》,《教育发展研究》,2016 年第 Z1 期。

② 王秀珍:《高校贫困生资助模式的优化与创新》,《西北师大学报(社会科学版)》,2015 年第 6 期。

③ 武立勋、胡象明:《高校家庭经济困难学生资助政策实施效果研究——基于对北京部分高校本科毕业生的调查分析》,《国家教育行政学院学报》,2016 年第 2 期。

④ Johnstone,D. *Financing Higher Education: Cost-Sharing in International Perspective.* Leiden: Brill Academic Publishers,2006:1-31.

质(城镇或农村)。① 在此基础上,有学者构建了贫困生认定指标体系,主要分为家庭经济、人力资本、所在地域、学生需求及特殊因素等方面指标,其中,家庭经济指标具体化为家庭年收入情况;家庭人力资本指标具体化为家庭成员受教育水平及其职业;家庭所在地域指标具体化为家庭所在地;学生需求指标具体化为学生学费、生活费等支出情况;特殊因素指标具体化为家庭结构完整性与否及其原因。② 也有学者认为,贫困生认定指标包括经济资源、人力资源、自然资源、社会资源及学生个人综合情况等方面,其中,经济资源主要考察家庭资产、收入、支出及其负债等方面;人力资源主要考察家庭劳动力、成员健康、赡养等方面;自然资源主要考察家庭所在地自然禀赋、产业发展等方面;社会资源主要考察家庭社会关系、社会支持等方面;学生个人综合情况主要考察学生耐用消费品、饮食娱乐习惯与水平、个人品行等方面。③

　　高校贫困生认定方法也即是运用什么样的技术路线认定出贫困生。美国主要采用需求导向的认定方法,以学生经济资助的需求水平来判断学生的经济状况,而学生的经济资助需求水平可以表示为大学教育成本与家庭可以担负的成本之差。其中,大学教育成本包括学费、住宿费、资料费、生活费、交通费等;家庭可以负担的成本也即是扣除家庭生活总开支、突发意外开支的家庭财产和收入的剩余部分。④ 加拿大在美国的基础上,同时考虑了家庭、生源地、学校及其所在地区等因素。⑤ 英国根据"标准生活费用""家庭应该负担的生活费用""学校所在地区及其社会经济发展水平"及学生是否为走读生等信息测算学生最终可以获得的资助金额。⑥ 在国内,有些学者建议运用层次分析法认定贫困生,首先以数量方式呈现相关人员的主观性判断,其次借助成对比较矩阵计算

　　① 杨晴:《中国高校贫困生贷款资格判定》,华中科技大学硕士学位论文,2005 年。
　　② 毕鹤霞:《贫困生判定的难点与认定方法探究》,《高教探索》,2008 年第 5 期。
　　③ 赵炳起、李永宁:《高校贫困生经济资助体系的困境与对策》,《事业财会》,2006 年第 6 期。
　　④ King, J. *Financing College Education:How it Works and How It's Changing*. Phoenix:The American Council for Education and the Orys Press,1999:120-125.
　　⑤ Usher, A. "Are the Poor Needy? Are the Needy poor? The Distribution of Student Loans and Grants by Family Income Quartile in Canada". *Online Submission*,2004:44.
　　⑥ 马经:《助学贷款国际比较与中国实践》,中国金融出版社 2003 年版,第 238 页。

出不同贫困因素指标的权重,最后经过加权处理得出学生的综合贫困度。[1] 有些学者建议采取大数据分析法,运用智慧校园收集学生生活轨迹和行为特征,通过对学生消费行为、生活习惯等方面的分析,实现对学生生活状况的验证性评估及针对特殊困难学生的预警。[2] 将大数据技术嵌入学生资助工作,运用大数据技术存储、挖掘、分析学生饮食、消费等各种信息,推动学生资助工作时效性、精准性的大幅提升,同时保护贫困生隐私。[3] 也有学者集成"模糊综合评判法"与"模糊层次分析法",通过大数据构建了高校贫困生确认模型,该模型可以测量学生家庭的贫困度,并自动排序学生的贫困程度,而其测量依据则是能够方便获取学生家庭经济数据。[4] 除此之外,还有一些学者从其他角度研究了贫困生认定的方法,有人认为应该基于学生自主评价的基础上进行贫困生认定,回归学生的生活世界,采取"学生自主评价+微调"的方法可以解决贫困生认定中的效率低下与信息失真。[5]

高校贫困生认定的程序也即是具体的认定机制,涉及政府、学校、管理者等不同主体。有学者在分析全国 72 所高校贫困生认定方式与方法的基础上,构建"四个要点、三条主线、两个全面"的高校贫困生认定体系,实现贫困生认定方式与方法的优化与重组。[6] 有学者突破高校贫困生认定的政府与高校的二元组合,吸纳国家的全局性指导职能,构建国家、政府及高校三维一体认定模式,同时打造学生信息网络化、认定标准科学化、认定人员专业化、认定制度规范

① 桂富强、成春、任黎立:《层次分析法在高校贫困学生综合评价中的应用》,《软科学》,2007 年第 3 期;何倩:《基于层次分析法对高校贫困生认定指标体系的研究》,《黑龙江教育学院学报》,2011 年第 3 期;孙媛媛、杨明亚、陈俊、刘红兵:《基于 AHP 的高校贫困学生精准评定方法》,《吉首大学学报(自然科学版)》,2019 年第 5 期;刘红旗:《基于层次分析法的高校贫困生灰色综合认定方法》,《重庆理工大学学报(社会科学)》,2014 年第 1 期。

② 吴朝文、代劲、孙延楠:《大数据环境下高校贫困生精准资助模式初探》,《黑龙江高教研究》,2016 年第 12 期。

③ 邹松涛、薛建龙、魏东等:《基于大数据的学校精准资助工作研究》,《中国教育学刊》,2018 年第 S1 期。

④ 毕鹤霞:《大数据下高校贫困生确认模型构建——基于"模糊综合评判法"与"模糊层次分析法"集成的实证研究》,《高教探索》,2016 年第 8 期。

⑤ 林西平、杨红波:《学生自主评价基础上的高校家庭经济困难学生认定方法研究——以广西大学为例》,《思想教育研究》,2013 年第 4 期。

⑥ 姜旭萍、郑俊:《构建点线面三位一体的高校贫困生认定体系》,《湖北社会科学》,2009 年第 11 期。

化、政策宣传广泛化。[1] 也有学者发现低成本的非收入变量估算法与高成本的估算家庭长期收入法对家庭经济情况的认定的效果几乎没有差距。进而表明，可以采用易于核实的非收入变量来估计学生家庭经济水平，大幅降低高校贫困生的认定成本。[2] 还有学者基于教育公平视角，提出认定标准多维制定、认定工作多主体参与、认定过程多方监督及认定渠道动态多元等。[3]

（二）高校贫困生认定政策效果

对于高校贫困生认定政策而言，其政策效果的主要表征为贫困生资助的精准性，也即准确认定出贫困生，使其可以享受相关经济资助。针对这一政策效果，可以从"谁能获得资助"的问题上入手，以探究竟。有学者运用定量方法进行了深入研究，发现贫困生获得资助的可能性比非贫困生高约 23%，同时，女生、名牌大学学生、学习成绩好及农村与西部地区生源的学生更有可能获得助学金[4]，党员学生获得各种类型资助的可能性都较高。[5] 国外的类似研究亦证明，性别、家庭社会经济地位、高中阶段学业水平、大学期间的表现及种族等因素都会对学生的资助获得产生影响。[6] 进一步聚焦于贫困生资助项目标的精准性，虽然 Loyalka 等人基于陕西省的学生资助评估，发现政府性资助项目比高校和社会资助项目的瞄准性更高。[7] 但是，有不少学者发现贫困生认定的准确性仍有待提高。以专门资助贫困生的国家助学金为例，不仅非农村申请学生

---

① 白华：《从二元组合到三维一体——高校贫困生认定的新视角》，《社会科学家》，2012 年第 7 期。

② 田志磊、袁连生：《采用非收入变量认定高校家庭经济困难学生的实证研究》，《北京大学教育评论》，2010 年第 2 期。

③ 朱晓军、张丽桃、孙凌等：《教育公平视角下高校贫困生认定之我见》，《广州大学学报（社会科学版）》，2013 年第 10 期；王中对、潘玉驹：《教育公平下的高校家庭经济困难学生认定机制研究——以浙江省某大学为例》，《中国青年研究》，2011 年第 4 期。

④ 吴斌珍、李宏彬、孟岭生等：《大学生贫困及奖助学金的政策效果》，《金融研究》，2011 年第 12 期。

⑤ 罗朴尚、宋映泉、魏建国：《中国现行高校学生资助政策评估》，《北京大学教育评论》，2011 年第 1 期；Yang, P. "Who Gets More Financial Aid in China? A Multilevel Analysis". *International Journal of Educational Development*，2010，30(6)：560-569.

⑥ Duffy. E. A. and I. Goldberg. *Crafting a Class*，*College Admissions and Financial Aid*：1955-1994. NJ：Princeton University Press，1998：210-220.

⑦ Loyalka，P.，Y. Song and J. Wei. "The Distribution of Financial Aid in China：Is Aid Reaching Poor Students?". *China Economic Review*，2012，23(4)：898-917.

获得国家助学金的可能性大于农村申请学生[1]，而且国家助学金的标的错误率达到50%以上，实际减少贫困率仅2.6%。[2] 大学新生的错助率与漏助率也很高，"非贫获助"的瞄偏现象较为严重。[3] 在对研究生收费前资助政策的研究中，亦发现"助不应助"的泄漏率为44.8%。[4] 甚至针对建档立卡贫困生的资助，亦存在识别不清的风险，致使"助而不贫"现象的发生。[5]

为什么贫困生认定频频发生"脱靶"或"瞄不准"的现象，进而引发贫困生资助的"错助""漏助"？余冲等人在实地调研资料的基础上，认为高校贫困生认定程序存在认定方式不足、认定材料失真、认定资助程序不合理等问题，并从贫困生概念的界定及高中与高校的联动机制方面建立科学的认定程序。[6] 丁桂兰等人基于对高校贫困生认定制度的分析，发现高校贫困生认定存在多方面困境，比如认定标准的界定有难度、认定过程的主观随意性、公示与核查的有限性等，进而提出贫困生认定标准应该兼顾定量与定性，同时不断强化认定主体的责任意识与法律意识。[7] 杨绍政等人则认为，现有的贫困生认定制度存在基础性缺陷，包括涉嫌违反有关法律精神、诱发非贫生的错评与冒领、增加社会支出成本等，需要从明晰学生家长及学生本人权利与义务、创新资助形式等方面解困。[8] 刘佳认为，由于教育政策的模糊性，致使模糊概念、模糊标准、模糊信息进入政策运行网络，最终生产出贫困生认定运行过程中的非线性不确定执行

① 付剑茹、陈绵水、张伟：《新国家助学金政策实施绩效及其影响因素的实证分析》，《江西财经大学学报》，2014年第2期。

② 吴斌珍、李宏彬、孟岭生等：《大学生贫困及奖助学金的政策效果》，《金融研究》，2011年第12期。

③ 廖小藏、黄维、要攀攀等：《大学新生贫困资助政策的瞄准性、充足性与减贫效果评估》，《教育发展研究》，2020年第3期。

④ 杨钋、刘霄：《研究生收费前贫困资助政策的瞄准和减贫效果分析——以首都高校研究生为例》，《教育与经济》，2019年第2期。

⑤ 周金恋、郝鑫鑫：《教育扶贫与高等院校建档立卡贫困生精准资助实践研究》，《郑州大学学报(哲学社会科学版)》，2019年第6期。

⑥ 余冲、李立文：《高校贫困生认定程序存在的问题及对策》，《江苏高教》，2008年第5期。

⑦ 丁桂兰、周艳华：《高校贫困生认定的现实困境与对策思考》，《教育与职业》，2010年第26期。

⑧ 杨绍政、刘庆和：《我国高校贫困生认定制度基础缺陷的矫正与配套政策设计》，《贵州社会科学》，2016年第12期。

策略,从而诱发多种风险。[①] 聂惠运用伦理学视角重构了高校贫困生认定制度,包括构建"以人为本"的伦理化认定制度、嵌入权责一致的公平正义伦理观等,以化解贫困生认定在程序、主体等方面存在的不足。[②]

五、文献述评

整体而言,上述现有研究在公共政策的制定与执行、贫困与贫困识别、高校学生资助、高校贫困生认定等领域产生了一系列积极影响,亦为本研究的顺利展开奠定了基本理论知识。但是,现有研究都无法对高校贫困生认定政策实施中参与主体的行动进行充分解释,而政策实施中的行动主体及其行动是政策执行阶段的重要变量,是影响政策目标实现的重要因素。也就是说,高校贫困生认定政策实践何以实现的问题还有待进一步探索。

具体来说,首先已有研究缺少政策实践中不同行动主体的微观分析,而政策实践过程必然涉及不同主体,并对政策实践产生不同程度的影响。在政策制定与执行的研究中,行动主体对政策制定与执行的影响已受到关注,但需要从微观层面进一步关注不同行动主体的行动及其对政策的影响;在贫困与贫困识别的研究中,未涉及高校贫困生认定的针对性研究;在高校学生资助政策实践的研究中,政策本身、政策效果及受助学生个体、家庭等方面的变化已受到关注,但未能从微观层面关注其他参与主体的行动;在高校贫困生认定政策实践的研究中,贫困生认定标准、认定方法、认定程序等政策本身及政策效果已受到关注,但未能从微观层面关注参与主体的行动。

其次,已有研究缺少动态的过程性分析,而这种分析不仅关注政策实践的动态性特征,而且聚焦政策实践状态中的具体运作机制。无论是对高校学生资助政策实践的研究,还是对高校贫困生认定政策实践的研究,学者们更多的是从静态的层面进行分析,难以形成对政策运行真实状态的认识,而政策制定与

① 刘佳:《模糊性:教育政策复杂运行的生成机制——以高校家庭经济困难学生认定政策为例》,《高教探索》,2015年第9期。
② 聂惠:《基于伦理学视角的高校贫困生认定问题研究》,《教育探索》,2011年第11期。

执行的研究亦很少置于动态的过程中,尤其缺少基于事件性过程的本土化研究。

最后,已有研究缺少对人的关注。而人不仅是政策的标的,亦是政策过程的永恒变量。虽然上述研究都有人的身影,都关注到人在政策实践中的意义和影响,但人似乎成了没有感情的符号,或仅被视为一个抽象的变量,缺少鲜活性与情感性,不是对人的真正关注。因此,本研究基于事件性的过程,从微观层面动态地分析高校贫困生认定政策实施中的参与主体及其行动,强调从一个个活生生的人的角度进行分析,并聚焦其日常生活世界。

基于此,本研究以地处我国中部地区的扬帆大学为案例,以高校贫困生认定政策实施中的关键节点为入口,回到现象学所说的"回到事情本身",以其中的参与主体为研究对象,通过观察、访谈等研究方法,深入剖析参与主体如何行动及何以行动,进而观照高校贫困生认定政策执行的"最后一公里"。具体探讨的问题包括:一是在高校贫困生认定政策实施过程中,各参与主体如何在高校场域内展开行动?其行动的真实样态是怎样的?二是各参与主体的心态是怎样的?其行动背后的作用机制是怎样的?通过对这些问题的探究,可以揭示政策实施中参与主体的行动逻辑,从而为高校贫困生认定政策目标何以实现提供合理解释,也为进一步提升贫困生认定的瞄准度提供努力方向,并为理解高校组织文化特性提供经验依据。

第三节　理论基础与研究思路

一、理论基础

理论是系统化的理性认识,是人类智慧的结晶。理论如同棱镜,可以透视社会现象,有助于我们深化对某一社会问题的认识。对理论的总结与归纳是解决实际问题的基础环节。由于本研究聚焦高校贫困生认定政策实施中参与主体的行动,并将此议题置于政策实践的动态过程中展开,因此本研究将以行动理论、心态理论及实践社会学作为理论基础。

（一）行动理论

对人类行动的关注是社会学研究的重要议题，也是本研究的主题。最早将行动研究付诸实践的是马克斯·韦伯，他认为社会学是这样一门科学，即着力于解释性地理解社会行动，并且在理解的基础上，实现对社会行动过程与影响的因果说明。[1] 社会行动不仅具有可以理解和说明的意义，而且具有指向性[2]，是针对他人的一种社会行为。继韦伯之后，社会学家从不同角度丰富和发展了行动理论。

早期的帕森斯深受韦伯的影响，特别关注社会行动的概念，提出"手段—目的"的社会行动概念框架，并使用"单位行动"概念具体说明这一框架。具体来说，每个单位行动囊括了"行动者""目的""情景""规范限定"四个要素。社会行动并不是盲目的，而是有其目的性，同时实现社会行动目标需要借助一定的手段和条件，且社会行动都受制于相应的行为规范。后来，帕森斯进一步强调客观结构性因素对社会行动的制约和调节，放弃社会行动的主观性和选择性[3]。

布鲁默继承和发展了米德的思想，并在其著作《人与社会》中最早提出"符号互动论"，声称要做主流社会学的"忠实的反对派"，重新关照行动者的主体性地位，致力于互动过程和解释过程，关注意义发展及其改变方式，同时强调社会互动产生于个体所处的情境。作为布鲁默的学生，戈夫曼虽然同样重视符号在人际互动中的功能，但他一定程度上突破了布鲁默所表现出的形式化倾向，重点剖析个人在与他人的社会交往过程中怎样获取社会效果及其所需要的策略，同时把戏剧比拟的思想引进社会学的研究中，创建了社会学的"拟剧论"[4]。

与符号互动论相似，常人方法论强调社会学应该将人们的日常生活作为自己的研究面向，着重分析处于日常生活中的普通人怎样使用常识性的知识、程

---

① 马克斯·韦伯：《经济与社会（上卷）》，林荣远译，商务印书馆，1997 年版。
② 刘中起、风笑天：《整体的"社会事实"与个体的"社会行动"——关于迪尔凯姆与韦伯社会学方法论的逻辑基点比较》，《社会科学辑刊》，2002 年第 2 期。
③ 侯钧生：《西方社会学理论教程》，南开大学出版社，2017 年版，第 143-145 页。
④ 侯钧生：《西方社会学理论教程》，南开大学出版社，2017 年版，第 239-255 页。

序及技巧来组织他们的实践行动。① 而布迪厄②的行动理论则有着鲜明的特点，那就是极其关注日常实践，他甚至因此而将这一理论称之为实践理论。与前人的理论观点所不同的是，布迪厄的实践理论着重强调了实践的复杂性、实践的紧迫性与模糊性、实践与利益的关系等，其重要理论概念包括"场域""惯习""资本""策略"与"利益"等。"场域"作为社会实践的空间，行动者在这个空间中依据"惯习"及其所形成的"策略"，将"资本"作为行动工具，以获取自身所处的特定场域的特定"利益"。③

从上述的理论梳理中可以发现，韦伯之后的行动理论主要围绕行动与结构之间的关系展开，无论是强调行动的能动性，还是强调结构对行动的规制，抑或建构行动与结构的统一体，其中都蕴含着行动具有情境性的共同点，正如常人方法学所认为的，行动具有抽象索引性的特征。在此基础上，笔者认为，对行动的研究需要着眼于行动者所处的情境及其对行动所产生的影响，而这种情境既包括社会管理制度及社会性、观念性制度，也包括人与人之间的互动所形成的局部场景等日常生活世界。

(二)心态史及费孝通的心态研究

心态史滥觞于法国年鉴学派，尤其以年鉴学派的创始人西安·费弗尔为代表，他在《马丁·路德：一个命运》中，以路德个人的心路历程为叙事主线，生动阐释了 20 世纪 30 年代社会整体的精神面貌及其心理状态。因此，这一时期的心态可以被视之为某种社会集体心态。④ 而在 20 世纪 50 年代后期，乔治·杜比与罗伯特·芒德鲁在他们合作而成的《法国文明史》中，将人类的信仰、文化风俗及内在情感等因素融入社会物质生活的叙述中。因此，这一时期的心态已成为人的精神活动的代名词。1968 年的五月风暴后，心态史的代表作《十七世纪法国的法官与巫师：一项历史心理学的分析》出版。作者在书中详细叙述了 17

---

① 侯钧生：《西方社会学理论教程》，南开大学出版社 2017 年版，第 286 页。
② 由于不同文献的译法略有不同，本文出现"布迪厄"与"布尔迪厄"两种称谓，实际上为同一人。
③ 银平均：《布迪厄的实践理论：从理论综合到经验研究》，《思想战线》，2004 年第 6 期。
④ 冯永刚、李良方：《论心态史视角下的教育史研究》，《山西大学学报(哲学社会科学版)》，2018 年第 3 期。

世纪的法国法院对巫术前后的不同态度及其转变,由此充分说明了社会心态结构如何发生解体。这一时期的心态不仅指涉人的精神活动,而且还囊括人的态度与行动。总之,心态史具有观照历史的个性倾向,它不仅直面人的外显行为,而且深入洞察人的内隐精神世界,习惯从人所生长于其中的宏观社会历史背景与微观生活背景来看待人,以此探究人在日常生活中所展现出的主张、想法、行为及态度等方面的真实样态,同时进一步深究这些真实样态的产生机制及其相互作用方式。①

心态研究是费孝通晚年基于其生态研究的学术反思。② 在"北京大学社会学十年"纪念会上,费孝通首次提出心态关系与心态研究,认为在协调好人与自然的关系,解决好贫困问题后,要开始思考人与人之间的关系如何处理的问题。③ 1992 年 9 月,香港中文大学举办了第一届"潘光旦纪念讲座",在这个讲座上,费孝通进一步从"位育论"阐发了心态研究思想,即要使人人安其所、遂其生,需要关注人与人之间的心态秩序。④ 不仅如此,回顾过去,他总结自己的研究工作存在"只见社区不见人"⑤"见社会不见人"⑥的缺陷,认为社会学研究要注意培养社会思想和人文精神,吸收中国长久的人际关系文化研究养分,从"精神世界""意会""心""我"几个层面展开人与人之间的心态研究。具体来说,"精神世界"也可以指人的一种意识能力,它对理解人的生活、思想、感受及社会存在与运行都至关重要;"意会"是指人际关系中无法用逻辑和语言进行表述的"言外之意";"我"的一个重要问题是每个人的"我"都有多重面向,包括生物的、社会的、文化的、表面的、隐藏的等;"心"隐含着一种主体性,当人们在谈"心"的

---

① 冯永刚、李良方:《论心态史视角下的教育史研究》,《山西大学学报(哲学社会科学版)》,2018 年第 3 期。

② 赵旭东、罗士泂:《生态到心态的转向——一种基于费孝通晚年文化观的再思考》,《江苏行政学院学报》,2019 年第 3 期。

③ 费孝通:《孔林片思》,《读书》,1992 年第 9 期。

④ 费孝通:《中国城乡发展的道路——我一生的研究课题》,《中国社会科学》,1993 年第 1 期。

⑤ 费孝通:《略谈中国的社会学》,《高等教育研究》,1993 年第 4 期。

⑥ 费孝通:《个人·群体·社会——一生学术历程的自我思考》,《北京大学学报(哲学社会科学版)》,1994 年第 1 期。

时候,不仅会产生一种"心心相通"的感觉,而且重点关注的是人际关系中的当事者的"态度"①。

本研究聚焦于高校贫困生认定政策实施中参与主体的行动,而行动具有意向性,其意向对象必然涉及他人,因此,心态史及费孝通的心态研究可以为本研究提供相应启示,即阐释参与主体的行动逻辑需要考察其心态。这种心态既包括可言明的价值取向、情绪、情感、想法等,也包括"只可意会"的"言外之意"。与此同时,对参与主体的心态考察需要结合其生长于其中的宏观社会背景和微观生活背景,进而呈现心态生成的历史性与情境性。

(三) 实践社会学

实践社会学是孙立平立足中国当代实践所构建的理论范式。它是指面向实践的一种社会学,主张社会学需要重点关注实践形态的社会现象。涂尔干认为,社会学的研究对象是社会事实,这种社会事实通常被视为客观的、静止的、结构化的。而孙立平认为,社会学应该将实践状态的社会现象作为自己的研究对象,并且应该将社会事实视为动态的、流动的。也可以说,作为一种常态的社会事实,通常是处于实际运作的状态中。②

新的研究路径的构建,需要切实可行的研究方法的支撑。③ 为了解决实践社会学的研究方法问题,孙立平开拓性地提出"过程—事件分析"的研究策略,以此作为尽可能接近实践形态社会现象的手段或途径,让实践在停息的地方重新被激活,使实践重又处于运作的状态。事件性过程不仅具有浓缩、集中实践状态的特性,而且事件性的实践过程,也是一种社会现象的再生过程,具备创造性的内在机制。④

与此同时,在个案研究及走出个案的基础上,孙立平进一步将实践社会学所从事的研究总结为四个环节,即过程、机制、技术及逻辑。过程是事件性的过

---

① 费孝通:《试谈扩展社会学的传统界限》,《北京大学学报(哲学社会科学版)》,2003 年第 3 期。
② 孙立平:《实践社会学与市场转型过程分析》,《中国社会科学》,2002 年第 5 期。
③ 孙立平:《迈向实践的社会学》,《江海学刊》,2002 年第 3 期。
④ 孙立平:《实践社会学与市场转型过程分析》,《中国社会科学》,2002 年第 5 期。

程,它是进入实践状态社会现象的切入点,也即是为接近实践状态的社会现象提供了一条可行路径。机制是需要研究的因素发挥作用的具体方式。① 技术是实践活动的参与主体在行动中采用的策略、技术及其运用。逻辑是研究的目标,是社会现象在具体运作中的实践逻辑。②

实践社会学及其"过程—事件分析"的研究策略一经提出,便得到学界的积极响应,如孙立平本人就将实践社会学的研究方法应用于市场转型研究,通过深入中国市场转型的实践过程,实现对市场转型逻辑与机制的新的理解。③ 任晓春将实践社会学作为方法论基础,将"过程—事件分析"作为其研究策略,分析了"实践中的政府",以阐释政府的实际运行状态。④ 实践社会学所倡导的理念与本研究注重动态的过程性分析相契合,其具体研究策略也将为本研究提供有力支撑。

二、研究思路

自高校贫困生认定政策实施以来,围绕政策文本、政策执行等相关议题,学界进行了不同程度的探讨,为政策文本的完善及政策执行的优化提供了有益参考,但现有研究存在一个共同的不足之处,那就是都无法更好地解释高校贫困生认定政策实践何以实现,而实践是检验、优化政策质量的重要途径。也就是说,虽然在高校贫困生认定政策执行过程中,存在各种问题,比如政策文本不够精准、参与主体各有各的想法等。但是,高校贫困生认定的政策目标还是得以实现,众多贫困生享受到了国家、学校、社会等各方面的援助,并因此得以实现个体发展的目标。究其原因,现有研究更多的是从静态层面所做的宏观分析,不仅将贫困生认定政策视作固定的、静止的状态,难以准确评价政策文本,而且遮蔽了政策过程中人的能动性,难以有效揭示政策的实践逻辑。因此,本研究采取实践社会学所倡导的研究立场,将实践形态的高校贫困生认定政策作

---

① 孙立平:《迈向实践的社会学》,《江海学刊》,2002 年第 3 期。
② 孙立平:《实践社会学与市场转型过程分析》,《中国社会科学》,2002 年第 5 期。
③ 孙立平:《实践社会学与市场转型过程分析》,《中国社会科学》,2002 年第 5 期。
④ 任晓春:《政府运作分析:实践社会学视角的研究及借鉴》,《广东社会科学》,2015 年第 6 期。

为研究对象,从政策实际运作的过程中阐释各参与主体的行动及其逻辑,进而增进对政策目标何以实现等相关议题的理解。具体研究思路如图 1-1 所示。

首先,运用实践社会学的"过程—事件分析"的研究策略,重新激活高校贫困生认定政策实践,让政策实践成为真正的实践状态,再现其活的、热闹的场面,将其事件性过程作为切入点,而事件性过程的主要特性就是将实践状态浓缩和集中了。它是一种过程的再生产过程,为接近实践状态的社会现象提供了可行路径。① 为此,经过深入调研,依据高校贫困生认定政策文本规范,以及扬帆大学具体政策实施流程,将扬帆大学贫困生认定政策实践分为准备、申请、评议、结果四个阶段,本研究即在此四个事件性过程中展开的具体分析。

其次,从微观角度聚焦事件性过程中的各方参与主体,除了关注申请者以外,还将关注辅导员、学生评议人、非贫困生、学校管理者等主体,而这些参与主体及其行动都会对贫困生认定政策执行产生不同程度的影响,正如孙立平所认为的,实践参与主体的能动性是塑造实践逻辑的重要因素。② 布鲁默甚至认为,人类社会是由行动的人所组成,而正是这些人的活动构成了社会生活。③ 同时,本研究将各方参与主体还原为一个个活生生的人,一个个有血有肉、有情感的人,而具体分析途径就是聚焦他们的日常生活世界,在他们的日常生活中寻找蛛丝马迹,探寻参与主体行动背后的心态及其作用机制。

最后,在上述分析的基础上,总结出高校贫困生认定政策实施中参与主体的行动逻辑,并通过对参与主体行动过程的理解去反思或观照政策执行及其影响因素,进而揭示高校贫困生认定政策目标何以实现。甚至可以向柯林斯所倡导的从微观过程去理解宏观结构的方向努力,以这种微观层面的分析,促进对高校组织文化特性的整体把握,深化对高校组织行为"为何发生"等相关议题的理解。

---

① 孙立平:《迈向实践的社会学》,《江海学刊》,2002 年第 3 期。
② 孙立平:《迈向实践的社会学》,《江海学刊》,2002 年第 3 期。
③ Blumer, H. *Symbolic Interactionism*. New Jersey:Prentice-Hall, 1969:85.

高校贫困生认定政策场域

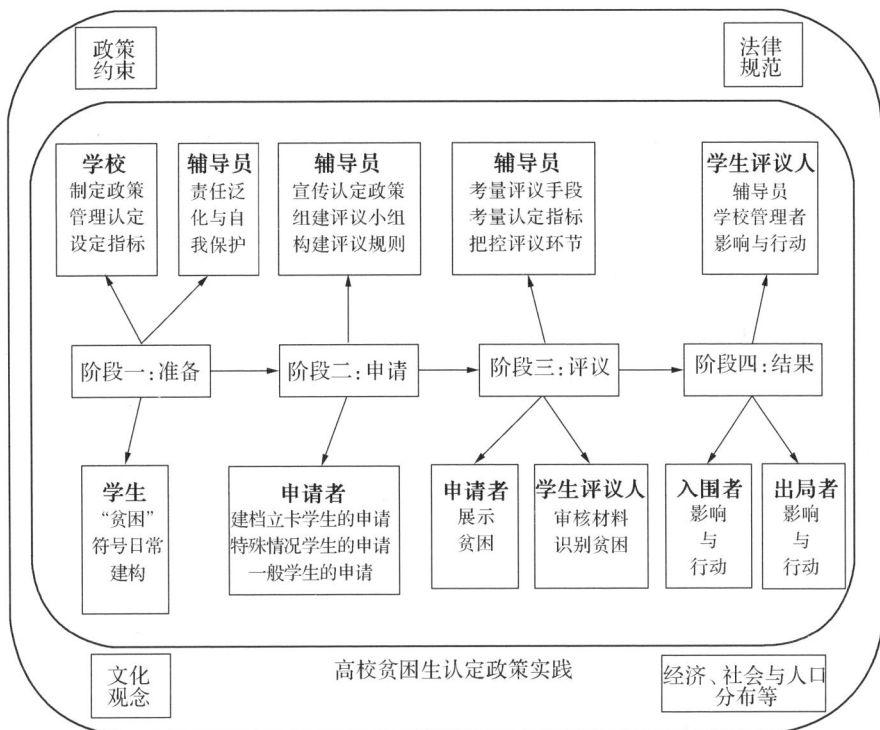

图1-1　技术路线图

第四节　研究方法与写作框架

结合研究问题、文献回顾及理论基础、研究思路,本节主要阐述文章的研究方法、资料收集过程及文章的写作框架等方面的内容。

一、研究方法与过程

(一)实地研究

本研究以中部地区一所地方综合性高校——扬帆大学为实地研究单位,从高校贫困生认定政策执行入手,深入考察相关参与主体的行动,解释高校贫困生认定政策目标何以达成。实地研究(field research)是研究者不断深入到研究现象的生活情景之中,同时采取参与观察、非结构访谈等方法收集相关经验资料,并对收集来的经验资料采用定性分析,以实现理解与解释研究现象的一种社会学研究方法①。其基本特征是强调"实地",即研究者不仅要亲身深入到研究对象所处的社会生活环境当中,而且必须在这个生活环境中生活足够长时间,凭借自己的观察、询问、感受及领悟,以实现对所研究现象的理解。② 有学者认为,如果要探究教育政策的本真状态,就要对政策过程和规范系统中主体的行为、价值观念等进行深入理解,包括政策制定者与执行者及政策对象等。③而实地研究为研究者走进、融入政策相关主体的生活世界创造了必要条件,有利于研究者从"他者"立场理解、认识研究对象。④

(二)资料收集方法与过程

根据田野现状与实际研究需要,笔者主要采用三种方法收集扬帆大学贫困生认定实践的经验材料。

第一,访谈法。访谈法是实地调查过程中收集资料的一种主要方法,主要是通过收集和分析调查对象对于日常生活中有关主题的看法,以获取对研究现象的深入理解。⑤ 基于研究者对访谈结构的不同控制,访谈可以分为"封闭型""半开放型"及"开放型"。封闭型访谈一般事前先统一设计好有固定结构的问卷,研究者在访谈时就按照这个问卷访谈。这种类型的访谈具有很高的标准化程度,甚至表现得有些呆板,因而这种访谈既无法对已有议题进行持续而深入地追访,亦无法对相关议题进行拓展式加访;开放型访谈正好与封闭型访谈相反,它只有研究主题而没有访谈问题,鼓励被访者畅所欲言,因其极大的自由性而极易偏离主题,进而陷入无休无止的浅层式漫谈;半开放型访谈运用了一条

---

① 风笑天:《社会学研究方法》,中国人民大学出版社 2009 年版,第 256 页。
② 风笑天:《社会学研究方法》,中国人民大学出版社 2009 年版,第 257 页。
③ 刘小强:《教育政策研究中的实地研究方法探析》,《河北师范大学学报(教育科学版)》,2017 年第 5 期。
④ 阿尔弗雷德·舒茨:《社会世界的意义构成》,游淙祺译,北京:商务印书馆,2012 年,第 153 页。
⑤ 孟慧:《研究性访谈及其应用现状和展望》,《心理科学》,2004 年第 5 期。

折中路线。由于在访谈前,研究者仅准备了一个粗线条访谈提纲,因而被访者不仅可以自由地自我表达,而且可以得到适当的引导和控制。[①]

本研究采用半开放型访谈,一方面,参照事前准备的简易提纲发问,能够保障主题聚焦;另一方面,留有自由发挥空间,可以对相关问题进行追问。2018年10月至11月,趁着当年贫困生认定刚刚结束,笔者访谈了扬帆大学学生资助管理科的相关领导、老师及一些学生干部、学生等。此次访谈更多的是带有"打探"的意味。笔者借此对扬帆大学贫困生认定实践有了一个初步的整体性认知。2018年12月,笔者与省学生资助管理中心取得联系,并对中心相关工作人员进行了"线上+线下"[②]的访谈,线上访谈是线下访谈的有益补充。[③]2019年9月至12月,笔者对扬帆大学贫困生认定的政策制定、通知下发、组织实施等全过程进行了跟踪访谈,访谈对象包括扬帆大学学生资助管理科相关人员、随机抽取的学院分管书记及辅导员、学生干部、学生(包括贫困生认定申请者与普通学生)等。2020年9月至12月,以及2021年6月又针对相关问题进行了补充访谈。

第二,观察法。在实地调查中,观察法也是一个收集资料的重要方法与策略,有助于研究者在自然情境中获得生动、活泼、流变的直观印象。观察法一般分为两种,即参与观察和非参与观察,前者要求研究者全面涉入受访者的工作、生活、闲暇等日常生活中,与受访者保持长期、紧密的互动关系,以直接体验的方式观看、倾听、理解受访者的言行举止;后者不要求研究者涉入受访者的日常生活,而是以一种"旁观者"的角色全面关注事物发展状况。与此同时,在条件具备的前提下,可以利用照相机、手机等电子设备对调查现场进行记录存档,如此既能保证观察的客观性,又能实现操作的简便性。[④] 出于时间、精力及深度

[①] 陈向明:《质的研究方法与社会科学研究》,教育科学出版社 2000 年版,第 165-171 页。

[②] 由于一些客观原因,对相关人员采取"线上+线下"访谈,线下访谈就是面对面访谈,线上访谈主要借助微信、QQ 等互动软件进行访谈。

[③] 辛涛涛、段兆兵:《"QQ"访谈法:现场访谈法的一个有益补充》,《中国远程教育》,2007 年第 4 期。

[④] 陈向明:《质的研究方法与社会科学研究》,教育科学出版社 2000 年版,第 227-230 页。

参与的可能性等现实考虑,本研究以非参与观察为主,以参与观察为辅。2019年9月与2020年9月,笔者非参与观察了扬帆大学贫困生认定的具体执行过程,包括部分学院辅导员召开贫困生认定工作班会、部分班级贫困生认定推荐会议、部分班级认定评议小组召开的评议会议等。通过这些观察,笔者对扬帆大学贫困生认定政策实施的全景图有了一个基本认知,并对其中的各类主体及其行为进行了直观记录。不仅如此,由于笔者与几位受访辅导员建立了良好关系,在征得他们同意的情况下直接参与了他们负责班级认定评议小组的评议会议,并在一次会议中担任主持人,参与处理了一件较为棘手的评议问题,深入观察到评议现场的情节、情绪与情感及背后所隐含的价值观、文化观念等深层因素。

第三,文献收集法。在实地调查中,与访谈法和观察法不同,文献收集法不是与受访者的直接即时互动,而是有待研究者主动去挖掘的客观既有材料,如各类档案、文件、官方统计资料等文字性资料,以及视频、图片等非文字性资料。文献收集法不仅可以成为访谈法、观察法的有益补充,甚至在实地调查中足以展现不可忽视的重要性。正如有学者所认为的,在调查资料收集的过程中,文献法可以获得访谈法、观察法、问卷调查法等方法无法获得的资料,如:社区的人文与自然环境、社会经济制度的发展与演变等,也可以成为人文社会科学研究其他方法的必要补充与佐证,或者将它作为一种研究方法单独使用。[①] 需要说明的是,本研究中的文献收集法主要作为访谈法与观察法的补充方法用于对调查材料的拓展与扩充。在实地调查的过程中,笔者重点收集以下文献资料:一是国家层面的学生资助政策文件、贫困生认定政策文件、社会福利及相关的社会救济规章制度、官方统计资料等;二是学校层面的贫困生认定办法、贫困生认定相关制度、相关通知和文件、各种统计资料、总结材料、汇报材料等;三是个人层面的工作笔记、工作日志、各类报表、贫困生认定申请材料等。

---

① 高燕、王毅杰:《社会研究方法》,中国物价出版社2002年版,第96-103页。

第四,问卷调查法。在本次调查中,问卷调查法是对实地调查的有益补充。根据研究需要,本次问卷调查的对象为学生群体,包括普通学生、学生评议人、申请者等,目的在于更好地理解他们对贫困生认定的相关认知及其行动。然而,由于时间、人力、经费等资源的限制,对扬帆大学全体学生展开问卷调查的难度较大,同时为了尽量减少调查活动对扬帆大学正常教学、管理等方面的影响,笔者将运用概率抽样方法抽取样本,通过对样本的统计值的描述来相对准确地勾画出总体的面貌。而概率抽样拥有多种不同形式,每一种具体形式又有各自不同的特点。笔者认为,就本次调查来说,多阶段抽样是最为合适的选择。因为从调查对象的特点来看,扬帆大学在校生人数 2 万多人[①],全校总体学生人数很大,一次直接抽样的工作量很大,且无法准确反映总体中不同类型元素的特征,而多阶段抽样是按抽样元素的隶属关系或层次关系,把抽样过程分为几个阶段进行,且这一抽样方法适用于总体范围大、对象层次多的社会研究。[②]在本研究中,作为抽样元素的学生隶属班级,班级隶属学院,学院又隶属学校。因此,本次调查将按照这一隶属关系进行多阶段抽样。

具体来说,第一阶段,运用简单随机抽样方法,以学院为抽样单位,从扬帆大学 15 个学院中随机抽取 4 个学院,分别是 R 学院、J 学院、S 学院及 D 学院。第二阶段,为了便于分析班级整体的相关认知,运用整群抽样方法,以班级为抽样单位,从第一阶段抽取的 4 个学院中,分别简单随机抽取 5 个班级,共抽取 20个班级,并将抽取的班级的全部学生作为样本,共计 880 名学生(如图 1－2 所示)。最后,对抽取的学生进行线上问卷调查,并收回有效问卷 840 份,问卷的有效回收率为 95.5%,最终用统计软件进行了简单频数和相关性分析。调研问卷的具体内容可见附录二。

---

① 根据扬帆大学有关部门的反馈所得。
② 风笑天:《社会学研究方法》,中国人民大学出版社 2009 年版,第 136-137 页。

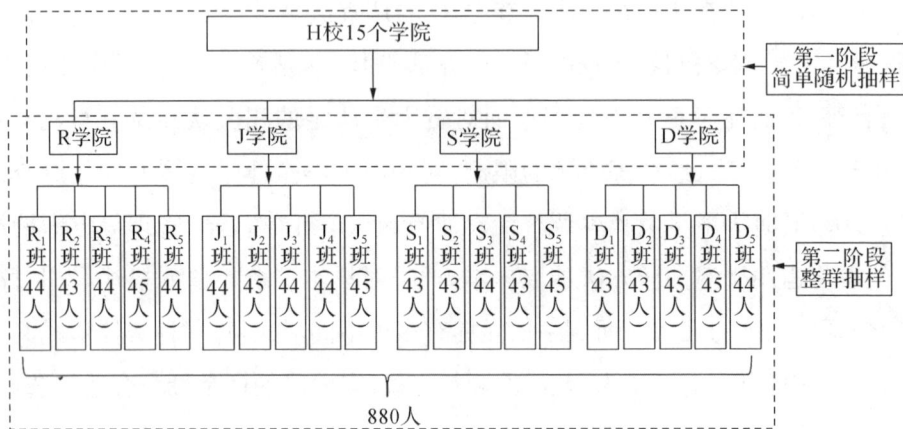

图1-2 多阶段抽样过程示意图

二、写作框架

构建文章合理的写作框架对于经验材料繁杂的定性研究具有重要意义,此举既有助于条理清晰地叙述研究主题或研究现象,又可以在"讲故事"的同时对研究主题或研究现象进行深度分析,从而得以充分展现本研究的议题关切与理论关怀①。本研究聚焦高校贫困生认定政策实施中参与主体的行动及其背后作用机制,并总结出参与主体的行动逻辑,为更好地理解高校贫困生认定政策实践及其目标实现提供经验依据与理论反思。为此,本研究秉持微观的、动态的分析理念,将高校贫困生认定政策实施中的事件性过程作为分析的切入点,并以事件性过程的时间线为序来进行具体阐述。根据对扬帆大学的实地调查,可以将贫困生认定政策实施的事件性过程分为四个阶段:认定的准备、认定的申请、认定的评议、认定的结果。本研究即在这个事件性的过程中,循序渐进式地分析政策实施中参与主体的行动。

具体来说,第一个阶段是认定的准备,这一阶段的主要事项是各参与主体为认定的顺利展开进行预先安排或筹划,包括学校的组织行动、辅导员的日常

①丁百仁:《制度变迁中的乡村民办教育转型——以中部仁县为例》,河海大学博士学位论文,2015年。

行动、班级学生的"贫困"符号的日常建构。第二个阶段是认定的申请,这一阶段的主要事项分为两个层面:一是辅导员为更好地组织申请而展开的行动,包括政策宣传、组建认定评议小组、构建认定评议规则等;二是申请者依据认定政策展开申请的行动。第三个阶段是认定的评议,这一阶段的主要事项分为三个层面:一是辅导员为更好地组织评议而展开的行动;二是申请者为获得自己想要的评议效果而展开的行动;三是认定评议小组为评议展开的行动。第四个阶段是认定的结果。这一阶段的主要事项是各参与主体就认定的结果而展开的行动,包括入围者、出局者及学校管理者、辅导员、学生评议人等。如图1-3所示。

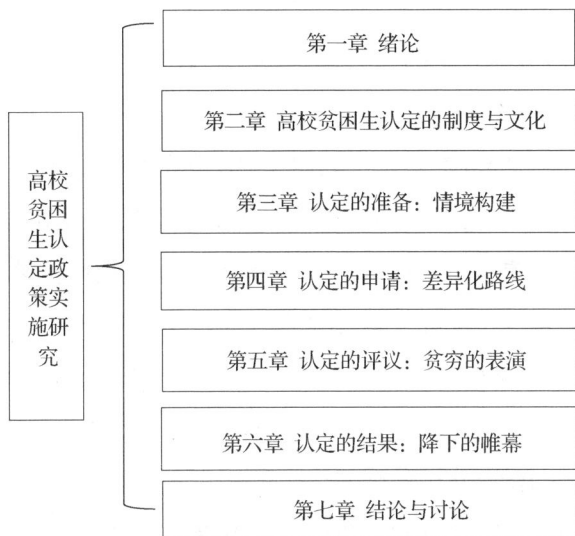

高校贫困生认定政策实施研究
- 第一章 绪论
- 第二章 高校贫困生认定的制度与文化
- 第三章 认定的准备:情境构建
- 第四章 认定的申请:差异化路线
- 第五章 认定的评议:贫穷的表演
- 第六章 认定的结果:降下的帷幕
- 第七章 结论与讨论

图1-3 论文的写作框架

根据文章的写作框架,各章节安排如下:

第一章是绪论,首先阐述本研究的选题背景和研究问题,前者重点呈现本研究的基本价值关怀,后者重点展现本研究较强的问题意识。其次进行文献回顾,重点梳理政策制定与执行、贫困与贫困识别、高校学生资助政策实践及高校贫困生认定政策实践的相关研究成果,并对相关研究成果的贡献与不足进行总结。接着阐述本研究的理论基础,并进一步提出研究思路,回应已有研究的不足,具体展开研究问题。最后,详细介绍研究方法与资料收集过程,并阐述本研究的写作框架。

第二章将呈现贫困生认定政策执行的基本认知框架,主要分析高校贫困生认定的制度与文化。制度部分主要聚焦教育扶贫政策、高校贫困生资助政策及高校贫困生认定政策。文化部分主要聚焦社会大众对贫困及贫困生的理解或评价。制度和文化共同构建了高校贫困生认定的政策空间。

第三章将呈现高校贫困生认定的准备,主要对高校贫困生认定政策实施中参与主体如何进行情境定义或构建情境展开分析,而分析的主体包括学校、辅导员、普通学生及贫困生认定申请者,即他们何以大量重复性的习惯动作和行为模式创造着他们身处其中的社会世界,从而构建了高校贫困生认定的学校微观情境。

第四章将呈现高校贫困生认定的申请,主要分析辅导员与申请者的行动及其背后所隐含的心态。对于辅导员来说,他们是贫困生认定政策的关键执行者,要为贫困生认定的申请及后续的评议等环节提供相应保障,包括认定政策的宣传、评议小组的组建及评议规则的制定等。对于申请者来说,他们被政策文本划分为建档立卡贫困户家庭学生、特殊情况家庭学生及一般家庭学生三种类型。同时,政策文本赋予不同类型学生不同的政策待遇,从而引发不同类型申请者的差异化申请路线。

第五章将呈现高校贫困生认定的评议,主要探讨贫困生认定的评议过程,生动描摹评议内部图景,揭示以辅导员、学生干部为核心成员的认定评议小组的评议实践及其逻辑,以及作为贫困生认定政策对象申请者的行动策略,以此呈现大学场域内贫困生认定的独特识别机制。这种机制不仅具有教育场域的情境性意涵,而且含有参与主体基于其场域客观位置关系的互动烙印及其所内嵌的诉求。

第六章将呈现高校贫困生认定的结果,主要分析不同参与主体对认定结果的不同认知。这种不同认知并不是线性的正向或负向的二维之别,而是对政策执行结果的多维情境性理解,是一种基于历史积淀而得来的经验判断或倾向。在此基础上,参与主体采取了不同行动,包括入围者、出局者、学生评议人、辅导员及学校管理者。

第七章是结论和讨论。在结论部分,首先重点总结各参与主体在高校贫困生认定政策实施过程中的行动及其逻辑;其次进一步分析参与主体背后的"隐形机制",以加深对参与主体行动的理解;最后对参与主体的行动进行深入的透视,以此观照高校作为一种组织的文化特性,并为理解高校组织行为"为何发生"提供相应分析路径。在讨论部分,围绕高校贫困生认定的地域性、"福利污名"及论文的创新与不足之处进行了相应分析。

第二章　高校贫困生认定的制度与文化

政策环境是影响政策执行的一个基本变量,为政策执行提供了基本认知框架。有学者认为,政策环境包括经济因素、政治因素、文化因素、历史因素等。[①]笔者认为,政策环境可以分为制度和文化两个方面。制度代表刚性控制,文化代表柔性控制。这里的制度主要指外在性、程序性、指令性的规则。[②] 文化主要是指由经验演化而来的习惯、风俗、观念、内化规则等。本章就主要从制度和文化两个方面分析高校贫困生认定的政策环境。制度部分主要聚焦教育扶贫政策、高校贫困生资助政策及高校贫困生认定政策,文化部分主要聚焦社会大众对贫困及贫困生的理解或评价。

第一节　教育扶贫与高校贫困生资助政策的演变及其执行

一、教育扶贫

"教育扶贫"这一概念由民盟中央的吴春选首先提出,而且他认为"教育扶贫是扶贫工作的根本途径"。[③] 从功能主义视角来看,教育扶贫不仅能够提升国民的科学文化素质,而且可以全面提升人的综合能力,实现人的现代化,有效

---

① 宁骚:《公共政策学》,高等教育出版社,2018 年版,第 295 页。

② 柯武刚、史漫飞:《制度经济学——社会秩序与公共政策》,韩朝华译,商务印书馆 2000 年版,第 119-132 页。

③ 吴春选:《谈智力扶贫》,《群言》,1987 年第 9 期。

解决贫困地区人口素质较低的问题,其最终目标是要实现对贫困的彻底解决[1]。有学者认为,我国的教育扶贫可以分为新中国教育扶贫、新时期教育扶贫及新时代教育扶贫三个阶段[2]。

新中国教育扶贫阶段起始于1949年新中国成立,一直到1978年改革开放之前。这一时期我国的教育水平十分落后,尤其农村地区在新中国成立之初基本没有学校,农村人口不仅占全国总人口的90%,而且基本处于文盲或半文盲状态。因此,这一时期的教育扶贫任务就是举全国之力发展教育,尤其是通过各种国家政策促使农村教育向好发展。在当时,毛泽东还提出农村教育要坚持"两条腿走路"的大政方针,具体来说,就是将"普及工农教育"作为目标,同时发展国家办学与群众办学,进而实现农村教育"多快好省"式地发展。

新时期教育扶贫阶段起始于1979年改革开放之初,一直到2012年党的十八大之前。进入新的历史时期,教育扶贫成为扶贫工作的重要内容和推进方式,优先发展教育甚至成为扶贫工作的基本策略。1984年9月29日,国家发布《关于帮助贫困地区尽快改变面貌的通知》指出,要把增加智力投资纳入扶贫举措,这是官方正式文件首次明确提出"教育扶贫"[3]。从此,"教育扶贫"概念被政府及社会各界广泛使用。而新时期教育扶贫的突出特征是将确保贫困地区子女的受教育权作为其基础,将大力发展教育均衡作为其目标,不仅要保证贫困地区子女"有学上",而且要确保他们"上好学"[4]。虽然这一时期教育扶贫政策兼顾公平和效率并逐渐趋向系统和全面的发展态势,但总体仍然属于"大水漫灌"的粗放模式,未能关注区域之间、人口之间的个性化差异,存在资源浪费及

---

① 李桂华:《教育扶贫的理论与实践探索》,《长白学刊》,2018年第4期;谢君君:《教育扶贫研究述评》,《复旦教育论坛》,2012年第3期。

② 魏有兴:《中国教育扶贫70年:历程、经验和走向》,《深圳大学学报(人文社会科学版)》,2019年第5期。

③ 袁利平、张欣鑫:《教育扶贫何以可能——多学科视角下的教育扶贫及其实现》,《教育与经济》,2018年第5期。

④ 魏有兴:《中国教育扶贫70年:历程、经验和走向》,《深圳大学学报(人文社会科学版)》,2019年第5期。

效益低下问题。[1]

新时代教育扶贫阶段起始于 2013 年,直至今日,中国教育扶贫步入内涵提升阶段,意在扭转教育扶贫粗放模式的发展轨迹并实现质的飞跃。2013 年,习近平总书记在湘西考察时提出"精准扶贫"重要论述。他指出:扶贫要实事求是,因地制宜。要精准扶贫,切忌喊口号,也不要定好高骛远的目标。[2] 2015 年11 月 23 日,中央政治局会议将精准扶贫确定为我国扶贫开发时期的基本工作方略,并通过"六个精准""五个一批"解决"四个实际问题",确保"扶真贫、真扶贫、真脱贫"。以"精准扶贫"理论为指导,我国教育扶贫事业实现从"大水漫灌"到"精准滴灌"的重大逻辑转向,重构教育扶贫既有模式和行动策略,实施对象精准、政策精准、模式精准等差异化、个性化教育扶贫策略[3],可以有效回应贫困问题由普遍性、绝对性演变为相对性、转型性的时代特征。

二、高校贫困生资助政策的演变

对高校贫困生的资助,一直受到国家的高度关注,为此,国家制定出台了一系列高校贫困生资助政策。随着社会经济的不断发展,高校贫困生资助政策也在做出相应调整,进行着不同程度的政策演变。从现有文献来看,我国高校贫困生资助政策大致经历了"免学费+人民助学金""奖学金+学生贷款"及"多维综合资助"三个发展阶段。[4]

一是"免学费+人民助学金"阶段。中华人民共和国成立后,中央政府根据国家现实情况和人民实际需要陆续制定了新的教育制度和教育政策。1952 年7 月,中央人民政府政务院[5]颁布了《关于调整全国高等学校及中等学校学生人民助学金的通知》,在高校实施统一的人民助学金制度,不仅免收学生学费,而

---

[1] 李兴洲:《新中国 70 年教育扶贫的实践逻辑嬗变研究》,《教育与经济》,2019 年第 5 期。

[2] 新华网:《习近平赴湘西调研扶贫攻坚》,2013-11-03. http:// news. xinhuanet. com/politics/2013-11/03/c_117984236. htm.

[3] 李兴洲:《新中国 70 年教育扶贫的实践逻辑嬗变研究》,《教育与经济》,2019 年第 5 期。

[4] 洪柳:《我国高校贫困生资助体系的历史、问题与精准化路径》,《湖南师范大学教育科学学报》,2018 年第 5 期。

[5] 新中国成立初期的政务院是今天国务院的前身。

且给予学生一定的生活补助。这一制度一直实行到 20 世纪 80 年代,其间也根据实际情况进行过几次调整,如 1955 年 8 月,国家高教部颁布《全国高等学校一般学生人民助学金实施办法》,要求全国高校(高等师范院校除外)调整学生人民助学金发放政策,将全体学生发放改为视学生家庭经济状况的部分学生发放。同时,对革命烈士子女学生、少数民族学生及归国华侨学生实行特殊优待,也即是在相同的经济条件下这些学生将被优先考虑。

二是“奖学金＋学生贷款”阶段。改革开放以后,随着经济发展及经济体制由计划模式向市场模式的转型,教育取得了前所未有的发展,教育领域内的各种市场化改革渐次展开。20 世纪 80 年代末,我国高等教育开始实施招生和收费“双轨制”改革,结束了长期以来的高等教育免费制度。1986 年 7 月,国务院批转原国家教委、财政部联合下发的《关于改革现行普通高等学校人民助学金制度的报告》,此后,针对高校学生的人民助学金制度被废止,取而代之的是奖学金制度与学生贷款制度。1989 年 8 月,国家教委、国家物价总局、财政部联合下发的《关于普通高等学校收取学杂费和住宿费的通知》规定,国家计划招收的学生(不包括师范生)要缴纳学杂费与住宿费。从此,中国“免费上大学”的政策完全成为历史。①

三是“多维综合资助”阶段。自 20 世纪 90 年代以来,随着高校扩招、高校学费上涨等原因,高校贫困生数量不断增加,高校贫困生问题日益突出,原有的贫困生资助政策已不能适应新的现实需求,多元化资助政策的构建迫在眉睫。1995 年 4 月,原国家教委发布的《关于对普通高等学校经济困难学生减免学杂费有关事项的通知》规定,针对部分缴纳学杂费有困难的高校学生实行相应的减免政策。1999 年 6 月,《关于国家助学贷款的暂行规定》发布,国家助学贷款制度开始实行。为了不断完善国家助学贷款制度,国家相继颁布《关于学生助学贷款管理的补充规定》《关于进一步完善国家助学贷款工作的若干意见》等文件。2007 年 5 月,国务院颁布《关于建立健全普通本科高校、高等职业学校和

---

① 张民选:《理想与抉择——大学生资助体系的国际比较》,人民教育出版社,1998 年,第 86 页。

中等职业学校家庭经济困难学生资助政策体系的意见》。至此，我国逐步建立起多维综合型学生资助体系。这一体系包括奖学金、助学金、学生贷款、勤工助学、学费减免、校内无息贷款、特殊困难补助、应征入伍及退役相关资助等。①

三、高校贫困生资助政策的执行

根据研究需要，针对高校贫困生资助政策执行，主要采取"自上而下"的分析视角，即主要关注政策制定者的国家如何通过科层制体系推动政策实施，以促使政策执行者规范执行，从而保障政策目标的有效实现。考虑本研究主要关注的是当前贫困生资助政策体系，因此主要分析了针对当前高校贫困生资助体系的政策执行。

2007年5月，国务院颁布的《关于建立健全普通本科高校、高等职业学校和中等职业学校家庭经济困难学生资助政策体系的意见》（以下简称《意见》）指出，建立健全贫困生资助政策体系，从而使贫困生不仅可以上得起大学，而且有机会受到良好的职业教育，这是践行"三个代表"重要思想、落实科学发展观、构建社会主义和谐社会的重要举措；是大力实行科教兴国与人才强国战略，不断优化教育结构，从而促进教育公平与社会公正的有效手段。该《意见》要求教育部、财政部等相关部门尽快研究制定相应管理办法，进而更好地指导、检查及督促地方高质高效地开展工作。各个地方要着力构建相关工作机制，有效整合各类资源，研究制定并出台具体的管理办法。教育部门应该将学校的贫困生资助工作列入办学质量评估的相应指标体系。各学校应该将资助贫困生作为工作重点，切实执行校长负责制，设置专门的资助管理部门来具体组织管理这项工作。同时，要求各地方、各有关部门及各学校加大宣传力度，不断丰富宣传形式，使贫困生资助政策走进千家万户，进而不断深入人心，以此充分保障广大学生的知情权与受助权。②

---

① 刘士林、王晓静：《对我国高教资助体系创新与升级方式的思考》，《教育发展研究》，2012年第5期。
② 国务院：《关于建立健全普通本科高校高等职业学校和中等职业学校家庭经济困难学生资助政策体系的意见》，2007-5-13. http://www.gov.cn/zhengce/content/2008-03/28/content_5504.htm.

　　随后,全国各个省级地方政府纷纷响应国家号召,严格按照国务院要求精心组织、强力推进贫困生资助工作。2007年8月,安徽省人民政府迅速落实本省地方分担资金方案,并研究制定了《安徽省人民政府关于建立健全普通本科高校高等职业学校和中等职业学校家庭经济困难学生资助政策体系的实施意见》(以下简称《意见》),该《意见》要求各个市、县及省属相关部门依据自身实际研究制定相应配套政策、管理办法及工作机制,并且要求教育与劳动保障部门将贫困生资助工作列入办学质量评估的指标体系。同时,要求各个学校将资助贫困生放在首要位置,严格执行校长负责制,设置专门的助学管理部门,构建完善的学生资助管理制度,确保学生资助的实效性。①

　　2008年2月,安徽省教育厅、财政厅、劳动和社会保障厅②下发的《安徽省民生工程普通高校中职学校家庭经济困难学生资助工作实施办法》指出,各个相关部门应各属其职、各负其责,不断强化对贫困生资助经费的利用、贫困生认定及学校收费等方面的检查与监督,从而真正提升相关资金利用的安全性、规范性及有效性。③ 2008年3月,安徽省人民政府发布《关于深入实施民生工程的意见》(以下简称《民生工程的意见》),该《民生工程的意见》决定再次将建立健全高校与中等职业学校贫困生资助政策体系作为2008年新增的六项民生工程之一,强调要通过国家奖学金、国家励志奖学金及国家助学金的支持,妥善解决全省贫困生的就学问题。④ 不仅如此,在随后的历年民生工程规划中,贫困生资助均被作为持续实施的民生工程之一。

---

　　① 安徽省人民政府:《关于建立健全普通本科高校高等职业学校和中等职业学校家庭经济困难学生资助政策体系的实施意见》,2007-8-2. http://www.ah.gov.cn/public/1681/7937671.html.

　　②"安徽省劳动和社会保障厅"即为现在的"安徽省人力资源和社会保障厅"。

　　③ 安徽教育厅、财政厅、劳动和社会保障厅:《安徽省民生工程普通高校中职学校家庭经济困难学生资助工作实施办法》,2008-2-3. http://jyt.ah.gov.cn/164/view/264.

　　④ 安徽省人民政府:《关于深入实施民生工程的意见》,2008-3-26. http://www.ah.gov.cn/public/1681/7937561.html.

第二节　高校贫困生认定政策的演变与执行

一、高校贫困生认定政策的演变

经过文献梳理与研究可以发现,高校贫困生认定政策也经历了一些变化,其主要原因既为了更好地服务于高校贫困生资助,亦为了应对在政策执行过程中所发现的问题。

2007 年 6 月,教育部和财政部共同下发《关于认真做好高等学校家庭经济困难学生认定工作的指导意见》,首次从国家层面对高校贫困生认定工作提出了具体要求,包括认定主体、认定对象、认定原则、认定制度、认定标准、认定程序、异议反馈与处理等。这一政策的颁布不仅为识别高校贫困生资助对象提供了可操作的规范文本,而且为高校贫困生资助的合法性与合理性提供了制度支撑,保障了教育公平和社会公正,维护了贫困生的各项权益[①]。

在此项政策实施将近 10 年后,也即是 2016 年年底,教育部依据国务院督察组第三次大督查反馈意见,同时充分考虑部分地方与高校学生资助工作中的现实问题,研究下发了《教育部关于进一步加强和规范高校家庭经济困难学生认定工作的通知》(以下简称《通知》)。该《通知》一方面肯定了前期工作成效,另一方面明确了后期应注意的事项,强调贫困生认定应依据学生家庭经济状况,而且不能加入其他非经济因素,并进一步明确国家助学金、国家助学贷款的"保基本、兜底线"的重要功能,严禁使用"助学金"代替"奖学金",或将"助学金"变为"奖学金"的行为。同时,要求相关主体进一步完善贫困生认定办法,并不断改进贫困生认定方式,如依据高校所在地区经济社会发展水平及高校自身收费与生源等因素合理确定认定标准;精准分配资助名额,防止"划比例""一刀切"等简单化处理;开展调查研究,切实保护学生个人隐私等。[②]

---

① 教育部:《关于认真做好高等学校家庭经济困难学生认定工作的指导意见》,2007-6-26. http://www.moe.gov.cn/jyb_xxgk/gk_gbgg/moe_0/moe_1443/moe_1581/tnull_25283.html.

② 教育部办公厅:《关于进一步加强和规范高校家庭经济困难学生认定工作的通知》,2017-1-9. http://www.moe.gov.cn/srcsite/A05/s7505/201701/t20170122_295524.html.

2018年10月，为了不断深入贯彻执行党的十九大精神，着力完善学生资助制度，显著提升学生资助的瞄准度，教育部等六部门联合下发《关于做好家庭经济困难学生认定工作的指导意见》，对规范贫困生认定工作提出了一系列要求，如进一步强调了精准认定贫困生的重要性，进一步明晰贫困生认定基本原则，进一步要求完善组织机构及职责、认定依据及工作程序等①。

二、高校贫困生认定政策的执行

如上文所述，针对高校贫困生认定政策的执行，也采取"自上而下"的视角，主要考察政策制定者的国家如何通过科层制体系向下级传达政策要求，以保障政策目标的实现。

2018年10月，教育部等六部门联合下发的《关于做好家庭经济困难学生认定工作的指导意见》要求，各级教育、财政、民政、人力资源和社会保障、扶贫、残联等部门加强对贫困生认定的监督与指导；各级民政、人力资源和社会保障、扶贫、残联等部门为贫困生认定提供必要的依据和支持，确保建档立卡贫困家庭学生、烈士子女、特困供养学生、最低生活保障家庭学生、孤残学生、家庭经济困难残疾学生及残疾人子女等相关信息真实有效；各级教育、人力资源和社会保障等部门及各个学校需要对学生资助信息进行严格管理，并确保相关信息的安全，禁止泄露学生资助信息；强化学生诚信教育，并且进一步提高失信成本或损益。与此同时，要求各地方及各中央部属高校应依据本意见，紧密联系实际，制（修）定更加具体的认定办法，同时将新的认定办法报送全国学生资助管理中心进行备案。②

为了落实上级政府的政策要求，地方政府进行了严格的政策执行。早在2016年，在安徽省教育厅召开的教育扶贫第一次调度会上，安徽省即明确了

①教育部、财政部、民政部、人力资源和社会保障部、国务院扶贫办、中国残联：《关于做好家庭经济困难学生认定工作的指导意见》，2018-10-30. http:∥www. moe. gov. cn/srcsite/A05/s7505/201811/t20181106_353764. html.

②教育部、财政部、民政部、人力资源和社会保障部、国务院扶贫办、中国残联：《关于做好家庭经济困难学生认定工作的指导意见》，2018-10-30. http:∥www. moe. gov. cn/srcsite/A05/s7505/201811/t20181106_353764. html.

"两个重点、三个方面、四个精准"的教育扶贫工作目标。"两个重点"即将建档立卡贫困家庭学生个人、贫困地区薄弱学校及其师资队伍作为扶贫对象,并且定位必须准确、界定必须清晰;"三个方面"即教育厅、市县、高校作为扶贫主体,三者之间必须协调联动,并有效形成合力;"四个精准"即精准识别、精准施策、精准帮扶、精准脱贫。会议同时要求将教育扶贫作为全局工作中的突出重点位置加以推进,尤其是建档立卡贫困家庭学生资助工作,不仅要在精准上下功夫,而且要细之又细,并将教育扶贫情况纳入《市县党政领导班子和主要负责同志脱贫攻坚工作成效考核办法》中。①

2017 年 3 月,安徽省教育厅转发《教育部办公厅关于进一步加强和规范高校家庭经济困难学生认定工作的通知》,要求全省各个高校应在当年 5 月底前完成贫困生认定办法的修订完善,建立健全四级学生资助认定工作机制,规范认定程序,改进认定方式,资助工作过程中要注意保护受助学生尊严。修订后的办法要以学校正式文件形式印发,并在学校门户网站予以公开。同时,要求各个高校充分利用大数据分析等先进测量技术,客观、科学地进行贫困生认定,进一步提升学生资助的精准度。确保将建档立卡贫困家庭学生、烈士子女、农村低保家庭学生、孤残学生、农村特困救助供养学生及家庭遭遇自然灾害或突发事件等特殊情况的学生纳入资助范围。对于资助名额和资金的分配,一定要杜绝简单地划比例或者"一刀切"。对于资助资金的发放,一定要充分结合学生贫困程度,并相应提高特困学生资助额度,尽量防止"平均资助"现象的发生②

2019 年 7 月,根据《教育部等六部门关于做好家庭经济困难学生认定工作的指导意见》,安徽省教育厅、财政厅等六部门共同下发的《安徽省家庭经济困难学生认定工作实施办法》(以下简称《实施办法》)指出,省教育厅、省财政厅、

---

① 安徽省教育厅:《省教育厅调度教育扶贫工作》,2016-9-18. http://jyt. ah. gov. cn/public/7071/39712212. html.
② 安徽省教育厅:《转发教育部办公厅关于进一步加强和规范高校家庭经济困难学生认定工作的通知》,2017-3-15. http://jyt. ah. gov. cn/1079/view/509901. shtml.

省民政厅、省人力资源和社会保障厅、省扶贫办、省残联应依据工作职责,对全省各级各类学校的贫困生认定工作进行业务指导。省、市、县(市、区)教育、财政、民政、人力资源和社会保障、扶贫、残联等相关部门需要不断强化协同工作理念,构建部门联动、系统联结及信息共享的工作机制,进一步整合贫困生数据资源。各市、县(市、区)教育、人力资源和社会保障部门要依据相应工作职责,切实组织好本地区所辖各级各类学校有效进行贫困生认定工作。与此同时,该《实施办法》要求,各级教育、行政等部门应不断加强贫困生认定工作的监督与指导、提供必要认定依据和支持、保护学生隐私等责任要求。[①]

第三节　贫困与贫困生的社会认知

有学者认为,社会大众对贫困问题的认知构成应对贫困问题的公共政策及行动的社会心理与文化环境,既影响着相关公共政策的制定与社会行动的伦理取向,也影响着相关公共政策的执行实践与行动逻辑。[②] 因此,本部分主要关注社会大众对贫困与贫困生的认知。

一、社会大众视野中的贫困

首先,何谓贫困?随着经济社会发展、社会观念变迁,人们对这个问题有着不同的理解和看法。最开始,人们主要从经济方面衡量一个人是不是贫困,即所得收入不足以支付生活所需为贫困,通俗地说,就是吃不饱、穿不暖,生活资料处于社会平均水平以下甚至极度匮乏的状态,也即我们经常说的"绝对贫困"。一项针对巴西、菲律宾、海地、南非等发展中国家精英阶层的贫困认知的大规模调查显示,在大多数情况下,社会精英主要从物质层面来认知贫困,即贫

---

① 安徽省教育厅、安徽省财政厅、安徽省民政厅、安徽省人力资源和社会保障厅、安徽省扶贫办、安徽省残联:《安徽省家庭经济困难学生认定工作实施办法》,2019-7-23. http:// jyt. ah. gov. cn/public/7071/39712364. html.

② 王小章、冯婷:《精英对贫困问题的认知和精英的社会意识》,《江苏社会科学》,2009年第4期。

困是那些物质匮乏的群体。[1] 有学者针对 62 位浙江省精英人士的调查亦发现，绝大多数社会精英都是从经济角度来理解贫困问题，即贫困就是缺乏满足基本的衣、食、住、行、医疗及子女教育等生活需要的手段和条件，当然有不少精英认为经济和物质上的贫困会带来个体心理上以及精神上的问题。[2] 回顾全面脱贫攻坚的历史时期，各个地方曾构建了一系列通俗易懂的贫困评价指标，从这些评价指标亦可以窥探出社会大众对贫困的理解与认知。如，有学者发现，在建档立卡阶段，有的地方采取"四看"来识别贫困家庭，即"一看房、二看粮、三看有没有读书郎、四看劳动力强不强"，通过这种中医式的"望、闻、问、切"来判断一个家庭是不是贫困。[3] 也就是说，社会大众基本上还是从物质的、经济的角度定义和理解贫困。

后来，人们所理解的贫困不仅是经济上的"捉襟见肘"，也是精神层面的缺失或不足。世界银行曾组织专家实施一项参与式贫困评价项目（Participatory Poverty Assessment），以获取利害相关者的穷人自己如何理解贫困，进而为人类的反贫困治理提供有益参考。该项目调研对象是包括中国在内的 50 个国家和地区的 4 万多名穷人，其中一项主要研究问题即"穷人如何理解和定义贫困"。调查结果显示，对于穷人来说，贫困不是单方面的，而是多方面的。这种多方面既包括了物质上的匮乏，也包括了心理、权利、教育、健康等方面的问题表征。[4] 该调查结果进一步印证了目前学界对贫困界定的主流观点，即贫困是多维度的，是包括经济、文化、心理、政治等多方面的不足。

其次，贫困缘何发生？在西方，19 世纪末以前，人们将贫困归因于个人因素，认为"穷人是被贫困所诅咒"。贫者是由于他们自身的无知、无能及不良生

---

① Mayo, M. "Elite Perceptions of Poverty and Inequality". *Community Development Journal*, 2006, 41 (2):260-263.

② 王小章、冯婷：《精英对贫困问题的认知和精英的社会意识》，《江苏社会科学》，2009 年第 4 期。

③ 周晓露：《多元主体参与下贫困识别的制度及其实践——基于大别山区薯县的调查》，华中师范大学博士论文，2017 年。

④ 迪帕·纳拉扬、拉伊·帕特尔、凯·沙夫特等：《谁倾听我们的声音》，付岩梅等译，中国人民大学出版社，2001 年，第 69 页。

活习惯等道德缺陷所致。自 19 世纪末 20 世纪初的《伦敦人民的生活与劳动》
问世以后,人们对贫困的解释逐渐由"行为导向"转变为"社会结构导向",宣扬
"人在情境中",即社会制度、分配机制等结构性因素致使一部分人陷入贫困。
在中国古代,人们常常将贫困当作一种不可避免的自然现象,习惯于将贫困归
咎于个体命运。这种宿命论解释认为人的贫富贵贱是由天命所定、运势所向及
因果所报等因素决定。如,《夷坚志》中就载有这样一个故事:福州有一个叫林
君的老儒,长期生活在贫困之中。后来,王瞻叔欣赏其很有才华,就以重金聘请
他为学正,但这个老儒却在上任前"无疾而卒"。尔后,乡邻们都说林君"固有定
数",即命里注定贫困。[①] 此外,在传统社会,贫困还被认为是由包括能力和懒
惰在内的个体自身过失所致[②],因而"就应该让社会下层尝尝贫困的滋味,否则
他们永远懒惰下去而不会勤快起来"。[③] 有学者对精英人士如何认知贫困归因
问题的研究得出,调查对象更倾向于从行为维度去理解贫困的生成,即贫困者
自身的行动能力、价值观念、生活方式及文化水平等方面主要决定了其贫困状
态。[④] 这也再次印证中国自古以来对贫困者道德行为、个人能力等内在因素对
个体生活质量影响的看重。

二、社会大众视野中的贫困生

"贫困生"内含"贫困"和"学生"两重身份、两种角色,意味着贫困生既属于
经济困难的弱势群体,又属于教育场域的教育客体或教育对象。那么,社会大
众视野中的贫困生究竟是什么样的? 又或者,什么样的学生才可能被称为贫困
生? 为了弄清楚这个问题,需要选择几个重要群体进行具体分析,这些群体不
仅与贫困生有直接的联系,而且会对贫困生认定和贫困生资助产生重要影响。

首先是贫困生认定政策制定者。他们处于贫困生认定政策的决策高层,毫
无疑问,他们对贫困生的理解不仅可以深度影响贫困生认定政策,而且会对其

---

① 〔宋〕洪迈:《夷坚支甲》卷 6《林学正》,中华书局,1981 年版,第 757 页。
② 杨国枢、叶启政:《台湾的社会问题》,巨流图书公司,1984 年,第 102-103 页。
③ 吴理财:《反贫困:对人类自身的一场战争》,《社会》,2001 年第 3 期。
④ 王小章、冯婷:《精英对贫困问题的认知和精英的社会意识》,《江苏社会科学》,2009 年第 4 期。

他社会群体的贫困生认知产生重要影响。从贫困生认定的政策文本来看,政策制定者主要从家庭经济收支状况、家庭人口结构及其健康状况、家庭所在地区经济社会发展水平、家庭有无突发状况及学生消费等方面认定贫困生。这些因素涉及学生及其家庭的方方面面,是一种多维、立体、全方位考察。而且,考虑到贫困生的特殊性,在辨别贫困生时,既要保证精准识别出真正困难的学生,也要充分保护学生个人的隐私。

其次是大众传媒的舆论导向。基于大众传媒日益扩大的影响力,有学者认为大众传媒具有与传统立法、司法、行政权力相媲美的"第四种权力"。这种权力不仅无形,而且具有柔性,它以一种特有的方式渗透进人们日常生活的各个角落,不断改变着社会生活环境及人们的生活方式、思维方式、价值理念等。[①]从大众传媒对贫困生所做的相关报道来看,主要包括两个方面的内容:一是贫困生作为家庭经济困难的社会弱势群体,在社会大众的帮助下,实现了一个又一个人生梦想。如,《中国教师报》刊发的《教育扶贫点亮寒门希望》,《中国青年报》刊发的《共青团"千校万岗"行动服务贫困生就业》,《中国煤炭报》报道《帮30名贫困生走出大山"拓眼界"》等。二是揭示贫困生认定所存在的问题,认为贫困生认定在认定标准、认定程序及在隐私保护方面存在一些不足,既不利于贫困生的精准识别,也可能会引发贫困生的心理障碍。如,《中国青年报》刊发《贫困生"竞选":有了公正没了隐私?》,《科技日报》报道《假"证明"钻真空子,贫困生认定需更精准》,《中国商报》报道《保护贫困学生隐私,释放更多人本情怀》等。通过这些报道,可以发现,大众传媒所理解的贫困生是一种弱者的形象,需要社会大众给予爱心。同时,大众传媒也表达出对贫困生识别机制的担忧。

最后是学校场域内的多个行动主体对贫困生的理解。学校场域是贫困生认定的主要物理空间。这个场域中的相关主体对贫困生的理解将对贫困生认定产生直接影响。这里主要分析与贫困生认定直接相关的"重要他者",即辅导员和大学生。对于辅导员而言,由于他们是贫困生认定的直接责任人,他们对

---

① 章辉美:《大众传媒与社会控制——论大众传媒的社会控制功能》,《社会科学战线》,2005 年第 3 期。

贫困生的理解既含有政策文本的认知,又掺杂个人基于实践经验而来的心得与体会。"我觉得贫困生的贫困主要表现在两个方面,一个是家庭方面的,一个就是学生平时生活方面的。家庭方面,比如家里的劳动力情况怎么样,是不是单亲或孤儿。还有一个就是看家里有没有人生大病或残疾,尤其如果是劳动力生大病或残疾,那对这个家庭影响肯定是很大的。学生平时生活方面,就是困难学生的生活方式可能比较简单,也不会经常逛街啊,也不会买些没有用的东西,基本上就是一日三餐这样的正常消费。当然困难学生也会买衣服,但他们相比其他同学可能买得更少、价格更低一些、质量更差一些,没有过多的额外消费。"(S学院辅导员 LY,20191122)

对于普通学生而言,他们表达了与辅导员相似的观点。"其实每个人家里什么情况并不是很清楚,你也不可能去打听,因为每年都有这个认定,我自己又没有参加,所以更多的是一种工作性质,就是我们来投个票。主要就是根据申请人平时的情况。像有的男生说是贫困,但经常带着女朋友出去玩啊,到外面吃饭啊,给人感觉就不困难。"(学生 LYL,20191214)"我们班一共有 25 人,今年申报了 7 个人,评上了 4 个人,刷掉了 3 个人,其中分数最靠后的同学,平时生活上,吃、穿什么的跟我们评议小组的都差不多,都很正常。他家是合肥的,也不是偏远地区。所以,我们认为这个同学是抱着试一试的心态参加贫困生认定。"(学生干部 YHY,20191214)

通过以上分析,可以发现,对于辅导员和普通学生而言,他们更多的是通过对贫困生认定申请者日常生活情况的分析来判断其是否贫困,而分析的对象包括申请者的吃、穿、用等诸多方面。总之,在辅导员、班级学生眼里,贫困生更有可能是那些生活比较简朴的学生。

三、刻板印象:贫困与贫困生的社会标签

刻板印象(stereotype)这一术语由来已久。1922 年,Walter Lippman 将刻板印象引入社会心理学,并且用"头脑中的图像"来形容刻板印象。1954 年,Gordon Aooport 出版《偏见的本质》。他在书中将刻板印象定义为一种与某个

范畴相关联且被夸大的信念,由此形成对刻板印象的主流看法或理解,即刻板印象是和范畴相关的信念。从社会认知的角度来看,刻板印象其实是一种认知结构,也就是人们对某一个社会群体的了解、信念及期望[①],或人们对这一社会群体的标签所带来的心理感受与思维方式[②]。总之,刻板印象是对某一个群体的抽象认识及具体例证的混合产物,而且我们越是认为一个群体是不变的,我们就越是倾向于将少数成员的特征推广到该群体的其他成员,然后推广到整个群体;相反,我们也会将整个群体的刻板印象应用于群体中的个体成员。[③] 对于刻板印象最经典的应用研究莫过于对"非洲裔美国人"的研究。美国社会普遍存在对非洲裔美国人的消极刻板印象,即他们均具有攻击性,甚至黑种人、懒惰、黑人、蓝调、节奏、贫民区、福利、失业等与非洲裔美国人相关的词都能激活美国人对他们的刻板印象。[④]

对于贫困现象而言,人们对贫困者或是贫困群体的刻板印象自产生时起就未曾停息。在西方社会现代化进程中曾出现大量的失业者、流浪汉、边缘人等贫困群体。不少学者基于资本主义制度立场,往往对这些贫困群体持否定态度,如社会进化论认为,自然所遵循的物竞天择、适者生存的强者逻辑同样适用于人类社会,贫穷之人正是这场生存竞争的失败者而理应被人类社会所抛弃;功能主义认为,贫困阶层对于社会的正常运转具有一定的功能或价值,如美国学者甘斯列举了穷人的十五大功能,比如穷人确保了危险、卑贱、肮脏的工作有人可做,甚至可以作为反面教材促进社会规范体系的维护等[⑤]。

我国传统价值观讲究道德至上,强调个人应注重勤劳节俭、自强不息等品

---

① Wyer, R. S. and T. K. Srull. *Handbook of Social Cognition:Applications.* London:Psychology Press,2014:1-68.

② Mackie,D. M. and D. L. Hamilton. *Affect, Cognition, and Stereotyping:Interactive Processes in Group Perception.* San Diego:Academic Press. 1993:137-166.

③ 齐瓦·孔达:《社会认知——洞悉人心的科学》,周冶金、朱新秤等译,人民邮电出版社,2013 年,第 231页。

④ 齐瓦·孔达:《社会认知——洞悉人心的科学》,周冶金、朱新秤等译,人民邮电出版社,2013 年,第 233页。

⑤ Gans, Herbert, J. "The Positive Functions of Poverty". *American Journal of Sociology*,1972,78(2):275-289.

性的养成,向来对懒惰、不自律、贪图享乐、不思进取等品性持否定态度。一次关于"贫困是由社会造成的还是由个人造成的"的全国抽样调查资料显示,69.1%的调查对象认为贫困是由贫困者个人造成的,仅有22.4%的调查对象认为贫困是由社会原因造成的。由此可以发现,大多数民众对贫困持个体主义的贫困观,将贫困与个人能力、德行等内在因素绑定在一起[1],对贫困及贫困群体持有否定的、负面评价。

一些学者对贫困的大众传媒标签进行了相应分析,为我们提供了大众对贫困所形成的刻板印象的图画。如,刘熠等人对198幅以"贫困"为主题的新闻漫画进行多模态分析,一共识别出17种"贫困"隐喻,并依据其输入空间的特征,将这些隐喻按类别分成6组,分别为"补丁""帽子""碗""陋舍""自然障碍""工具/道具"。其中,在他们所收集的漫画材料中最多的模态隐喻是"贫困是补丁",其数量共有102个。在这些漫画中,"贫困"呈现给人们的是漏洞、衣服上打着补丁,并且补丁上写着"医疗、学费、房价"等;其中34幅漫画中,将"贫困"呈现为空碗、破碗,映射出公众对贫困是一种"端着饭碗,食不果腹"甚至"行乞求生"的刻板印象;陋舍组的20幅漫画将"贫困"表现为破旧的小房子,隐喻"贫困是陋舍",以折射出贫困人口狭小、局促甚至危险的居住环境;"自然障碍"组的14幅漫画将"贫困"呈现为"悬崖、巨石、荒地、泥潭"的形象,折射出贫困人口生存环境恶劣且自身能力难以抵御外来风险等印象。[2] 2019年6月26日,《大连日报》刊发一篇名为"搬家运动:让穷人从'地狱'居住到'天堂'"的新闻报道[3];2016年1月4日,《陕西日报》刊发一篇名为"让制度设计成为穷的'救命稻草'"的评论[4];2016年5月26日,《中国经济时报》刊发名为"让穷人也吃得起肉是一件温暖的事"报道[5];等等。笔者无意于深究这些新闻所蕴含的正能

---

① 高倩:《如何看待成市贫民》,《社会》,2001年第3期。
② 刘熠、刘平:《新闻漫画中"贫困"多模态隐喻的意义建构》,《东北大学学报(社会科学版)》,2019年第4期。
③ 刘功成、车承川:《搬家运动:让穷人从"地狱"居住到"天堂"》,大连日报,2019-6-26,第T03版。
④ 沈峰:《让制度设计成为穷人的"救命稻草"》,《陕西日报》,2016-1-4,第006版。
⑤ 侯美丽:《让穷人也吃得起肉是一件温暖的事》,《中国经济时报》,2016-5-26,第004版。

量的内容或故事,而是单从这些报道的标题即可以窥探到公众对贫困或贫困群体的刻板印象,即贫困意味着无能、无力甚至无知。

总之,在公众的心目中,贫困者更多的是受益者、被救助者及应该表达感激者。如果将人类社会比喻成一座具有不同层次的金字塔,贫者或穷人无疑是处于金字塔底层的弱势群体。① 而贫者或穷人的"贫""困""穷"则主要是由于懒惰、不求上进、贪图享乐等劣根性所导致。

对于贫困生而言,无论是在对他们进行认定的过程中,还是在对他们进行资助的过程中,人们似乎无意间也将他们纳入弱势群体,并戴着有色眼镜看他们。首先从指称上来看,国际上习惯称其为"低收入大学生"(low-income undergraduates),而我国早期则称其为"穷大学生"②"困难学生"③"贫困生"④等,后经官方统一称为"家庭经济困难学生",简称为"贫困生"。这种称谓与"农民工""留守儿童"等有相似之处,成为具有底层或弱势群体的特指意味。

其次,在贫困生资格方面,人们逐渐形成了对他们的特有标签。有学者随机抽取了 22 所高等学校,并对这些高校的贫困生政策文本信息进行了分析,发现这些高校对"何为贫困生"进行了具体化,并表征为以下四个方面:一是经济能力表现为劳动力低下和经济负担繁重,如父母一方或双方下岗(失业)、父母一方或双方因重病或残疾丧失部分或全部劳动能力;家庭因突发性变故造成人身或财产重大损失、家庭因自然灾害或其他不可抗力而造成人身或财产重大损失、家庭属于低保户、五保户等情况。二是家庭结构残缺,如烈士子女、单亲、残疾学生、父母离异导致家庭经济收入明显下降等。三是学生生源地属于偏远贫穷地区,以及学生家庭所在地遭受了重大自然灾害或突发性意外灾祸等。四是作为承诺或交换的限定性条件,如不得购买或长期租用电脑、不得留级、不得在校外租房及学习态度要端正等。⑤

① 沈红:《穷人主体建构与社区性制度创新》,《社会学研究》,2002 年第 1 期。
② 周庆木、毕明福:《穷大学生的艰难成才路》,《青年探索》,1995 年第 8 期。
③ 龚映杉:《资助困难学生:高校一项长期而艰巨的工作》,《中国高等教育》,1996 年第 10 期。
④ 佚名:《贫困生上大学不用愁》,《新农业》,1994 年第 8 期。
⑤ 周菲:《高校贫困生身份建构、群体认同与应对策略》,《教育学术月刊》,2015 年第 5 期。

正如 LY 辅导员所认为的:"我觉得贫困生的贫困主要表现在两个方面,一个是家庭方面的,一个就是学生平时生活方面的。家庭方面,比如家里的劳动力情况怎么样、是不是单亲或孤儿,还有一个就是看家里有没有人生大病或残疾,尤其如果是劳动力生大病或残疾,那对这个家庭影响肯定是很大的。"(S 学院辅导员 LY,20191122)

可以看出,社会大众已然形成"贫困生是'寒门子弟'"的刻板印象,而且给贫困生贴上了"穷""弱""病""残"等负面标签。从更深层次的角度来看,这种刻板印象是对贫困生群体歧视性的、贬低性的思维定式和片面看法。正如赫兹菲尔德所认为的,刻板印象习惯于对某个群体特征进行固定的、简单的、清晰的描画,并因此遮蔽了对这一群体多维解释的广阔空间。①

第四节　小结

为了理解政策执行的基本认知框架,本章主要分析了高校贫困生认定的制度与文化。制度主要聚焦于教育扶贫、高校贫困生资助政策及高校贫困生认定政策,这些制度代表着政策执行的外在性、指令性、程序性的规则,具有一种刚性的控制。有学者认为,作为一种规则,制度为政策执行相关主体的行为设置了基本结构与惩罚/奖励机制。② 文化主要聚焦于社会大众对贫困与贫困生的认知,这种文化因素代表着由经验演化而来的习惯、风俗、观念、内化规则,具有柔性的控制。制度和文化共同构建了高校贫困生认定的政策场域。

首先,从制度层面来看,教育扶贫的发展三阶段表明,国家不仅重视教育扶贫促进国民素质提升,以及以国民素质提升解决贫困问题的社会功能,而且逐渐关注教育扶贫的精准性,以习近平总书记"精准扶贫"重要论述为指导,教育扶贫需要重构既有模式和行动策略,既要实现差异化、个性化教育精准扶贫,又

---

① Merry,S. E. and M. Herzfeld. "The Social Production of Indifference:Exploring the Symbolic Roots of Western Bureaucracy". *Anthropological Quarterly*,1995,68(3):194.

② 丁煌:《我国现阶段政策执行阻滞及其防治对策的制度分析》,《政治学研究》,2002 年第 1 期。

要积极回应贫困由普遍性、绝对性演化为相对性、转型性的现实问题。高校贫困生资助政策的演化表明,贫困生资助在价值取向上逐渐由只求公平转向公平与效率的兼顾,在资助模式上逐渐由单维资助向多维资助转变。而对于高校贫困生资助政策执行,笔者采取"自上而下"的分析视角,主要分析了政策文本对政策执行的相关要求,可以发现,国家将高校贫困生资助纳入战略发展地位,并对相关执行主体提出了严格要求,而对于地方政府官员来说,他们更是强力推进这一政策。高校贫困生认定是高校贫困生资助的基础性、关键性工作,高校贫困生认定政策也历经演变,其主要特点包括对精准性有更高要求,以及如何规范高校贫困生认定。而基于政策文本对政策执行要求的分析,亦可以发现,无论是国家还是地方均将精准识别、规范识别纳入重点工作事项,并从认定依据、认定程序、认定主体等方面做出了具体要求。

其次,从文化层面来看,基于高校贫困生认定注重民主评议的认定特性,文章深入分析了社会大众的贫困认知,此举有助于我们深化对评议主体如何评议等关键性问题的理解。具体而言,在社会大众视野里,虽然人们对贫困的理解不一而足,并随着社会的发展而发展,但从总体上来看,人们还是从物质的、经济的角度理解贫困,即贫困意味着物质缺乏、经济能力低下。而且,在贫困归因问题上,人们倾向于将贫困与个人能力、品行等个体性因素相关联。接着,文章从贫困生认定政策制定者、大众传媒及评议主体等角度剖析了社会大众如何看待贫困生,发现政策制定者基于政策理想采取多元维度理解贫困生,而大众传媒与评议主体更多地从经济维度理解贫困生。在此基础之上,社会大众形成了对贫困及贫困生的刻板印象,即将贫困、贫困生与"穷""弱""病""残"等负面标签相粘连。

第三章 认定的准备:情境构建

政策执行是一种与具体情境密切相关的具象化行为,而且任何政策执行都发生于特定的情境中,也可以说,具体的情境影响着政策执行主体的行动及其效果。[1] 正如戈夫曼认为的,情境是研究人与人之间互动秩序的基本单位,也是身体性展演的自然剧场,一切偶然性及其互动效果都在情境中发生。[2] 那么,情境是如何生成的呢? 戈夫曼的情境定义很好地回答了这个问题,他认为,人们在行动之前,会进行情境定义,而情境定义是指对情境内存在的及不存在的全部的判断与定义,其主要内容有目标、任务、角色、规则、参与人的特征及对其看法等。[3] 如同常人方法论所指出的,社会事实并非完全外在于个人的客观存在物,而是一种反身性的社会现实,同时总是面向特定情境,因此,社会现实是处于不断建构的过程中的。[4] 就本研究而言,高校贫困生认定政策执行也是基于一定的情境之中,这个情境是一种微观层面的学校文化系统,直接影响认定政策的执行。那么,在正式认定之前,政策执行参与主体如何进行情境定义或构建情境就成为一个绕不开的问题。本章即对这个问题展开具体分析,而分析的主体包括学校、辅导员、普通学生及贫困生认定申请者(以下简称申请者)。

---

① 吴小建、王家峰:《政策执行的制度背景:规则嵌入与激励相容》,《学术界》,2011 年第 12 期。
② Goffman,E. "The Interaction Order". *American Sociological Review*,1983,48(1):2.
③ 车森洁:《戈夫曼和梅洛维茨"情境论"比较》,《传播学研究》,2011 年第 6 期。
④ 侯钧生:《西方社会学理论教程》,南开大学出版社,2017 年版,第 289 页。

第一节　学校的稳妥取向

场域理论认为,任何种类的场域都是一个具有相对自主性和自身逻辑的社会小世界,所谓相对自主性是指场域的自主程度与权力场域的距离成反比,即与权力场域距离近则意味着这个场域的自主性相对较小,反之则意味着这个场域的自主性相对较大;所谓自身逻辑是指每一个场域作为一个社会小世界都有自己存在的价值、意义或误识。[①] 笔者认为,扬帆大学具备场域意义上的相对自主性和自身逻辑的属性。从相对自主性来说,扬帆大学是中部地区省属公办大学,隶属于科层制体系,必然受到所谓的权力场域或元场域的支配。从自身逻辑来说,扬帆大学作为一种场域,也是一种有生命的组织,有自己的价值取向和利益诉求[②],而组织本身所具有的目标性是组织区别于制度的显著特征。[③]扬帆大学的这种双重属性决定了其面对高校贫困认定政策执行的态度,是一种稳妥取向,即追求政策执行的稳当、可靠,尽量避免政策风险,以及可能由此引发的负面后果与问责。

一、制定校级认定政策:"复制式转译"

差异化的地方要求对来自高层政策制定者的原则性规定进行操作化,所有"复杂政策"都无一例外地要面对"地方转译"问题。[④] 就高校贫困生认定政策而言,所谓的地方也即是各个高校,而各个高校因其学校层次、类型、生源及其所在地区等因素将显示出不同程度的差异。因此,对上级制定的贫困生认定政策进行转译是政策执行的首要任务,这也是教育部及省教育厅在政策文本中所强调的。如,教育部等六部门发布的《关于做好家庭经济困难学生认定工作的

---

① 布尔迪厄、华康德:《反思社会学导引》,李猛、李康译,商务印书馆,2015 年版,第 123-131 页。

② 定明捷:《政策执行的组织视角》,《理论探讨》,2006 年第 2 期。

③ North, D. C. *Institutions, Institutional Change and Economic Performance*. Cambridge University Press,1990:73-75.

④ 吕方、梅琳:《"复杂政策"与国家治理——基于国家连片开发扶贫项目的讨论》,《社会学研究》,2017 年第 3 期。

指导意见》要求,各地方及各中央部属高校应依据本意见,紧密结合自身实际情况,研究制(修)定并出台具体的认定办法,同时报送全国学生资助管理中心进行备案。[1] 安徽省教育厅等六部门发布的《安徽省家庭经济困难学生认定工作实施办法》也强调,各地方、各高校及各省属中职学校应依据本办法,充分结合实际情况,制(修)定具体的认定办法,并且要报送省学生资助管理中心进行备案。[2] 可以发现,各个高校不仅需要转译上级政策文本,实际上,上级政府部门已经赋予高校一定的"转译权",即各个高校可以结合自身实际,研究制定具体的校级认定政策。然而,从政策文本来看,扬帆大学所制定的《扬帆大学全日制本科生家庭经济困难学生认定工作实施办法》[3]在认定原则、认定标准、认定程序、工作要求等方面与上级组织制定的认定政策文本相差无几,即上级要求"制(修)定具体的认定办法",而学校实际上进行着"复制式转译",高度模仿上级政策文本。

"学校起草的文件基本上还是按照省教育厅的文件要求套来的,就像省教育厅的文件也得依据教育部的文件,且和教育部的文件基本差不多一样。因为我们(扬帆大学学生资助管理科)就像是省教育厅和我们学校各个具体执行贫困生认定的学院之间的桥梁一样,省教育厅把文件发给我们,我们作为学校的管理机构再将文件发给各个学院,我们学校是一个厅级单位,从组织来说,我们得听省里的,省里的得听国家的。而且我们也只能制定个大的规则,具体的还得学院来做,毕竟各个学院的情况可能也会有一些区别,所以,要是我们把文件再具体化或细化的话,各个学院可能也不太方便操作。"(扬帆大学学生资助管理科科长 WXA,20181011)

---

[1] 教育部、财政部、民政部、人力资源和社会保障部、国务院扶贫办、中国残联:《关于做好家庭经济困难学生认定工作的指导意见》,2018-10-30. http:// www. moe. gov. cn/srcsite/A05/s7505/201811/t20181106_353764. html.

[2] 安徽省教育厅、安徽省财政厅、安徽省民政厅、安徽省人力资源和社会保障厅、安徽省扶贫办、安徽省残联:《安徽省家庭经济困难学生认定工作实施办法》,2019-7-23. http:// jyt. ah. gov. cn/public/7071/39712364. html.

[3] 关于扬帆大学全日制本科生家庭经济困难学生认定工作实施办法的具体内容,参见附录三。

可以发现,"复制式转译"有其特有的理性生成逻辑,因为扬帆大学作为省属公办高校,从高校行政级别的角度来看,扬帆大学属于正厅级单位①,如此一来,厅级自然应服从省级的要求,如同省级应服从国家的工作指令一样。在这种垂直的行政管理体系中,上级决定着下级的注意力与资源分配,并运用目标管理责任制、政治激励等手段向下级压实责任,而下级不仅表现出对上级的遵从或服膺,而且策略性回应上级以规避问责风险。从经济学的角度来看,无论是个人还是组织都具有一定的理性主义倾向,即在进行行动或决策时会考虑成本与收益之间的关系,如果一个行动或决策,其收益大于成本,个体或组织倾向于行动或决策;如果这个行动或决策,其收益小于成本,个体或组织便会拒绝行动或决策。下面是 Y 学院辅导员 GCG 的访谈内容,再一次验证了学校的这种理性人思维模式。

"我做辅导员已经十几年了,刚来的头几年里,年轻有工作激情,再加上还没有成家立业,有的是时间,所以我把时间、精力都用在工作上……贫困生认定啊,其实说难也难,说简单也简单。反正他们要是按照学校发的文件来操作的话是不太容易,说白了,学校文件跟省里的文件差不多的。你看!我自己研发了一个贫困生认定的量化评价表是特别好用,通过这个表,学生家里的信息或情况基本就都知道了,评议人员要做的就是核实信息,然后进行量化统计得分。那几年我们都是拿这个表来操作的,后来我们觉得这个方法不错就推荐给学校,但是学校一直没有答复要不要采用,后来不了了之了。现在想想,我感觉是学校担心会出问题,会产生一些风险,毕竟我做的表跟省里和教育部文件中的表不一样……后来,我也不管了,多一事不如少一事,现在想想,幸好没有全校统一用我的表,要不然万一出个什么问题,我不是成了吃力不讨好的'罪人'了嘛。"(Y 学院团委书记、辅导员 GCG,20181013)

---

① 高校行政级别是指在中国大陆根据各高等学校的不同而有相应的行政级别,本科高校一般为正厅级,专科院校为副厅级。其中,31 所知名高校的校长和党委书记为副部级干部,由中共中央和国务院共同任命,归中央组织部管理,俗称副部级高校。

二、执行认定:过程管理

为了更好地管理贫困生认定、杜绝政策执行不到位的情况,扬帆大学对贫困生认定采取过程管理,以实现对每个环节的严格监管。过程管理是企业管理的一种全新方法,它是在重新分析劳动分工理论基础上,融入了流程管理、标杆定位以及全面质量管理等理论的核心内容。[①] 过程管理主要是为企业实现以"过程"为中心的管理,其基本理念是对企业或组织的生产、设计、制造、后勤保障等过程进行筹划、控制,属于企业管理的技术路线图。[②] 过程管理的主要目的是为了实现过程中诸环节的效益最大化,以尽可能小的投入换取尽可能大的收益,从而最终形成整个过程的效益最大化。过程管理肇始于企业或组织的管理应用,后来经过不断的理论优化,该管理方法也逐渐进入科研项目管理、工程项目管理、高等教育管理等领域,如宋永杰就将过程管理方法融入科研项目的全过程管理[③];白华等人将过程管理引入高校贫困生资助工作中[④]等。经过调查,扬帆大学采取过程管理主要有以下三个方面的原因:

首先,以过程管理迎接上级的绩效考核。2009 年 9 月,根据《安徽省民生工程普通高校和中职学校家庭经济困难学生资助工作实施办法》,安徽省教育厅发布了《安徽省民生工程高校和中职学校学生资助工作考核办法》(以下简称《考核办法》)。该《考核办法》主要依据省政府与各市政府签订的目标责任书,重点考核各市属高校和中职学校贫困生资助制度建设及相关政策落实情况,开启了对高校贫困生资助工作进行绩效考核的先河。随后,根据省人民政府、省教育厅及省民生工程协调小组办公室逐年所做的不同要求,针对高校贫困生资助工作的考核与评价办法逐年均有所变动。直至 2017 年 10 月,安徽省教育厅、省人力资源和社会保障厅、省财政厅共同下发《安徽省高校、中职和普通高中家庭经济困难学生资助民生工程绩效评价办法》(以下简称《评价办法》),指

① 白华、徐英、李诺枫:《高校贫困生资助的过程管理研究》,《黑龙江高教研究》,2014 年第 7 期。
② 刘辉:《PDCA 过程方法在企业管理中的应用》,《信息技术与标准化》,2007 年第 6 期。
③ 宋永杰:《科研项目全过程管理的思考》,《中国科技论坛》,2008 年第 7 期。
④ 白华、徐英、李诺枫:《高校贫困生资助的过程管理研究》,《黑龙江高教研究》,2014 年第 7 期。

出：“坚持问题导向，通过实施绩效评价，进一步完善资助体系，健全工作机制。”
该《评价办法》将高校贫困生资助民生工程绩效评价设为4个一级指标，分别为
投入、过程、产出及效果，同时，在一级指标下面设6个二级指标及20个三级指
标（如表3-1所示）。其中，“过程”指标分值占30%，居于各项指标的第一位，
下设评审程序、信息管理、监督检查、资料报送、制度完善、资金管理、审计监督、
审核审批等多项三级指标①。

可以发现，上级将过程管理各项业务变量纳入学生资助绩效评价当中，成
为扬帆大学采取过程管理的行为起点，因为只有这样才能在每年一度的“资助
大考”中“有料可报”“有料可评”。扬帆大学学生资助管理科科长WXA的话也
印证了这一点：“我们主要采用过程管控（理），因为上面（省教育厅）的绩效评价
考核中有一大项就是对过程的评价，而且占比很大，比如该公示的你是否公示
了，该经过学院党政联席会议研究的你是否研究了，这些都是关键过程必须有
才行，我们主要通过对这些关键过程进行把控，来管理认定，规范认定。”（扬帆
大学学生资助管理科科长WXA，20181011）

其次，抓关键节点，确保程序公平。在提及为什么采取过程管理时，扬帆大
学学工部副部长JZZ说：“我们对贫困生认定以及所有学生资助采用的是过程
管理，就是每一步都要有严格的要求，不这样控制容易出乱子。困难认定，怎么
认定，认定多少，我们有一个文件，国家助学金，我们分成几个档，评多少人，材
料报过来，我们（资助科）要审，要公示，要输入系统里去……等于是全过程的，
学院都要符合每一个进程，我们要发通知，学生要申请，班级要评议，学院要审
并公示5个工作日以征求意见，有意见你内部要搞平，所以这样的话，我们最起
码能做到程序公平，形式上是公平的，不能保证结果一定是公平的。像有的同
学申诉说有的被评为困难的同学有苹果手机，但是你问这个同学，这个同学说
是别人送的，你就很难查究了，像有的困难同学说我这个衣服虽然是品牌的，但

---

① 安徽省教育厅、安徽省人力资源和社会保障厅、安徽省财政厅：《安徽省高校、中职和普通高中家庭经
济困难学生资助民生工程绩效评价办法》，2017-10-25. http://jyt.ah.gov.cn/30/view/357242.shtml.

表3-1 安徽省高校家庭经济困难学生资助民生工程绩效评价指标

序号	一级指标	二级指标	三级指标	指标分值	指标解释说明	评分标准	备注
1	投入(20分)	组织保障(10分)	组织领导	2	学校是否把资助家庭经济困难学生摆在突出位置,实行校长负责制。	①资助工作列入学校年度工作要点,得1分,未列入的扣1分;②校长办公会研究资助工作,学校领导调研资助工作,得1分,未开展的扣1分。	
2			队伍建设	3	国家及省级部门要求的组织管理方式是否得到有效执行。	①有专职资助工作人员,设立AB岗,得1分,未配备的扣1分;②成立学生资助工作领导小组、国家奖学金评审委员会,得1分,未成立的扣1分;③高校家庭经济困难学生认定工作执行分级认定工作机制的,得1分,未落实扣1分;	
3			政策宣传	5	相关政策是否得到有效宣传。	①制订学生资助政策年度宣传工作计划,得1分,未制订的扣1分;②随同高考录取通知书寄送相关学生资助政策宣传资料,得2分,未寄送的扣2分;③在校园设立专栏宣传学生资助政策,得2分,未设立的扣2分;	
4		资金落实(10分)	财政投入	5	专项资金筹集是否到位,保证项目正常开展。	专项资金足额到位,达到100%为满分,每降低1个百分点,扣0.2分,扣完为止。	
5			校内资助	5	反映是否从事业收入中提取一定比例的经费,用于资助学生。	①制定校内资助办法,得1分,未制定的扣1分;②学校按照规定提取一定比例的经费,用于校内资助。公办院校达到事业收入4%(民办院校达到学费收入5%),得4分,未达到的,得0分。	
6	过程(30分)	业务管理(15分)	评审程序	6	各类资助项目评审程序是否规范,并做到信息公开。	①制定资助项目评审办法、各项办法与国家和省级政策规定相一致、无附加条件等内容,得1分,未制定或不规范,一项扣0.5分;②评审档案资料清晰、完整,得2分,不清晰扣0.5分;③评审程序规范,评审结论经各校领导班子研究决定后,按要求公示,得2分,程序不规范,一处扣0.5分;④评审公示阶段,针对各类反馈意见,及时处理的得1分,未及时处理的扣0.5分。	
7			信息管理	2	是否有效利用信息系统开展资助工作。	准确及时维护本域资助管理信息系统数据,得2分,错漏或填报不及时1处扣0.5分。	
8			监督检查	2	是否建立检查制度,对发现的问题是否及时纠正和改进。	①开展资助工作检查,针对检查发现的问题,提出改进意见并得到有效改进的,得2分,不及时的,扣0.2分;②及时完成高校学生资助政策平台自查的,得1分,未开展检查的扣1分。	
9			资料报送	5	提供资料报送是否及时;材料是否齐全、真实、准确。	①资料提供及时,得2分,一项资料报送不及时,扣0.5分;②资料齐全、真实、准确,得3分,资料报送一项不规范,扣0.5分;	
10		财务管理(15分)	制度完善	2	是否建立健全了相关制度,执行是否有效。	①制定完善奖助学金管理办法,得1分,未制定的扣1分;②资助管理办法是否合规,执行有效。	
11			资金管理	8	是否按照专项资金管理办法要求,对各类专项资金实行分账核算,及时发放。	①各项资助资金实行分账核算,得3分,一项不符合的扣1分,扣完3分为止;②学生资助经费及时发放,得3分,一项不符合的扣1分,扣完3分为止;③资助资金通过银行卡发放,得1分,未通过银行卡发放的,得1分,不符合规定或存在挤占、挪用、截留的,扣1分。	
12			审计监督	2	是否通过审计,检查等方式方法,受社会监督,以确保专项资金安全。	①组织专项审计,检查等方式,得1分,未开展的扣1分;②针对审计中发现问题及时整改的,得1分,未及时整改的扣1分。	
13			审核审批	3	审核审批是否规范。	各类资助对象5份资料随机抽查。①均符合既定政策条件的,得1分,存在不符的扣1分;②均符合补助标准的,得1分,存在不符的扣1分;③资金拨付程序符合规定的,得1分,存在不符合的扣1分。	

续表

序号	一级指标	二级指标	三级指标	指标分值	指标解释说明	评分标准	备注
14	产出(25分)	任务完成(25分)	校内资助支出	5	校内资助资金支出是否符合规定。	①校内资助经费用于学费减免、助学贷款风险补偿、勤工助学、校内无息借款、校内奖助学金和特殊困难补助等，且支出使用规范，得2分；②校内资助经费支出，公办高校达学费收入4%(民办高校达学费收入5%)，得3分；未达到，得0分。	
15			资助质量	7	资助质量是否提升。	①接受资助的家庭经济困难学生，能顺利完成学业的，得3分；②学校没有一边资助大额助学力度、一边提自提高收费标准的情况，得2分；③有实例证明，受助学生在创业、创新方面，取得成果的，得2分。	
16			资助水平	10	家庭经济困难学生资助力度是否提升。	①学校认定困难学生100%获得资助，建档立卡家庭经济困难学生的实现最高档，得8分，每低5个百分点，扣0.5分；建档立卡家庭经济困难学生资助均未实现资助全覆盖，最高档，扣8分；②生均资助力度，得2分，即家庭经济困难学生生均受助金额，不低于往年的，得2分；每低5个百分点，扣1分。	
17			能力建设	3	资助育人工作是否有效开展。	开展诚信、感恩、励志等主题教育活动，一项得1分，一项未开展扣分。	
18	效果(25分)	项目效益(25分)	社会效益	8	项目实施后是否形成了政府、学校和企业等不同主体的良性互动等。	①开通"绿色通道"保证每一位家庭经济困难学生顺利入学，得2分，未开通的扣2分；②与社会团体、企业等其他单位和个人，共同设立资助基金、完善资助体系，扩大资助覆盖，得3分；③有实例证明，受助对象积极投身社会公益事业，赴基层就业等情况，得3分，未提供材料的扣3分。	
19			可持续影响	7	专项资金成效是否有效发挥。	①建立健全了资助对象数据库，得1分，未建立的扣1分；②开展资助工作经费由内部门联动、将年度预算安排，得1分，未纳入的扣1分；③开展资助企业与创新创业等结合起来，注重提高学生综合能力等结合起来，得2分；④建立、完善了奖、贷、助、勤、补、免、偿等多种资助制度，有效促进教育公平，得2分，不完善的扣1分；⑤建立相关奖惩机制，得1分，未建立的扣1分。	
20		社会满意率		10	社会公众或服务对象对项目实施效果的满意程度。	通过随机问卷调查、电话访问、现场走访等形式，对受益对象满意度进行调查，达到90%为满分，每降低一个百分点，扣0.2分，扣完为止。	
合计	100	100		100	—	—	—

又说这个所谓的品牌是假货,所以也很难判断。上学的时候家里有人开车子送了这个困难的同学,这个同学后来解释说是同村的人顺道带我来的……遇到这种情况,我们也不好说什么,所以要做到绝对的结果公平是很难的,但首先我们要做到形式公平,我的程序是公平的,那就要靠过程管理,严格按照文件控制每个程序的规范。"(扬帆大学学工部副部长 JZZ,20191210)可见,在贫困生认定标准难以明确界定的情况下,学校试图以过程管理确保程序公平,并借此规避难以实现结果公平所引发的风险。在关于公平感何以产生的相关研究中,甚至有学者发现,如果员工认为企业的决策程序是公平的,即使决策结果不利于自己,员工也会接受在此决策程序下生成的结果。[①]

最后,抓关键节点,以节省工作时间和精力。受限于人员编制数量,扬帆大学学生资助管理科只有一名专职工作人员,负责全校所有的学生资助工作,日常工作任务繁重,抓关键节点,也成为缓解压力的一种工作策略。"我们资助科总共就我一个人,平时又不只有资助这一件事情,所以我们也只能采用过程管控(理),我们没有时间也没有精力管得那么细,我们就抓主要过程,就像我前面说的,该公示的时候你是否公示了,该报的材料你是否报了……至于一些细的、具体的操作,各个学院都有自己的理解。"(扬帆大学学生资助管理科科长 WXA,20181011)

三、认定结果:从"超额"到"等额"

贫困生认定是学生资助的第一步,认定结果主要是提供学生资助的对象或名单。每年秋季开学前,扬帆大学均会发布新学年贫困生认定工作的通知,对新学年的贫困生认定工作进行提前安排与布置,包括认定工作的组织管理、认定指标、认定时间节点等,其中认定的贫困生指标是所有人都比较关心的问题。经过调查,扬帆大学贫困生认定的指标设定可以分为"超额"阶段和"等额"阶

---

① 孙伟、黄培伦:《公平理论研究述评》,《科技管理研究》,2004 年第 4 期。

段,这里的"超额"和"等额"是相对于国家奖助学金①的指标而言,即认定的贫困生数多于国家奖助学金的指标时为"超额"认定,而认定的贫困生数与国家奖助学金的指标一致时则为"等额"认定。

首先,"超额"认定以确保国家奖助学金"有人评"。所谓的"有人评"是指有足够的贫困生分享国家划拨至扬帆大学的国家奖助学金,避免出现国家奖助学金"分配"不掉,进而影响上级对学校学生资助绩效的考核。扬帆大学学生资助管理科科长 WXA(20190907)说:"肯定不能认定得过少,否则分到我们学校的钱,用不完不就麻烦了嘛,等于没有完成任务啊,当然这种情况出现的可能性比较小。"S 学院辅导员 LXF(20190907)也表达了同样的观点:"但也不能认定得过少,否则分到班级的国家助学金指标用不完也不好,毕竟钱都按人头分到各个班了,结果没人评,感觉也对不住学生……"

除此之外,"超额"认定也要控制在一定范围内,所超之额不宜过大,否则就会增加后续国家奖助学金评选的压力。扬帆大学学生资助管理科科长 WXA(20190907)表示:"其实上面并没有要求设定贫困生认定的指标,只是我们私下要求这样,划定这个指标主要有两个方面的考虑:一是为了减少后期国家助学金评选的工作量,因为国家助学金是按学生人数拨付的,具有一定的限额,如果贫困生认定的人数过多,后面肯定要淘汰一些学生,也不好做;二是设定 29% 的指标,主要是根据后期省里拨付的国家助学金额度,按照往年,省里拨付的国家助学金额度可以资助 25% 的学生。"

Y 学院辅导员 WYY(20191010)也表达了同样的观点:"以前贫困生认定的人多,上面并没有说哪类人直接是困难学生,所有递交申请的人都要经过我们认定,有的班级一半的人都递交申请,当然有些同学家里确实比较困难,但也有些学生要么听从家里人的鼓动,要么是跟风,随便填一张表就来申请贫困生资格。而申请贫困生只是第一步,后面大家关心还是能否评上国家助学金,但国

---

① 国家奖助学金指国家奖学金、国家励志奖学金、国家助学金,其中,国家励志奖学金和国家助学金的评选对象为贫困生,也即是家庭经济困难学生。

家助学金也是有指标的，并不是每个评上贫困生人都能评上国家助学金，因此，为了减少后面的竞争，我们都会根据上年度国家助学金分配的额度来定认定的指标，一般我们就按学校的 29％ 的惯例操作。"

其次，"等额"认定以确保"应助尽助"。从 2019 年开始，扬帆大学要求认定的贫困生人数与国家奖助学金的指标相一致，即确保认定为贫困生的学生都可以拿到国家助学金或国家励志奖学金，实现"应助尽助"。"2018 年年底，上面要求实行'应助尽助'，既然都被认定为贫困生了，那自然要享受到国家奖助学金的政策。因此，现在的贫困生认定和国家奖助学金的评选是合二为一的，即根据省里分配下来的国家助学金和国家励志奖学金的指标确定贫困生认定的指标。"（扬帆大学学生资助管理科科长 WXA，20190907）

与此同时，WXA 也表示："其实省里将勤工助学、校内奖学金、社会捐助等也算在'应助尽助'的范畴，但执行起来还是有难度，比如校内奖学金在国家助学金评选之后，谁也不知道这个贫困生能不能评上校内奖学金，万一这个学生没有评上校内奖学金，而之前的国家助学金也没有评上，那不就是没有完成'应助尽助'嘛，勤工助学也不太方便统计，所以我们都没有考虑将这些算在内，而是只考虑国家助学金和国家励志奖学金，以便确保完成上面的要求。"（扬帆大学学生资助管理科科长 WXA，20190907）

可见，为了完成"应助尽助"的政策要求，扬帆大学将"超额"认定转变为"等额"认定，采取倒推的形式来确定贫困生认定指标，即由国家奖助学金的指标来推算贫困生认定的指标。同时，为了万无一失，不太明确、不便统计的勤工助学、校内奖学金等具有同样资助性质的资助被别除在外，而将国家助学金和国家励志奖学金作为"应助尽助"的保险的、稳妥的"助"。总之，无论是"超额"认定，还是"等额"认定，都是为了更好地完成学生资助的工作任务。

第二节　辅导员的责任泛化与自我保护

辅导员无论作为大学科层行政系统的管理末端，还是作为认定政策执行主体,他们的工作环境、个体境遇及由此形成的惯习,无疑会对贫困生认定政策的实施产生重要影响。各个大学在对辅导员职业发展与个人成长日益重视的同时,亦对辅导员的工作态度、工作能力及工作业绩等方面提出考核要求,其中尤以"不出事"的安全稳定逻辑奉为无可逾越的"底线原则"。在大学场域,辅导员的责任压力如何被生产制造出来?而面对压力,辅导员又该如何行动?本节将就这些问题进行探讨。

一、"包保制"学生管理与辅导员的责任泛化

2017 年 9 月,国家教育部颁布的《普通高等学校辅导员队伍建设规定》(以下简称《规定》)指出,辅导员是开展大学生思想政治教育的骨干力量,是高等学校学生日常思想政治教育和管理工作的组织者、实施者、指导者。辅导员应当努力成为学生成长成才的人生导师和健康生活的知心朋友。同时,该《规定》明确了辅导员的九大主要工作职责,包括思想理论教育和价值引领、党团和班级建设、学风建设、学生日常事务管理、心理健康教育与咨询工作、网络思想政治教育、校园危机事件应对、职业规划与就业创业指导、理论与实践研究等[①]。从该《规定》对辅导员的角色定位及具体职责界定中可以发现,辅导员被定义为学生教育管理的主要力量,其工作职责几乎涵盖了与学生相关的方方面面的所有事项。与此同时,我国高校学生管理是一种"包保制"管理模式,即将学生按照专业或班级分配给指定的辅导员,由辅导员负责学生的教育、管理、服务等各项工作。[②] 在这两个方面因素的共同作用下,辅导员被定位为学生事务管理的"直接责任人",并通过一些日常化机制运行于各个大学场域。

首先,辅导员是学生事务的承担者。在扬帆大学,学生事务管理几乎占据了辅导员的大部分时间和精力,甚至成为辅导员日常工作的主要内容。正如刘园园所认为的,在以科层制为基本架构的教育体制下,辅导员作为高校科层制

---

① 教育部:《普通高等学校辅导员队伍建设规定》,2017-9-29. http://www.moe.gov.cn/srcsite/A02/s5911/moe_621/201709/t20170929_315781.html.
② 陈勇、朱平:《高校辅导员"双重身份"的现实与未来》,《思想理论教育导刊》,2016 年第 10 期。

的"最末端",已然被赋予高校基层管理者角色。[①]

"现在只要是跟学生有关的都找辅导员,要知道我们这是学校,学校是培养学生的地方,每个工作都多少跟学生有关系,如果所有跟学生有关的事情都找辅导员,其他岗位的作用在哪里呢,这一点我是不太能理解的。"(C 学院辅导员 YH,20181012)

"现在很多人对辅导员的定位也不是很清楚,比如有的部门就算是拿一个资料也要辅导员本人去拿,我们打电话跟那边说让学生去拿一下也不行,这样其实很牵扯精力,毕竟辅导员的事务是很多的。"(Y 学院辅导员 LZY,20181013)

"我干辅导员已经快 10 年了,从干辅导员那天起,领导就提醒我手机要 24 小时开机,以免有紧急情况联系不到我。所以,从第一天做辅导员起,我手机就没关过,不仅是我,所有的辅导员都是这样。"(R 学院辅导员 WZY,20191021)

从上面三位辅导员的访谈中可以发现,"学生的事就是辅导员的事"已成为辅导员日常工作的真实写照。而且,这种真实写照日益具有了常人方法论所认为的日常行动的索引性表达,即"学生的事"具有了"就是辅导员的事"的言外之意。也就是说,在这种场域共识之下,辅导员日益沦为学生事务的承担者。

其次,辅导员是领导者问责学生问题的言说对象。大学的住校制度,使千千万万的大学生远离家庭,远离父母,独自一人在异乡生活、学习,虽然这一制度为大学生提供了更多的自由,但也给大学的管理带来诸多挑战,涉及大学生心理、人际交往、人身安全等各方面。当某一个学生出现某一个问题时,辅导员无可推脱地成为这一事件的处理者,并处于随时可能被问责的氛围中,而这种氛围的主要营造动力往往是领导者的言说。正如有学者认为的,领导者是大学组织文化的主要推动者,他们可以凭借自己有更多的机会宣传和演讲的优势,将自己的观念和价值观渗入学校各项事务管理中,并形成对大学组织成员的强势影响。[②]

---

① 刘园园:《高校辅导员职业倦怠的现代性视域分析》,《教育理论与实践》,2018 年第 18 期。
② 李芹、赵宜华:《高校组织文化状况诊断与重建》,《华南师范大学学报(社会科学版)》,2007 年第 3 期。

"有的领导可能也是着急,常说辅导员是学生安全责任的直接责任人,学生出了问题首先要问一问辅导员。学生如果发生一些突发情况,辅导员往往处于风口浪尖之上。"(Y学院辅导员WYY,20181012)

"有时候学生出了一点儿事,有的领导可能首先就会问'你辅导员是哪个''把辅导员找过来',也许这个话没有别的意思,就是找辅导员解决问题,但听上好像学生出事就是辅导员的问题,是辅导员的错。"(Y学院辅导员LZY,20181013)

再次,学生管理的年度考核。扬帆大学每年都要对学生工作进行总结、评比与表彰。总结是对过去一年学生工作各方面情况进行汇总整理,包括取得哪些成绩、存在哪些问题及下一年的工作展望。评比是对各个学院学生工作情况进行考核,并专门制定了考核指标,涉及学生的思想教育、政治引领、学习风气、学业状况、日常事务管理、就业创业工作等方面。表彰是对学生工作做得比较好的学院进行奖励表扬,并根据学院具体工作成效设置四类荣誉称号,分别为:思想政治教育先进学院、优秀学风选进学院、学生管理先进学院、毕业生就进学院。对于学生工作队伍来说,每年年终各个学院获得了几块奖牌及获得了哪类奖牌是大家最关心的议题。

"我们学院还好,这几年都是三块牌子,去年我们就获得了优秀学风先进学院、学生管理先进学院和毕业生就业先进学院三块牌子,全校各个学院最多也就获得三块牌子,还有一块思想政治教育先进学院的牌子不是我们这方面做得不好,一般学校会从平衡的角度会将这块牌子给其他牌子少或没有的学院。我们做学生工作的一年忙到头就看最后能得到几块牌子,大家都暗地里较着劲,争这些牌子,主要不是为了那点奖金,而是牌子少了不仅面子上过不去,可能也对下面人发展产生负面影响。当然,做还是要靠大家一起来做。不过,辅导员肯定是最主要的力量,毕竟辅导员是直接跟学生打交道,辅导员也最辛苦。"(W学院党委副书记TL,20181212)

通过TL书记的话语可知,每年学生管理的年终考核犹如一场检查工作成果的大考,考得好的不仅可以获得领导的"肯定"或"表扬"及一定的物质奖励,而且最主要的是可以获得象征工作能力或工作成效的"奖牌",获得的"牌子"越多,越能证明这种工作能力或成效。毋庸置疑,作为学生工作一线管理人员,年度大考的各项考核任务最终落在辅导员身上。

最后,学生管理的隐性惩罚。在"包保制"学生管理模式约束下,辅导员工作成效如何将直接影响其职级晋升,而且,这种工作成效最直观的体现是所管理的班级没有出现学生安全事故或发生影响校园稳定的事件;反之,则意味着辅导员的工作失职,或将受到学校的隐性惩罚。所谓的隐性惩罚,是相对于其他以书面或口头通报为形式的明示惩罚而言,隐性惩罚并不公开言明,它是一种"心知肚明",所涉及的惩罚范围包括取消辅导员的评奖评优、晋升提拔资格、学习培训等。

"Y老师真的挺亏的,他干辅导员也有些年头了,按照他的资历和经验,上一次的科级干部提拔肯定是有他的,但他运气不好,有一次他班上有多个学生违纪,上面可能认为班级发生个别这样的现象有时在所难免,但同时出现多个这种情况,那也许就是辅导员疏于管理导致的,这会造成不好的影响……所以上次提拔没有他,虽然上面没有说,但我们能感觉到是因为这件事,要不然怎么轮也轮到他了。"(D学院辅导员LGQ,20181013)

在后来的调研中,笔者向其他受访者提及Y老师的遭遇,他们均表达出与辅导员LGQ大致相同的意思,都认为资历较老的Y老师没能被提拔为科级干部,是由于"学生违纪事件",而学校采取了隐性惩罚,即并没有正式宣布对Y老师的任何处罚,而是在干部提拔中,直接将其排除在范围之外。

综合以上分析,可以发现,通过事务承担、领导者的言说、管理考核及隐性惩罚的日常化机制,辅导员是"直接责任人"的学生管理制度被生产制造出来,而这一学生管理制度导致辅导员的责任被无限扩大,换句话说,也即辅导员的责任被泛化,辅导员实际成为高校"包保制"学生管理的"责任人"和"守门员"。

二、不能承受之重:一名辅导员的底层叙事

大学场域犹如一个分工明确、功能完整的"小社会"。在这个"小社会"中,处于不同层级、不同位置的个体拥有不同的生活境遇和工作境遇。境遇是指个体在生活、工作等方面的经历、境况、遭遇等，它会不同程度地影响个体的行动态度、认知、情感、体悟等。对于辅导员来说，他们虽然在大学组织系统内拥有教师和干部两种身份，但无论对于哪种身份，他们似乎都处于大学系统内的社会底层。对于教师身份来说，他们因工作琐碎及个人科研能力有限而处于职称序列的底部；对于干部身份来说，他们因有限的社会资本常常陷于提拔无望的尴尬位置。而在"包保制"学生管理模式下，辅导员实际成为学生事务管理的"直接责任人"。可以说，在大学场域中，辅导员面临各种压力，承受着"不能承受之重"。在此，笔者试图以 GXF 的个案，叙述辅导员的底层生活境遇与工作境遇，为探寻辅导员的行动逻辑勾勒出充满张力的空间想象。

GXF 来自安徽农村，父母都是农民。2010 年，GXF 从南方一所高校硕士毕业来到扬帆大学担任专职辅导员。初到扬帆大学，GXF 首先面临住的问题。从 2010 年开始，也就是 GXF 刚来扬帆大学的那一年，学校取消了针对硕士研究生的多项人才引进政策，其中一项就是不提供住宿。作为外地人，拿着每月仅有的 1000 多块钱的微薄工资，GXF 四处奔波，只为寻得一处便宜而实惠的住处。

"刚来的时候，一个月工资发到手也就 1500，都不好意思跟外面人说，说了人家也不信（苦笑）。就拿着这点工资，光生活费都紧巴巴的，何况还要租房子，所以那会儿我们几个一起来的同事就想着合租，能省一点儿是一点儿。由于学校里面租金便宜的房子处于紧缺状态，而学校周边还处于未开发地带，周边住宅小区偏少，我记得我和一个同事跑了好远的地方才找了一个相对便宜的地方。由于太远了，刚来的第二年我就托人在学校租到一间别的老师不住的宿舍，一个月 300 块，宿舍是类似筒子楼那种的，条件比较艰苦，厕所和洗漱间是连在一起的，都是公用的。虽然艰苦点，但总算便宜，而且是在学校里面上班很方便，但是按照学校的要求，分配给老师的宿舍是不能往外租的，学校也会不定期抽查，如果发现宿舍里住的不是本人就会处理'房主'和'租户'，所以就这样的条件有时候还'担惊受怕'的。后来，我老婆从老家调过来了，为了省钱，我们还是在那里住了一年,直到她怀孕了,挺着个大肚子用公用的厕所和洗漱,真的不方便而且不安全,因为那个地一遇水就特别滑,后来我就每月花800租了一个两居室的房子。"(W学院辅导员GXF,20181110)2012年,GXF东拼西凑付了最低首付,在学校附近购买了一套两居室的小套商品房。"这个房子买得真心不容易,向朋友借了几万元,向亲戚借了几万元才把首付凑齐,现在每个月要还3000多元,要还20年,我的工资和住房公积金全部用于还贷,我老婆的工资用于生活。"(W学院辅导员GXF,20181110)

GXF为"房"的生活经历不仅折射出寒门子弟初入社会的艰辛与不易,而且可以据此洞察青年为主的辅导员群体真实生活境遇。[①] 与生活境遇的窘迫与不易相比,工作境遇更是带来巨大心理压力,不仅困扰着GXF,也是辅导员群体面临的共性问题。高岩等人基于陕西省高校样本的实证研究发现,虽然高校教师工作压力因性别、年龄、婚姻、工龄及学校类别的不同而有所差异,但从总体上来看,辅导员普遍存在较大的工作压力[②]。

"自从当上辅导员,我的手机从来没有关过,领导要求24小时开机,以便遇到紧急情况能马上联系到我,主要就是学生安全问题,哪个学生又找不到人了,哪个学生又跑去游泳了,哪个学生心理上的问题又严重了,等等。我记得有一天半夜12点,我和家里人都睡下了,结果班长给我打电话,我一看是班长打过来,心里'咯噔'一下,当时就预感到肯定有学生出事了,果不其然,班长说一个女生晚上12点了还没有回来,手机、钱包、钥匙都还在寝室,班长问我怎么办? 我说还能怎么办,我们赶紧去找,然后我就骑车赶到学校带着班长、寝室长一起找,一直找到深夜2点多才找到那个女生,所幸学生没事啊。我还有一个学生……"(W学院辅导员GXF,20181112)

访谈中,GXF说出了好几件这样令人"担惊受怕"甚至是"惊心动魄"的事例,他时而语速加快,时而面色凝重,只有在讲到学生平安无事时才长舒一口气

---

① 据笔者的调查,扬帆大学辅导员大多以青年人为主,年龄大多在35岁以下。
② 高岩、吴耀武:《高校辅导员工作压力分析及其调适——基于陕西省高校样本的实证研究》,《湖北社会科学》,2015年第8期。

地说"还好没事"。访谈中,笔者真切地感受到 GXF 对学生安全紧绷着神经不敢懈怠。而对于辅导员来说,引发学生意外事件的安全隐患可谓多种多样,涉及学生的学业问题、感情问题、人际关系问题、亲子关系问题、心理问题等各个方面。

"有一次,一个学生想不开做了傻事,伤害了自己。当时情况很危急,刚开始也不知道是哪个学院的学生,都在传哪个哪个学院的。我们就赶紧打电话让班长统计自己班学生是否都安全,心里真是悬着的,生怕是自己学生……后来了解那个学生是跟家里人关系不好,那天跟他爸吵架了就一气之下干出傻事。你说说,干辅导员压力多大。"GXF 摇摇头说。

高强的工作压力似乎并未为辅导员换来令人满意的工作回报,其中的一个重要原因就是大学组织在选人用人方面习惯于"论资排辈"。GXF 所在的学院一共有四名辅导员,一位是年龄较长资历较深的辅导员,同时担任学院团委书记,其余两位是比 GXF 早来两年的辅导员。"辅导员的出路是很少的,学院只有一个团委书记的岗位,往行政部门去也很难,因为行政部门也有自己的科员需要提拔。那时候真不知道出路在哪儿。但我工作挺要强的,就特别想把事情做好,可能也想证明给领导看。我虽然晚来两年,但工作能力不比人家差。"(W 学院辅导员 GXF,20181112)

带着这种"争强好胜"的心理,GXF 对任何工作都比较上心,也很在意领导对自己的评价。"有一段时间,我感觉压力特别大,尤其是贫困认定和国家助学金评选,刚开始也不知道怎么认定、怎么评。我记得有一天下午,学院开会讨论国家助学金的人选问题,因为我们班推荐了一个得票比较低的学生拿钱,而另一个得票高的反而没有钱拿。学院书记(学院党委书记)就问我为什么,可能我前期工作也没有做细,就回答不上来。书记当着所有辅导员及学院领导的面批评了我,说奖学金关乎学生切身利益,工作怎么这么不仔细,而且表扬另外一位辅导员。当时我压力特别大……我记得那天下着特别大的雨,因为开那个会,我爱人怀孕难受就早点下班回家了,当时让我去接她我也没时间,等我回来时,她躺在床上休息了。我给她做好饭后,我自己也没有吃,就在边上把如何不再犯错

写在笔记本上，好好反思总结了一下……"(W 学院辅导员 GXF，20181112)

通过 GXF 的叙述，可以发现，在生活上，辅导员为"过日子"而努力拼搏。在工作上，辅导员不仅承受来自学生安全责任的巨大压力，而且深深地陷入个人职业发展的模糊性与不确定性中。因此，在这种生活境遇与工作境遇的双重作用下，辅导员日益形成"自我保护"的心态，这是一种具有历史性和生成性的持续存在于身体中的性情倾向系统，且这种心态必然对辅导员的日常工作及其策略产生重要影响。

三、自我保护：辅导员的工作策略

辅导员作为贫困生认定的直接责任人，在身处大学科层组织底层而又无力改变外界环境的前提下，往往通过消化、吸收、创造学生管理制度，实现"自我保护"，避免卷入大学问责链条及令人惶惶不安的学生安全事务的旋涡之中。正如布克斯塔伯提出的非遍历性概念指出，行动者的过往经历、所处环境及行动与他人的互动都会对其当下行动产生影响①。在扬帆大学，辅导员主要通过下述几个方面策略，实现对自我的保护。

首先，工作留痕。所谓的工作留痕是指将工作落实过程用文字、图片、视频等形式保存下来，为日后查阅或检查提供档案材料。对于辅导员来说，学生管理工作烦琐且对象众多，为了掌握相关工作完成进度并保留工作证据，以备上级部门或相关领导检查，同时也是为了避免学生个体转嫁责任的道德风险。他们注重对工作的留痕，提倡"好记性不如烂笔头""白纸黑字说得清"的日常工作方法，将学生管理过程尤其是关键节点记录在册。

正如辅导员 WZY 所言："我有个学生小张，他爸爸在去年吧，做了一次手术，肝部的比较大的手术，后来今年 4 月份他家被认定为低保。今年我看政策上规定低保可以优先认定，然后我就问他，他不愿意申请，他说他可以通过兼职解决生活问题。还有一个同学，他也不愿意申请，他说虽然他家被划定为低保，

---

① 理查德·布克斯塔伯：《理论的终结：金融危机，经济学的失败与人际互动的胜利》，何文忠、颜天罡译，中信出版社，2018 年，116 页。

但是他家就他一个孩子,他爸妈打些零工还是可以的。我觉得这个和当地的政策有关,比如低保的认定,有时候会比较混乱,就给我们这边造成一定的困惑了,也不是困惑吧,就是你分不清,他是低保他不愿意去申请,但是在工作的过程当中我们还要优先考虑他们,对低保的没有申请的同学,我还要一个一个地找他们,还要有谈话记录,防止上面追查下来,这个同学是低保,你当时为什么没有去找他,没有让他去申请。所以,我班上是低保的没有申请的,我都现场谈话了,他放弃,我都记在我的笔记本上,线上的谈话我就截屏存档,我觉得这也是一种自我保护吧。"(R 学院辅导员 WZY,20191209)

与此同时,按照上级政策要求,扬帆大学要求辅导员通过各种途径和渠道宣传贫困生认定及其工作安排,以免相关学生因不了解情况而造成漏评,进而损害学生获得国家资助的权益。对于大多数辅导员来说,召开主题班会是最常见的、最可靠的宣传告知方式,而且他们会从以下两个方面确保这项工作留有痕迹,以应对日后可能发生的检查或学生申诉。

第一,班会签到制度。在扬帆大学,每名辅导员大约需要管理 10 个班级,每个班级大约 43 人,也就是说,每名辅导员大约需要管理 430 名学生,因此,辅导员召开班会会采取签到制度,同时在签到表的首页附上班会的主要内容,如贫困生认定相关安排、学生安全事项的提醒等。此举既可以监督学生在校情况,以免学生逃学所引发的风险,也可以作为学生知晓会议内容的凭证,避免偶发性的责任转移。

"我一个人带这么多学生,平时事务又多,所以有的学生真的难以认出来,签到有两个好处:一是相当于点了名,确认学生是不是都在学校,要不然学生不来上课都不知道,万一出了安全问题就不是小事情了;还有一个好处就是签名等于确认了班会上要说的事情,比如签了名,说明贫困生认定的事你已经知道了,免得后面你说你不知道这个事情,白纸黑字写得很清楚,免得口说无凭。"(C 学院辅导员 QSX,20181112)

第二,班级会议记录制度。为了规范班级管理,辅导员会指导学生干部建立各种规章制度,其中一项便是班级会议记录制度,实行逢会议必有记录,而且是专人专簿。对于辅导员来说，班级会议记录制度不仅可以作为完成了必要任务的凭证，以备不时之需，也可以作为应对个别学生申诉的证明材料，与班会签到制度形成避免责任转移的双重保障。

"班级会议记录是很重要的，我想每个辅导员都会做这个事情，我们学院老辅导员传下来的惯例是让组织委员记录班级会议情况，因为组织委员相对事情要少一些。而且，我都要求学生干部一定要记录详细，把我在班会上讲的每一句话都要记下来。一个可以说明上面要求的事情我确实做了，而且遇到一些学生突发状况，我也有凭据，以前有个什么事情，领导都会让我查班级会议记录有没有记，要是记了，说明平时工作落实了，该说的都说了，就没有什么责任了。还有一个是对学生的，有会议记录，有什么事情，你（指学生）不要跟我说不知道，我都在班上讲过的，对吧，有会议记录赖都赖不掉。"（C 学院辅导员 QSX，20181112）

其次，安插信息员，畅通信息渠道。由于辅导员一般不承担所带学生专业课等教学工作，以及辅导员办公、生活时空与学生学习、生活时空相分离等客观原因，了解并熟悉每个学生成为辅导员工作的又一挑战。甚至有辅导员坦言，有的学生直至毕业也不能被准确辨认。因此，学生管理隐含信息不对称的表征，即辅导员不能全面了解学生日常学习、生活现状及困难。这种信息不对称不利于辅导员的学生安全风险管理，难以将学生安全风险化解在萌芽状态。

"哪认得那么准，这么多学生呢，而且我们又不仅是带班，还有很多其他杂七杂八的事情，平时主要也就是跟几个学生干部接触多一点儿……"（J 学院辅导员 SGW，20191012）

"学校要求我们跟每一个学生都谈心谈话，要随时掌握学生的情况，但说实在的，我们也想跟学生多交流一下，但谈一个学生至少需要半小时，我带 300 个学生，你算算谈一遍下来需要多少时间？而且即使谈了，学生也不一定讲真心话。"（R 学院辅导员 ZPX，20191013）

为了消解信息不对称，提升学生安全风险预警能力，辅导员发展了正式信息员与非正式信息员，通过正式渠道与非正式渠道获取学生安全风险信息。正式信息员以班长、寝室长为主要代表。非正式信息员属于辅导员"信得过"的学生，这类学生一般与辅导员个人有良好的互动关系或情感联系，愿意私下向辅导员提供学生安全风险信息，辅导员一般会对信息提供人的信息严格保密。

"我一般会通过几个可靠的班长、寝室长打探一些事情，肯定得找几个抓手啊，就是信得过的学生，要不然学生有什么事情都不知道哪行啊！"（D学院辅导员HXC，20191014）

"要想把学生工作做好，一定要在班里'安插'几个信息员，而且切记不要让其他学生知道，否则没人愿意当这个信息员。有了信息员，班里一有个'风吹草动'我就能马上知道。所以，我那时候做学生工作就很轻松，一定要把矛盾'扼杀'在摇篮里。"（W学院党委书记MW，20181115）

再次，积极向上级汇报。向上级汇报主要分为两种：一种是正式汇报；一种是非正式汇报。前者发生于每周的学工例会上，一般这项会议是在周一的早上，主要是学院党委副书记带领全体辅导员的会议，旨在总结上一周工作并对接下来一周工作进行汇报、安排、讨论等。后者是辅导员私下单独向院党委副书记汇报各项工作，这种汇报具有临时性、随机性，并具有一定的私密性。沟通学将下级向上级进行信息传递称之为"上行沟通"，对于下级来说，此举不仅可以获得上级的指导、认可、支持等显性效果，亦可以产生与上级共担风险的隐性效果。

"像贫困生认定这种事，大家都很重视，而且认定结果直接与后面的国家资助挂钩，所以学生也十分在意，稍微做得不好就会出现问题，现在学生维权意识很强的，动不动就向校长信箱反映，而上面领导对学生的申诉也很重视，如果真的出问题就要问责的，没有问题也需要写很多的说明材料。所以，我们辅导员一般都会积极向领导汇报，毕竟领导站得高，看问题会比较全面，同时也可以减少我们（辅导员）的压力。"（C学院辅导员QSX，20181112）

"我觉得这样，反正我的操作过程中我就要保护好自己。还有一个，因为我胆子比较小，每操作一步，我可能会征求资助负责人或者是我们书记的意见。比如，我们班级遇到一个情况，我怎么去解决：比如出现等级调整，我可不可以调整,如果他们说可以调整,那我可能进行一个微调,因为我们都要开会嘛,开会针对一些特殊的情况,我们会给书记汇报,比如这个特殊情况,我们定为特别困难,可不可以? 那书记就会权衡比较一下,说可以,那我们就这么做。我觉得任何事情都要去跟书记汇报、去跟学院汇报的。"(R学院辅导员WZY,20191209)

还有一点就是资料至上。由于信息的不对称性及贫困测量的固有难度,对学生家庭经济困难与否及困难程度的区分并非易事,碰到贫困生认定申请人数较多的班级,辅导员更是需要一个有效的评判方法以区分看上去家境相当的申请者,而查证申请者所提供的材料就是一个快捷方便的手段,因为材料是肉眼能见的有形实体,而且材料一般都是由申请者生源所在地的地方基层政府提供,从材料的形式上看一般都有标志行政合法性的公章。因此,即使材料的真实性与客观性有待查究,但依据材料评判贫困仍不失为一种有效手段。

"除极个别家里有特殊情况的,剩下的人看上去区别都不太大,我们也不可能真跑到学生家里调查经济情况到底怎么样,所以看学生提供的材料是一种很好的方法。有的学生不仅提供了家庭经济情况调查表和贫困生认定申请表,而且还提供了村委会证明学生家里确实很困难的证明材料,还有的同学提供了家庭成员的残疾证明、慢性病诊疗卡等。这些材料至少可以说明这些同学家里是比较困难的,要不然他们也不可能花时间去准备这些材料,毕竟准备这些材料也需要花一些时间和精力的。"(D学院辅导员LXX,20181012)

"今年的贫困生认定有了一个很大的新变化,学生不需要交那个家庭经济情况调查表了,只需要填写一个贫困生认定申请表,上面写的什么我们也没有办法去查,仅看外表的话,现在的学生一看就真正困难的也不太多,所以像有的同学虽然没有要求交调查表,他(她)也交了一些其他的材料是一个有力的证明,像有的交了村里给开的证明,还有的把家里的病历复印件带过来了,像这样的同学家里应该还是比较困难的。"(R学院辅导员XHC,20191015)

最后,申请人相互评判。学生事务需要智慧处理,在遇到左右为难的事情时,辅导员有时候又要跳出政策框架,灵活处理棘手的问题。在贫困生认定过程中,经常会遇到学生家庭经济情况差不多的情况,哪一个学生都是不舍的,用辅导员的话来说,就是"手心手背都是肉"。而贫困生认定指标或后续资助资源又有限,此时的取与舍再难也要决断。因此,辅导员往往会策略性地化解这种难以取舍的两难境地,而让申请者相互评判不失为一种以退为进的方式。

"当时班里有 3 个同学竞争剩下的 1 个贫困生指标,这 3 个同学家里情况和个人生活表现都差不多,而班级民主评议的票数也相差无几,评议小组的意见也不统一,后来难题就推到我这边来了……后来我就把这 3 个同学都叫到我办公室来了,我先把班级贫困生认定的整个情况跟他们说了一下,尤其强调现在指标仅剩下 1 个,但是大家家里都有各自的困难。最后我就跟他们说让他们相互之间评判一下,看看这最后 1 个指标给谁。最终解决了这个事情。"(W 学院党委书记 MW,20181112)

第三节　"贫困"符号的日常建构

对于社会建构理论而言,"现实"是由人们再生产出来的,而主要依据是自己的解释及有意识抑或无意识的认知行为。[1] 伯格和卢克曼认为,日常生活中的语言、行为等要素均有益于对"现实"的社会建构进行辩证性描述。[2] 以这样的一种理论视角为基础,笔者认为,贫困生的"贫困"符号可以在日常生活中被构建,而建构的主体不仅包括没有参加贫困生认定的学生(以下简称非申请者),也包括参加贫困生认定的申请者。对于前者来说,他们对何为贫困生的看法将对贫困生认定产生重要影响;对于后者来说,他们已经接纳或表面上接纳了贫困生的社会认同,并通过印象管理,将自己塑造成他人心中所希望的"贫困生"形象,并据此影响贫困生认定。

---

① 赵晔琴:《农民工:日常生活中的身份建构与空间型构》,《社会》,2007 年第 6 期。
② 彼得·伯格、托马斯·卢克曼:《现实的社会建构》,汪涌译,北京大学出版社 2009 年版。

一、班级中流行的"贫困生"形象

班级是贫困生认定政策执行的最基层组织,认定的班级推荐[①]、评议小组的评议[②]等环节便是在班级中展开,而评价主体就是班级中的学生。因此,班级中学生对"贫困生"形象的认知是认定的一个重要变量。根据学生有没有参加贫困生认定申请,可以将班级学生分为非申请者和申请者两类。虽然,申请者被排斥在认定评议小组人选范围内,但他们被允许参加班级推荐,同时,他们也有对"贫困生"形象的自我认知,并通过日常同辈交往进行扩散。文化三角模型认为,文化存在个体性和集体性两个层次,个体性是指个体的某种文化特性,而集体性则是由社会成员共同价值观聚合而成的某种文化特性。[③] 因此,从这个理论视角来看,非申请者和申请者对"何为贫困生"问题的看法,会聚合形成班级全体成员的一种文化氛围,从而促成班级中形成流行的"贫困生"形象。从表 3－2 班级学生的评价可知,班级学生对贫困生在"吃、穿、用都很一般""没有大额消费""学习很认真、很刻苦""乐于助人、团结同学"等方面,持同意比例的分别为 56.7%、65.1%、46.4% 和 48.4%,远远超过不同意的比例。

表 3－2　班级学生的"贫困生"形象认知(%)

题目	完全不同意	比较不同意	一般	比较同意	完全同意	合计(%)
吃、穿、用都很一般	1.8	5.0	36.5	39.1	17.6	100
没有大额消费	1.7	4.8	28.4	43.2	21.9	100
学习很认真、很刻苦	4.2	7.4	42.0	31.9	14.5	100
乐于助人、团结同学	3.7	4.9	43.0	32.5	15.9	100
有点自卑	16.2	19.9	38.0	18.1	7.8	100

①班级推荐是指班级全体学生对贫困生认定申请者的家庭经济情况进行民主评价,其形式一般为投票或打分,以此作为认定评议小组进行评议的重要参考。

②评议是指由班级学生代表组成的认定评议小组针对贫困生认定申请者的家庭经济情况展开讨论,以确定其是否获得贫困生资格。评议是贫困生认定的关键一环,后文会对此专门进行具体分析。

③胡安宁:《社会学的文化转向如何避免"装饰社会学"陷阱?》,《社会科学》,2021 年第 8 期。

因此，班级中流行的"贫困生"形象首先是平时的吃、穿、用都很一般，而且没有大额消费。正如非申请者 SYL（20210620）说："我心目中的贫困生的样子啊，并不是说贫困生就一定过得很拮据，他们的外在表现可以跟我们没有参加贫困生认定的学生一样，他们也有娱乐和自己消费的那些能力，但是呢，那些消费和能力不应该存在那些昂贵的，比如说化妆品啊，或者那些名牌的衣服之类的，可以进行适度消费，比如说购买零食呀，增添必要的生活用品等一些物品。适度购买物品啊消费呀，或者出去吃饭都是可以的，但是不能频繁经常地出去购物消费，或者说经常就是出去玩呀，经常买那些几百块钱的化妆品啊之类的都是不可以的。"

非申请者 CJL（20210602）说："贫困生的话，应该是怎样的呢，让我想一下。比如说在生活上应该是比较节俭的那种，然后，生活比较精打细算，因为没有那么充裕的生活费，在学习上，可能应该会更加主动一点儿。在平时的话，可能会找一点儿兼职进行一下补贴。"

申请者也表达了同样的观点，XLJ（20210628）说："我觉得贫困生生活比较节俭，没有那些大手大脚的支出，你就会去看那些东西是不是需要的，才会去买。"

除此之外，对于班级学生而言，贫困生还应该具有积极向上的拼搏精神，也即不仅不能因自己家境贫困而降低对自己的要求，而且还要以此为动力，通过自己的努力实现人生理想。具体来说，贫困生不仅学习很认真、很刻苦，而且具有良好的道德品质和融洽的人际关系，表现出乐于助人、团结同学等良好的行为特点。下面选择几个调研对象的访谈内容摘录如下：

"我认为贫困生他们是意志力坚定的，在很多生活技能方面也比大部分同学要强，同时也见识到了很多这样的同学在学业上努力的程度，我对于贫困生并没有区别看待的心理。"（非申请者 LYR，20200605）

"我觉得学生经济贫困不是'贫困'，只要他们积极向上，认真学习，有一颗进取心，他就拥有无限的财富。经济上的贫困，对他们而言只是暂时的，贫困生和所有人一样，都是一名学生。在现阶段，基于经济原因，学校政府给予他们帮助也是正确的，不能因为贫困，耽误学业，学成以后，他们和所有人一样，都会成为国家新一批建设者。"（非申请者 ZZY，20200227）

"因为家庭困难经济拮据而省吃俭用，会过日子，谦虚低调，待人友善，不卑不亢，勤奋踏实。"（非申请者 ZSY，20200228）

"自立自强，努力学习，勤俭节约，懂得感恩，传递关爱。"（非申请者 LYL，20191215）

"正常来说，大家可能也不会去评论真正贫困的同学，那些没那么贫困的同学更容易遭到议论，说句难听的话，也就是活该，大家就是说'他贫困生认定，认定上了就有钱，他平时表现也不怎么样'，可能大家对贫困生认定，因为都是和奖学金同期弄，大家对认定和评奖是相互交融的感觉，尤其是对比，有些同学学习好得到奖学金，然后就觉得他学习也不怎么好，为人处世也不是很好（当然，做人也不可能完全让人满意），但是不应该的是他不是那么贫困也去申请，所以惹人议论也是很正常的事情。"（非申请者 ZHY，20210624）

"我觉得真正的贫困生在精神上是积极向上的，会热爱学习。同时，经济不是很好。"（申请者 WZW，20200228）

"贫困生思想进步，积极乐观，真诚正直，勤俭节约，乐于助人，有良好的学习和生活习惯，在家孝敬父母，在校尊敬师长，团结同学。"（申请者 SC，20200228）

"认定的文件是没说要刻苦学习，但是你如果是贫困生，家里真的那么贫穷，我觉得你可以努把力，认真学习，你看，各种奖学金，你都有机会去争取一下。而且进入社会，人要有一种学习能力啊，你整天沉迷网络、玩手机什么的，你上专升本也没有什么意义。"（申请者 XLJ，20210628）

二、"贫困"符号的自我形塑

戈夫曼在《日常生活中的自我呈现》中提出，当个体在他人面前呈现自己时，他的表演总是倾向于迎合并体现那些在社会中得到正式承认的价值，也即是理想化表演。① 也正如韦伯所指出的,社会行动就是行动的个人通过将主观意义赋予行动,考虑到了他人的行为,并根据这一点来确定行动过程的方向。② 对于申请者而言,他们在日常生活中的行为要符合人们对贫困生形象的认知,以此获得贫困生认定主体的支持,而理想化表演则是一条可行路径,它主要体现在生活消费、做人和做事三个方面。

首先,在生活消费方面,展现节俭形象。无论是国家政策、地方政策,还是扬帆大学政策,所谓的贫困生都是指家庭经济困难的学生。可见,对申请者家庭经济情况的调查应该是贫困生认定的关键。但是,在实际执行中,对申请者家庭经济情况的调查显得力不从心,正如 D 学院辅导员 LXX(20190912)所言:"要了解学生家里的经济情况目前还很难做到,以前学生填的家庭经济情况调查表很多都不准,何况现在还不需要这个表了,我们就这几个人也不可能往每个学生家里跑。"因此,对申请者自身经济情况的调查成为贫困生认定的替代手段,正如认定评议小组成员 ZXX 同学(20190920)所言:"我们也没办法了解他们(贫困生认定申请者)家里的情况,只有通过平时跟他们接触了解一些,尤其是通过同寝室的人了解,主要了解他们平时的消费情况,像买多少钱的衣服、鞋子,用什么品牌手机、电脑等。"

为此,在日常生活中,申请者为向班级其他学生传达其家庭经济困难的理想化印象,尽量避免其家庭经济不困难的误识,往往对自己的日常消费持谨慎而克制的态度,认真考虑每一笔消费或支出的合理性,正如申请者 FJ 同学(20191012)所言:"平时得多注意一下啊,本身家里情况就不是很好,还吃好的、穿好的,怎么能让大家信服呢,所以,我一般平时都挺注意节约的。本来家里情况就不好,更是要省一点儿。"申请者 XJ 同学(20191220)同样认为:"平时我都会比较注意,生怕别人说我家不困难而不给我投票,所以我一般都比较注意自

---

① 欧文·戈夫曼:《日常生活中的自我呈现》,冯钢译,北京大学出版社,2008 年,第 29 页。
② 杨善华:《当代西方社会学理论》,北京大学出版社,1999 年,第 9 页。

己的吃、穿、用,尽量表现出节俭,虽然有时候看到别人买了新衣服自己也很想买,虽然自己平时省吃俭用也能省出一些钱买件新衣服,但我还是会比较注意,一般我不会买新衣服的。我这样做,就是让同学们看到,其实我家里真是困难,需要国家的资助。"

除此之外,伴随着 QQ、微信等网络通信的日益发达,虚拟网络成为人们日常生活的又一重要活动空间,QQ 朋友圈和微信朋友圈动态是一个人生活状况的最直观记录。大学生作为青年群体是新媒体的粉丝,手机成为不少大学生的亲密伙伴,他们喜欢将日常生活中的喜、怒、哀、乐发布在自己的 QQ 或微信朋友圈,比如今天又吃到了什么美食、今天又去哪里游玩了等。通过这些近乎细枝末节的小事可以洞察个体或悠闲或局促或平淡无奇的生活状态,而这些生活状态可以作为评价申请者是否贫困及如何贫困的有力凭证。

"QQ 朋友圈或微信朋友圈动态是影响贫困生认定结果的一个重要方面,因为大家可以通过你发布的动态推测你的经济情况,像有的同学喜欢发布又跟谁一起吃饭了;又去哪里玩了等,大家很可能就觉得你家经济也许并不太困难,因为别人觉得你的生活还是蛮惬意的,哪里会困难呢? 像我就经常发布我兼职的动态,大家自然而然会想到我可能是比较困难,要不然也不可能到处做兼职啊,毕竟兼职还是很辛苦的。"(申请者 FJ 同学,20191012)

学生资助管理科科长 WXA 曾提到一起资助申诉,通过这个申诉案例,可以更好地理解申请者 FJ 在虚拟空间进一步塑造自己贫困形象的作用。WXA说:"去年我们收到班级同学反对某个同学被认定为贫困生,反对的同学认为这个被认定为贫困生的同学使用苹果手机,而且这个被认定为贫困生的同学经常在他自己的微信朋友圈里发布一些游玩消费的动态,所以反对的同学认为这个同学根本不困难。但是经过我们调查,这个同学确实比较困难。这个同学的父母离异后跟随父亲生活,父亲没有稳定的收入,而且还有一个年老体衰的爷爷需要赡养。这个同学的母亲是一名高校教师,虽然他母亲没有赡养义务,但平时会给这个同学买一些东西,比如苹果手机。还经常带这个同学到处玩,这个同学还喜欢在自己的微信朋友圈里晒，然后就被同班同学看到了，认为这个同学生活得这么好哪里贫困了。"（扬帆大学学生资助管理科科长 WXA，20191012）

其次，在做人方面，展现低调形象。《2000 年—2001 年世界银行年度报告》指出，贫困不仅表现为低收入与低消费，而且还表现为缺少教育机会、营养不良、健康状况差及没有发言权，甚至是恐惧。贫困不仅表现在物质财富及物质生活条件的匮乏，而且也表现在建基于物质匮乏状态之下的心理反应，包括缺乏自信、缺少安全感甚至是沉默寡言等。因此，从这些方面来说，贫困者似乎由于自己经济方面的贫困而显示出为人低调的行为状态，而这种状态也更能博得别人的情感支持。J 学院辅导员 LWY（20190920）说："有时候一些同学的外在表现也会影响贫困认定的结果，像有的同学给人感觉内向一点儿、老实一点儿，平时给人感觉沉默少语一点儿的容易博得别的同学的同情与支持。因为大家可能觉得家庭贫困给这些同学的自信心等方面带来负面影响。还有像那些外向一点儿、活泼一点儿、开朗一点儿的，大家可能会对这些同学的家庭经济情况有不同的看法，因为大家可能还是有贫困会影响自信心的刻板印象，觉得这些外向的同学可能家里不是特别困难。"

古语云，"枪打出头鸟，刀砍地头蛇"，言下之意是喜欢锋芒外露的人容易受到攻击，提醒人们在人际互动中要为人低调。对于高校贫困生认定而言，无论是全体学生参加的班级推荐，还是学生代表参加的认定评议，其评价主体都是与申请者朝夕相处的同学。因此，申请者需要进行印象管理，使班级同学对自己有一个良好的印象，而低调做人就是一个比较好用的方法。犹如斯科特的"弱者的武器"，以低姿态的技术获取自己的理想目标。正如申请者 ZJ 同学（20190920）所言："要想得到大家的投票，平时当然要低调一点儿、收敛一点儿，因为大家可能都不太喜欢张扬的人。而且中国的传统文化讲究中庸，就是告诫人们平时做人做事要低调一些，切忌锋芒毕露。因此，我在平时都会注意自己的言行举止。"R 学院辅导员 LHH 对申请者 TSY 同学的评价，从另一方面说明了这种低调做人的重要性。"TSY 同学是七级伤残，应该说治疗费用还是比较高的……但就是有点太张扬了，X 书记（学院分管学生工作副书记）也说过。第一天来报道的时候，就感觉 TSY 气势很强、气场很足，搞得比谁都那个（气势足），这恐怕也是他评分比较低的一方面原因。"（R 学院辅导员 LHH，20200924）

最后，在做事方面，展现高调形象。在扬帆大学，无论是"超额"认定，还是"等额"认定，申请者要想获得国家助学金、国家励志奖学金等奖助学金，就要为相应的评选做好准备。根据《扬帆大学国家奖学金、国家励志奖学金、国家助学金评选办法》，除国家奖学金以外，国家励志奖学金、国家助学金均为贫困生专门设立且对学生在校表现有一定要求。首先，两个奖项的共性推荐条件有"热爱社会主义祖国，拥护中国共产党的领导；遵守宪法和法律，遵守学校规章制度；诚实守信，道德品质优良"。其次，两个奖项的差异性条件主要在于对学生学习成绩的不同要求，如国家助学金要求："勤奋学习，积极上进。"国家励志奖学金对学生学习成绩有更高的要求，具体为"学习成绩优秀，必修课程没有不及格科目、无补考，上学年学习成绩在班级位于前 1/3。且素质综合测评成绩在班级中位于前 1/3，在班级贫困生中位于前三名。"因此，对于申请者而言，"做事"的态度与成效亦成为贫困生认定的重要影响因素。"做事"主要就是指学生在校期间的学习、工作、参加课外活动等情况；"做事的态度与成效"主要是指学生在学习、工作、课外活动等方面的积极性与取得的成绩。所谓高调做事，其义近同于"努力做事""积极做事""勤奋上进"等。总之，就是全力以赴把事情做好。在贫困生的语境中，"高调做事"就是要在学习、工作、课外活动等方面积极表现并争取好的成绩，以获得别人的认同与支持。

"虽然贫困生认定主要看大家的家庭经济是不是困难，但是要赢得别人的支持就要表现稍微好一点儿，毕竟辅导员和同学们都看在眼里，而且贫困生即使被认定上，后面的国家励志奖学金和国家助学金还是要评选的，而在校表现和学习成绩是评选的重要条件。所以，肯定要在各方面都要表现得积极一些。"

（申请者 GWJ 同学，20190920）

　　"我觉得贫困生就应该思想进步，积极乐观，真诚正直，勤俭节约，乐于助人，有良好的学习和生活习惯，在家孝敬父母，在校尊敬师长，团结同学，我平时也是这么严格要求自己的，要不然我觉得大家也不会支持你的。"（申请者 HCY 同学，20200228）

　　总之，申请者有意识地考虑面对他的人，本着舒茨所称的"你们取向"，通过"生活消费""做人""做事"的理想化表演，塑造自身的"贫困"符号，建立良好的面对面的"你们关系"①，以期获得相关评议主体的贫困认同。李全生认为，场域是由社会成员依据特定逻辑建设而成，场域不仅是社会个体投身社会实践的主要场所，而且是集中的符号竞争及个人所施展策略的竞技场，同时，这种竞争和策略的主要目标是生产价值符号。② 从这个意义上说，申请者正是通过竞争和策略生产"我真的困难"的价值符号，进而获得比其他竞争对象拥有更多价值的"符号暴力"，并顺理成章地获取由此符号所带来的一系列物质资助与人文关怀。

第四节　小结

　　政策执行总是发生于特定的情境中，并且具体的情境会影响政策执行主体的行动及其效果。而戈夫曼认为，人们在行动之前，会进行情境定义，即对情境内存在的及不存在的全部的判断与定义，其主要内容有目标、任务、角色、规则、参与人的特征及对其看法等。③ 就本研究而言，高校贫困生认定政策执行也是基于一定的情境之中，这个情境是一种微观层面的学校文化系统，直接影响认定政策的执行。同时，情境由行动主体定义而成，也即是行动主体通过自己的行动构建了身处其中的情境。本章对高校贫困生认定政策实施中参与主体如

---

① 杨善华：《当代西方社会学理论》，北京大学出版社，1999 年，第 15 页。
② 李全生：《布尔迪厄场域理论简析》，《烟台大学学报（哲学社会科学版）》，2002 年第 2 期。
③ 车森洁：《戈夫曼和梅洛维茨"情境论"比较》，《传播学研究》，2011 年第 6 期。

何进行情境定义或构建情境展开分析,而分析的主体包括学校、辅导员、普通学生及贫困认定申请者,即他们如何以大量重复性的习惯动作与行为模式创造着他们身处其中的社会世界,建构他们关于社会世界的实在感。

对于学校来说,作为一个场域理论意义上的社会小世界,扬帆大学具备相对自主性和自身逻辑的双重属性,决定了其面对高校贫困生认定政策执行的态度,是一种稳妥取向,即追求政策执行的稳当、可靠,尽量避免政策风险,以及可能由此引发的负面后果与问责。而这种稳妥取向表现在三个方面:首先,虽然上级政府部门赋予高校一定的"转译权",但基于"由上到下"的行政逻辑及风险规避的理性逻辑,扬帆大学在制定校级认定政策时,采取了"复制式转译",尽量与上级保持一致。其次,为了迎接考核、确保程序公平及节省有限人力资源,扬帆大学采取过程管理,实现对贫困生认定政策实施中各个环节的严格监管。最后,根据不同的政策要求,结合有限的资助资源,扬帆大学的认定结果由"超额"认定转变为"等额"认同,实现国家奖助学金由"有人评"转变为"应助尽助",以确保学生资助任务圆满完成。

对于辅导员来说,无论作为大学科层行政系统的管理末端,还是作为认定政策执行主体,他们的工作环境、个体境遇及由此形成的惯习,无疑会对贫困生认定政策实施产生影响。就他们的工作环境而言,扬帆大学通过事务承担、领导者的言说以及奖惩等机制共同生产出辅导员是"直接责任人"的学生管理制度,辅导员的责任被泛化,成为"包保制"学生管理的"责任人"和"守门员"。就他们的个体境遇而言,在生活上,辅导员为"过日子"而努力拼搏;在工作上,辅导员不仅承受着来自学生安全责任的巨大压力,而且深深地陷入个人职业发展的模糊性与不确定性中,使他们承受着"不能承受之重"。就工作惯习而言,他们通过消化、吸收、创造学生管理制度,实现"自我保护",避免卷入大学问责链条及令人惶惶不安的学生安全事务的旋涡之中。这些"自我保护"策略包括工作留痕、安插信息员、材料至上及申请者的自我评判等。

对于普通学生和申请者来说,他们在日常生活中共同建构了贫困生的"贫困"符号。一方面,非申请者和申请者对"何为贫困生"的认知形塑了班级流行的"贫困生"形象,也即是"贫困生"平时的吃、穿、用都很一般,而且没有大额消费。同时,贫困生还应该具有积极向上的拼搏精神,也即不仅不能因自己家境贫困而降低对自己的要求,而且还要以此为动力,通过自己的努力实现人生理想。具体来说,贫困生不仅学习很认真、很刻苦,而且具有良好的道德品质和融洽的人际关系,表现出乐于助人、团结同学等良好的行为特点。另一方面,对于申请者而言,他们在日常生活中的行为要符合人们对贫困生形象的认知,以此获得贫困生认定评价主体的支持,而申请者的理想化表演主要在生活消费、做人和做事三个方面。

第四章　认定的申请:差异化路线

上一章讲到,在认定的准备阶段,基于"自上而下"的行政逻辑与风险规避的理性逻辑,在校级认定政策制定、认定的组织管理及认定结果方面,学校分别采取了"复制式转译""过程管理""从'超额'认定到'等额'认定"等稳妥取向的行动;基于工作环境、个体境遇及由此形成的惯习,辅导员采取了"工作留痕""安插信息员""材料至上"及"申请者的自我评判"等自我保护行动;基于班级学生对"何为贫困生"的认知,不仅形成班级流行的"贫困生"形象,而且对于申请者而言,为了将自己塑造成他人心中所希望的"贫困生"形象,他们已经接纳或表面上接纳了贫困生的社会认同,并采取了"节俭的日常消费""低调做人""高调做事"等印象管理行动。而他们的行动及其背后作用机制共同构建了贫困生认定的微观情境。本章探讨的是认定的申请阶段,在这一阶段,辅导员和申请者会采取怎样的行动? 行动背后的影响因素是什么? 行动又隐含着怎样的个体心态? 下面就对这些问题进行具体阐述。

第一节　辅导员的谨慎

在认定的申请阶段,辅导员作为认定政策的关键执行者,要为申请者及后续的评议提供相应保障,包括认定政策的宣传、评议小组的组建及评议规则的构建等。与此同时,在这一过程中,为了实现对自我的保护,辅导员针对各项事

97

宜所采取的行动展现出谨慎逻辑，即处处小心翼翼，以免发生不确定性风险。

一、政策宣传："全面告知"与"向上主义"

政策宣传有助于政策对象接收、消化、吸收政策，它是政策过程不可忽视的一个环节。教育部等六部门发布的《关于做好家庭经济困难学生认定工作的指导意见》规定，学校需要通过不同方式与途径，提前向学生与监护人告知贫困生认定相关事宜，而且要做好学生资助政策的宣传工作。[①]《安徽省家庭经济困难学生认定工作实施办法》进一步规定，学校需要通过形式多样的途径和方式提前向学生和监护人告知贫困生认定相关事宜，如校园公告、班会、家长会、发放告知书等，并且提前发放安徽省家庭经济困难学生认定申请表，同时要做好学生资助政策的宣传工作。[②] 为了严格执行上级的"提前告知"任务，辅导员采取灵活多样的宣传形式，向班级学生宣传贫困生认定政策，但是，辅导员无论采取何种宣传形式，其核心都是遵循"向上主义"原则。

首先，严格执行"全面告知"任务。全面告知即通过多种渠道、多种形式向学生宣传贫困生认定及学生资助相关政策和具体实施办法。之所以要进行"全面告知"，主要是为保障学生的知情权，避免因政策宣传不到位而出现漏评的现象。在调研中，辅导员 ZPX 讲述了这样一个案例："我们学院有个辅导员出了个事，原因在于班长，辅导员跟他说了要告知全班，但是他不听，他自己就直接决定，具体是有个励志奖学金被漏掉了，报的是贫困生中综合测评第一名和第三名的同学，而按文件要求理应上报的第二名被漏掉了，原因是班长不在班上通知这个事情，直接私聊同学说你符合励志奖学金申报条件，你把材料发给我。"（R 学院辅导员 ZPX，20191210）

当笔者问辅导员 ZPX 案例中的班长为什么没有全面告知时，ZPX 说："省

① 教育部、财政部、民政部、人力资源和社会保障部、国务院扶贫办、中国残联：《关于做好家庭经济困难学生认定工作的指导意见》，2018-10-30. http:// www. moe. gov. cn/srcsite/A05/s7505/201811/t20181106_353764. html.

② 安徽省教育厅、安徽省财政厅、安徽省民政厅、安徽省人力资源和社会保障厅、安徽省扶贫办、安徽省残联：《安徽省家庭经济困难学生认定工作实施办法》，2019-7-23. http:// jyt. ah. gov. cn/public/7071/39712364. html.

事啊,不用评议了呗,就收个表格就可以了,后面捅出了很大的篓子,反正就是数漏了也不知道是怎么回事,但是第三名存在很大的问题,他跟第二名是同一个寝室的,总共一个班就两个励志奖学金,你会不知道自己是第几名?最后,辅导员找第三名同学的时候,他说我忘记了,我是第三名,另外一个同学是第二名,其实怎么可能忘记呢,而且那个第二名完全不知道这个事情,最后学院公示后,他听其他班的同学说励志奖学金出来了,你是第二名,你拿到了吗,他说没有,他才知道这件事情。所以,这就是大一和大四的区别,大一的班长很慎重,开会、讨论这件事情,再三强调,但大四不一样,辅导员跟所有班长开会说了这件事情,班长就觉得自己干了好几年了熟悉了,'励志'不就按成绩来呗,我就数一下。那一段时间我那个同事真的很烦,压力很大,那个班长也被批(批评)得灰头土脸的。"(R 学院辅导员 ZPX,20191210)

通过这个案例可知,造成国家励志奖学金评选出现重大错误,不仅在于该班班长的"玩忽职守",没有在班级内部传达国家励志奖学金评选事宜,也在于该班辅导员未能直接向学生传递政策信息而产生政策宣传漏洞,从而给辅导员、学生干部都带来了一定负面影响。因此,"全面告知"不仅可以有效避免政策对象的权益受损,而且作为政策执行人的辅导员亦可以规避因信息传达不畅或受阻而引发的责任风险。而具体的"全面告知"形式和渠道,包括以下四个方面:

第一,召开专题会议。所谓的专题会议,就是专门以贫困生认定为主题的会议。这个专题会议分为校级、院级及班级三个层次。校级专题会议是指校学生资助工作领导小组会议,参会人为分管学生工作的校领导、学工部、财务处、监察处主要负责人及各学院分管学生工作领导。院级专题会议是指学院认定工作组会议,参会人为分管学生工作的领导以及全体辅导员。班级专题会议不仅包括班级认定评议小组会议,参会人为辅导员、认定评议小组成员,也包括班级认定布置会议,参会人为辅导员和班级全体学生。通过专题会议,辅导员可以用面对面、直接传达的形式通知或宣传贫困生认定政策及具体实施办法。

第二，新生入学前的宣传。为了切实消除贫困家庭新生及其家长的后顾之忧，教育部办公厅每年均会下发《关于切实做好秋季学期普通高等学校家庭经济困难新生入学相关工作的通知》，要求各地方教育主管部门、各高校在学生资助政策告知、贫困生入学"绿色通道"、助学贷款等方面做好相关工作，并要求各高校将《高校本专科学生资助政策简介》与录取通知书一同寄送，务必做到新生人手一册，从而实现人人知晓。全国学生资助管理中心也发出了《致全体高中毕业生的一封信》。信中从"入学前""入学中""入学后"的"三不愁"为贫困生开出了"解题思路"，确保绝不让一个学生因贫困而失学的目标。为了落实上级组织的要求，扬帆大学每年都将贫困生认定工作提前到新生入学前，其中的一项基本工作就是将"高等学校学生及家庭情况调查表"及《扬帆大学学生资助政策简介》与录取通知书一同寄送给新生，而这项工作均由辅导员完成。正如 LWY 所言："每年的录取通知书都是我们辅导员装袋（快递资料袋）的，而学校的学生资助宣传资料，还有我们学院的宣传资料是必不可少的。"（J 学院辅导员 LWY，20190920）

第三，讲好开学第一课。由于大学与高中的学习模式、生活方式的不同，新生刚进入大学校园往往需要经历一段时间的适应期。为了使新生更好地适应角色转变，顺利融入大学生活，扬帆大学每年都会举办系统性的新生入学教育，时间与新生军训同步交差进行，内容涉及专业认知、学生管理、安全规范等，其中学生资助政策宣传是新生入学教育不可或缺的一部分。而学生资助政策方面的讲解主要由辅导员承担。"每年新生入学讲座，学生资助肯定要讲的，内容涉及贫困生认定、国家奖助学金评选、勤工助学等，都是由带班辅导员来讲……当然得认真准备了，就是希望学生对相关政策更了解一点儿，也为以后的工作减少一些麻烦。"（Y 学院辅导员 LZY，20181020）

第四，"全面告知"遵循"向上主义"原则，不折不扣地传达上级文件。上文提到，在工作环境、个体境遇的长期作用下，辅导员逐渐形成一种性情倾向系统，也即"自我保护"的工作惯习。虽然，学校希冀通过模糊化政策的形式，将上级赋予的"转译权"下放至学院，并经由学院传递至辅导员，但是辅导员还是倾向于"上面怎么说，我就怎么说"的"向上主义"原则，避免对政策文本进行公开解读。正如辅导员CDC(20191217)所言："按照学校文件来，学校发文以后，我们拿到文件，召开班会，在班里面跟所有人一字一句地读，一般不做解说。"当笔者追问CDC为什么不做任何解说，他这样解释道："为什么不做解说啊，解说是个人的理解，可能存在问题。不做任何解说，只读文件，读完以后，跟大家说就这个事，你们按照这个条件去申请。然后到国家励志、助学金等的文件来了，也一样的，不做解说，解说是有个人感情色彩在里面，一旦学生说，哎，我理解的不是这样的，你理解得不对，你就不好搞了，对吧，就跟学生说你们就按照条件报。"(Y学院辅导员CDC，20191217)

除此之外，这种"向上主义"原则也存在灵活执行的情况。比如，国家奖助学金实施细则规定："在同一个学年内，申请国家励志奖学金的学生可以同时申请并获得国家助学金，但不能同时获得国家奖学金。"按照这一规定，同一学年内，获得国家励志奖学金的贫困生，可以同时获得国家助学金。但是，为了扩大学生资助的范围，辅导员往往动员学生放弃国家励志奖学金和国家助学金的兼得。正如辅导员ZPX(20191210)所言："国家政策是国助和国励可以同时拿，今年我们学生没有同时拿，算是我们的灵活操作吧，他们放弃的话，我们对外宣称的是他们发扬奉献精神，把这些钱无私地让给其他同学，但是其实是我们也做了一点儿工作，一般情况下，经过我们的工作，学生大多能自愿放弃同时得两个奖。当然，如果学生不愿意，我们也会尊重他们的决定，不会为难他们。以前是贫困生认定人数可以大于助学金发放指标，现在是贫困生认定人数等于助学金发放指标。所以这样做，我们也是为了可以多认定一些同学，让资助的受众面更广一些。"

当笔者进一步追问如何对申请的学生进行游说时，ZPX(20191210)解释道："这是一个不成文的规矩吧，每年都这样，就跟他们说你拿了国家励志奖学金了，可以让更多的人享受到国家政策的优惠，让更多的人获得利益，你是否愿意把国助的指标让出来，那你都这样说了，学生如果坚持不让的话，岂不是显得自己很自私？当然，如果学生坚持，那我们也没办法，不会强迫学生的，毕竟政策允许重叠(兼得)嘛。"可见,"全面告知"的"向上主义"原则是一条不可逾越的红线,不仅在公开宣传政策时,辅导员严守"向上主义",而且在为了某种政策效果时,即使本质上突破了"向上主义",辅导员也要将这种突破隐藏起来,使之看起来还是"向上主义"的。正如 ZPX 所言,通过私下的游说,以集体主义为价值,动员学生放弃"兼得",从而既确保了政策执行不违规,又提升了扩大资助面的政策效果。

二、认定评议小组的组建:"一核多元"

《扬帆大学全日制本科生家庭经济困难学生认定工作实施办法》规定,贫困生认定工作实行四级管理负责制度,即校学生资助工作领导小组、学工部作为资助工作管理机构、各学院的认定工作组及认定评议小组。不同层级的管理单位有不同的人员组成和不同的职责。虽然认定评议小组处于扬帆大学四级管理体系的最末端,但它担负着贫困生认定的民主评议和确定工作,无疑会对贫困生认定的精准性产生直接影响。而作为认定评议小组组长的辅导员,为了更好地发挥小组的职责,使之可靠而高效,"一核多元"成为他们组建小组的重要策略。

首先,以学生干部为核。正如前文所述,在"包保制"学生管理模式下,辅导员日益成为学生事务的承担者,"上面千条线,下面一根针"被视为辅导员日常工作的真实写照。从表 4-1 可以看出,辅导员 LXX9 月份的工作安排可谓是"琳琅满目",涉及大一新生的事务有体验、军训、选课、入学教育等,涉及其他年级的事务有各种比赛报名、暑期学生实践考核、学生综合测评、评奖评优等,这些事务涵盖了学生管理的各个方面。辅导员 LXX(20181012)无奈地说:"事情实在太多了,根本忙不过来,整个 9 月每天的工作排得满满的。国家助学金 10 月就要报到学校,所以必须 9 月完成贫困生认定。9 月还要完成综合测评、校内评奖评优、国家奖学金、国家励志奖学金及国家助学金的评选,除了这些,还有许多其他的事情要完成……"

在这种"迫不得已"的情况下,辅导员特别看重学生干部的力量,将学生干部视为学生管理的得力助手,甚至将某些重要工作交给自己信任的学生干部,以缓解自身的工作压力。因此,在认定评议小组中,学生干部①常常被置于核心地位。"一定要找一个可靠的学生干部负责认定评议小组,让他(她)担任副组长,由他(她)具体负责认定评议小组的各项工作,我总体把控一下,不这样不行啊,都由我来搞,哪忙得过来。"(J学院辅导员WZ,20191110)

表4-1 辅导员LXX9月份部分工作安排表②

时间	工作安排	时间	工作安排
9月3日	到校医院领新生体检表、体检通知	9月5—20日	学生素质综合测评
9月4日下午3点	全校辅导员例会	9月9—23日	组织新生军训征文比赛
9月4—8日	组织学生选课	9月15日前	办理学生助学贷款
9月5日前	组织学生报名"双百"大赛	9月16日上午10点	前往就业指导中心开会
9月6日前	组织学生上报暑假社会实践报告	9月17日前	选拔院党校学员
9月6日前	组织学生完成学院就业质量年度报告	9月22日前	就业信息员上报
9月11—17日	组织新生网上第一轮选课	9月26日前	学生暑假社会实践报告打分并录入教务系统
9月5—20日	担任"指导员"配合教官军训新生	9月27日前	家庭经济困难学生认定结果录入全省管理系统
9月15日前	督促不及格学生准备补考	9月20—30日	校学生奖学金、三好学生、优秀学生干部评选
9月10—20日	家庭经济困难学生认定	9月20—30日	国家奖助学金评选

---

① 根据调查,关于认定评议小组核心位置的学生干部,辅导员一般首先考虑班级的主要学生干部,也即班长、团支部书记、副班长。当然,如果主要学生干部基于一些原因不能参与认定评议,辅导员会选任自己信得过的其他学生干部。同时,辅导员将学生干部作为认定评议小组的副组长,并对外宣称这一"任命"。

② 根据辅导员LXX的工作日志整理所得。

除此之外,辅导员所管理的学生事务涉及学生各种切身利益,难免遇到因学生的个性化诉求得不到满足而产生的质疑,甚至在网络环境中进一步被放大,并产生一定的负面效应。据笔者的了解,扬帆大学就曾发生过一起网络舆情,而这起事件仅仅是因为一个学生不理解班级用于实习的正常收费,而将此事上传至某个颇具影响力的官方微博,导致辅导员和相关教师被推至舆论的风口浪尖,并承受着巨大的心理压力。因此,为了减小这种风险,辅导员将部分学生事务的管理权限转移给自己信任的学生干部,并依此稀释自身的责任压力。正如辅导员 LXX(20181012)所言:"学生干部在整个学生管理工作中作用十分重要,他们与普通同学朝夕相处,最了解普通同学的真实情况。贫困生认定需要了解认定申请学生的日常生活情况,而学生干部能将日常观察到的申请同学的真实情况反馈给我们,而且都是同学们自己操作的,即使有一些有失公平的地方,申请的同学也不至于说我偏袒哪个之类的。"

有研究发现,在相关的低保政策执行中,基层政府为了化解执行压力和政策风险,通过对操作程序的设定将执行压力不断向"底层下沉",将低保认定的核心行动主体由县、乡两级政府转变为最基层的村组干部和村民代表。[1] 在本研究中,由上文分析,可以发现,以学生干部为核,实际上正是表征为这种政策执行的"底层下沉",即辅导员通过非正式任命方式,将学生干部置于认定评议小组的核心地位,以此缓解自身的认定压力及其所产生的责任风险。

其次,实行最广泛代表原则。按照政策文本的规定,对于认定评议小组的学生代表,不仅要求其具有广泛的代表性,而且人数不能少于本年级(或专业、班级)学生人数的 10%。但在实际执行过程中,辅导员进一步强化了学生代表的广泛性,实行"最广泛代表原则"。以班级为单位组建的认定评议小组为例,辅导员要求每个寝室都必须有一名代表加入认定评议小组,负责本班的认定评议工作。辅导员 CDC(20191217)说:"我们在班里说完就让学生申报,然后我们

---

[1] 李棉管:《自保式低保执行——精准扶贫背景下石村的低保实践》,《社会学研究》,2019 年第 6 期。

就按照文件要求成立认定小组,上面文件规定是班级人数的10％,也就是一个班是3—5个,但我们不是这样,我们要求每个寝室出一个,寝室哪怕就只有一个人,也得出一个,必须出一个,没有利害关系的,然后他们评议,我在后面看着。"扬帆大学标准班级为43人,每个寝室居住6人,也就是说,按每个寝室派出一名代表的话,仅仅学生代表至少为7人,再加上班长、团支部书记等学生干部,班级认定评议小组将达到9—10人,是政策文本规定人数的两倍。辅导员LXX(20191210)说:"我们评议小组都是10个人左右,每个寝室都要安排一个人,因为只有一个寝室的人相互之间才是最了解的,毕竟同寝室的人朝夕相处,对各自的生活情况最熟悉,要不然其他寝室的人怎么好评议你这个寝室的人呢,这样评出来的结果大家也不会多说什么,毕竟每个寝室都有代表嘛。"

经过多年实践,"最广泛代表原则"已深入人心,成为判别认定合法性与否的重要标志,甚至有认定评议小组因未能实现"最广泛代表原则",其认定结果受到班级学生的质疑。在实地调研中,笔者得知Z班认定评议小组的评议进行了两次,便向Z班认定评议小组主要负责人YHY同学了解情况,YHY同学解释道:"其实不是我们的问题,是学生的问题,因为我评议人员已经公示了,是这些成员,当时群里也没人提出异议,我当时在群里说了截至今天晚上如果没有提出异议,我就视为大家同意了,当时过了那个时间都没有人说话。我们就开始下一步了,开始评了,评的过程中,突然有人跟我说,你们评议小组有两三个女生是一个寝室的,就存在问题,的确存在问题,当时也没注意,我也有一定责任,但是那个同学到现在才说。后来我跟辅导员说了,然后辅导员看了一下正式的规则,说你这不行,一个寝室不能有两个人,你们还是得重评,没办法,当时名次都排好了,表都写好了,名字都签了,好不容易把大家召集起来,因为要确定个时间,都是中午,大家刚上完课,中午就要早点开始评,下午还有课。"(学生干部YHY,20191213)

可以发现,实行最广泛代表原则,不仅是为了充分获得每一个申请者的贫困信息,更是为了使评议结果获得"社会合法性",也即获得大多数人的认同。与此同时,最广泛代表原则也进一步强化了认定执行的"底层下沉",使辅导员的认定压力与政策风险进一步得到稀释。

三、认定评议规则的构建:"三个原则"

正所谓没有规矩,不成方圆,规矩是人们进行社会活动的指南与基础。对于认定评议而言,此事涉及社会福利资源的分配,关乎贫困生学业保障。因此,在进行认定评议前,需要设置一定切实可行的规则,以确保认定评议的客观性和准确性。经过不断摸索与实践,辅导员所构建的认定评议规则主要包括以下三个方面:

第一,公平公正原则。"公平"是指人们在处理事情时,不仅需要合情合理,而且不会偏袒任何一方。[①] 孔子在《论语·季氏篇·季氏将伐颛臾》中说:"丘也闻有国有家者,不患寡而患不均,不患贫而患不安。"从行为科学的角度来看,"公正"就是处理人与人之间社会和利益关系的伦理原则,也可以理解为"一视同仁"或"得所应得"。公平与公正各有侧重,但具有内在关联性。一是公正的价值取向可以引导公平真正实现,如若没有公正的引领,就不会实现具有正向价值的公平。二是公平有助于公正的实施过程,也就是说,只有每个人拥有同等的机会和权利,在地位上"一视同仁",在衡量标准上"同一尺度",才能实现利益分配的公正。[②] 在调研中,当笔者问及对认定评议小组的评议有何要求时,几乎所有辅导员都提出要保证"公平公正",而且都作为第一要件被提出来。"首先要他们在评议的时候一定要保持公平公正,就是说要实事求是,不能打人情分,不能因为这个同学跟我关系好一点儿就多打点分,那个同学跟我关系差一点儿就把分打低。"(J学院辅导员WZ,20191120)

至于如何确保"公平公正",辅导员WZ(20191120)老师表示:"讲心里话,我一开始很幼稚,然后我就讲你们(评议小组)主要参考那个表(学生家庭经济情况调查表)上面的数据,后来我才了解,虽然当地主管部门盖了那个章,但是那个家庭收入他们一般不问的,你想写多少就写多少,甚至有的讲家庭收入一年200块钱,我讲心里话,这200块钱你吃也不够啊,那要饿死人的,但是当地

---

① 陆树程、刘萍:《关于公平、公正、正义三个概念的哲学反思》,《浙江学刊》,2010年第2期。
② 陆树程、刘萍:《关于公平、公正、正义三个概念的哲学反思》,《浙江学刊》,2010年第2期。

主管部门不管啊,反正我又不花这个钱,你写了啥我就给你盖呗,所以就造成我对这个数字也不敢确认,材料上很多都是假的,我怎么做到公平公正呢,大二的学生还有一点儿公正,到大三大四,那讲心里话,那就是人缘的问题了。"从 WZ 老师的话里,可以发现,在现有难以掌握申请者家庭经济真实情况的条件下,要实现"公平公正"的认定评议目标具有一定难度,但是作为"身经百战"的辅导员,他们并没有"知难而退",而是"另辟蹊径""迎难而上"。

"尤其有一些投票的事情,它的随机性很强,这个随机性体现在哪里呢,就是投票是一瞬间的事情,不是持续的事情。那么一瞬间的事情呢,它做了决定之后就改变不了了,那么我们要抓住最有利的时机,就是我们要用我们说的话,带有鼓动性、正义感的引导的话,去引导认定评议小组,促使在评议的那一瞬间,他们会去做出正确的或者近似于公平的判断。而不是说你不管不问,不管不问那他们肯定就带着以前的想法来的。如果你去做这样的一些动员,或者我们去播放一些视频或影片,比如我们去播放一些很有正能量的影片或者去播放能够促使他们(评议小组)产生正义感的影片,以及跟他们讲的这些事例也好或者跟他们讲的这些鼓动的话也好,让他们在那一刻做了非常正确的判断,就可以了。因为他们毕竟还是大学生,即使不是大学生,是社会上的人,他也会受一些当时情况的影响,影响过之后他们就投票了,他们很激动去投票了,投完票之后回去他们想再反悔已经晚了(笑),票已经投出去了啊! 所以,我们要抓住投票的时候心理的变化,或者抓住投票的瞬间性,抓住这个特点。我当时就是这么做的。我当时在动员的时候就会给他们讲一些案例啊或者鼓动的话,比如说大家信任你,包括学校党委、教育厅、国家,就是你们的使命不小,你们评议一个班级,其实对于国家来讲,你们是在履行国家赋予你们的神圣的职责,比如像这样类似的话,给戴戴高帽(笑)。第二个,你不是说来过之后然后没有约束的,你这个评出去之后你到时候出个问题,你们全部要受牵连的,关键你在班里还怎么做人,会说你们评议小组徇私舞弊嘛,我们是大家推选出来,结果评议是这个样子,我们脸往哪儿放呢。"(J 学院辅导员 WZ,20191120)

可以发现,辅导员运用一种即时性的策略,通过"道德升华"与"面子逻辑"

的思想引导,维护"公平公正"评议目标的实现,为认定评议预设了积极而正面的价值起点,创造性地完成了看似难以完成的任务。

第二,特殊问题特殊对待原则。由于学生事务的琐碎性及贫困生认定的复杂性,班级认定评议小组在评议的过程中不可避免会遇到各种问题,如材料规范性问题、贫困程度判别问题、程序合法性问题等。这些问题的及时妥善处理不仅有利于认定评议的有序进行,而且也可以避免因问题滞留淤积得不到解决而产生的学生心理、人际等方面的矛盾与冲突。但不可否认,认定评议小组成员作为评议对象的同辈群体,其自身知识储备与经验阅历仍处于不断积累阶段,其处理突发性、复杂性等问题的能力具有一定限度。因此,作为认定评议小组组长的辅导员需要时刻关注整个评议过程,并及时指导或引导学生如何有效应对评议中所遇到的问题。

正如辅导员 WZ(20191120)所言:"特殊问题特殊对待也是我特别强调的,就是特殊情况特殊处理特殊对待。比如,我们评议过了,有一个孩子评议表交得比较晚,是在公示前,因为她人在老家,表没有交过来,这就是特殊情况,我们要本着人性化,虽然说政策是政策,因为我们评议给了截止时间,但是这个截止时间也是相对的,不是绝对的,要是过了公示期,那肯定不行,就在我们公示之前可以。我遇到过这种情况,然后班里同学没有一个有意见,因为有个同学父亲突然去世了,她就没来,跟我请假了,然后回来后跟我讲了这个事情。就是一定要掌握这种特殊情况,我们不能为了评议而评议,我们的原则要把国家的这笔钱用在刀刃上,用在真正贫困的学生身上,不能仅仅就是为了完成任务,我们就把钱发下去,我的原则是用在刀刃上。"

当笔者问及为什么要设置"特殊问题特殊对待"这一规则后,WZ 接着说:"其实我讲那个话也是给自己留点后路,就是说像这种情况,你比如学生有问题会找我,他/她不会去找评议小组的。评议小组评议完了,他/她找过我之后,我会把评议小组喊过来,我会问评议小组,这种情况,你们认为怎么办?(停顿一下)不是我在给自己留条后路吗?还有一个,他/她会去找班长,就是评议小组副组长,然后副组长会把这个事情反馈给我,然后我们再把评议小组喊过来,问大家认为这个事情怎么办？这种特殊情况，还包括，比如有一些我看了明显家里穷的，会问评议小组你们这是怎么评的？他家里穷却被刷下来了，你们怎么评的？"（J学院辅导员WZ，20191120）

"特殊问题特殊对待"类似于哲学概念"具体问题具体分析"，就是对矛盾的特殊性进行深入分析，并找出解决矛盾的方法。通俗地说，就是要求人们在从事社会实践时，应依据具体情境，针对事物或事情的不同情况采取不同解决方法。对于辅导员而言，一方面，在认定评议过程中，大概率会遇到棘手或无章可循的问题，而这一规则具有方法论指导意味；另一方面，作为认定评议小组组长，评议结果的合理性或公正性，以及班级学生的满意度与其职责紧密关联，并作为其工作能力与责任心的标志而被同事与上级领导所注意。因此，辅导员需要密切关注评议进程，为自己"留有后路"或留有处理特殊问题的空间。

第三，保密原则。认定评议小组在评议之前，辅导员都会要求全体评议成员严守保密原则，禁止向外界吐露整个评议过程及其细节，正如YHY（20191213）同学所言："我不知道是消息泄露了还是什么原因，可能是我们小组成员说漏嘴了，本来结果都出来了，然后交上去了，但是没最终确定嘛，本来是说要保密的，不要说出来，不要吐露信息。"为什么在强调公平公正时，又要强调保密原则，二者之间的价值及其逻辑似乎存在背离甚至冲突。与此同时，扬帆大学实行"三级公示"，即班级公示、学院公示、学校公示。在这种情况下，认定评议的保密原则的价值或逻辑是什么？带着这种疑问，笔者访谈了资深辅导员（曾经担任10年专任辅导员）XCH，他这样解释道："保密原则必须有啊，包括我们发展党员时的群众谈话也是保密的。我会跟评议小组的人说，'在座的，你们的话，讲完就结束了，你们回去不要乱传，如果因为你讲了什么，然后引起同学之间的矛盾，或者其他的事情，造成恶劣影响的，我们到时候会处理的'。有时候有一些人提供的信息很关键啊，比如有的说我觉得他（申请者）不穷啊，上次他还请谁吃饭花了多少钱。如果这个话传出来，申请者肯定会记恨评议小组的这个同学啊，那以后还有谁敢说真话呢，我们的评议还怎么保持真实性、公正性呢？"（R学院辅导员XCH，20191122）

除此之外，实行保密原则也是对申请者个人隐私、面子等方面的保护。2018年，FYX被认定为困难等级贫困生，但是FYX放弃了2019年的认定申请。后来，经过笔者的了解，原来是2018年评议结束后，认定评议小组成员将评议的情况告诉了FYX，致使FYX觉得没有面子，从而促使其放弃继续申请。FYX（20191008）说："去年申请的时候，我们寝室派去参加评议的同学回来就跟我说，在评议的时候，大家觉得挺同情我的，而且她是用很严肃的表情跟我说的这个事情，我觉得很没有面子，我不想要别人的同情，所以今年我就没有申请了。"

可以发现，保密原则具有其逻辑合理性。一方面，由于评议的需要，认定评议小组可以查阅申请者所有申请材料，包括认定申请表、申请书、各种家庭情况证明等，出于对申请者的隐私保护，认定评议小组有必要也有义务严守保密原则，不能向外界透露评议过程，尤其是申请者个人隐私；另一方面，为了使认定评议达到理想效果，最终评议出真正的贫困生，就需要学生评议人[①]"敢评议""评真议"，如实反映每一个申请者的真实信息，供认定评议小组客观而公正地评议。

正如辅导员WZ（20191120）所言："还有一个材料规范性是指评议小组在评议的时候，对于材料，大家一份一份看，看完后，评议小组对每一个人都要发表意见，不能说'不太熟''不了解'，每一个人都要讲。一个班里面除大一时大家不一定都了解，到大二的时候怎么可能不太熟、不了解呢。你在发表意见的时候，其实也在把你心里面知道的一些信息告诉其他评议成员，那么其他成员得到你的信息之后，他/她才会对全班递交贫困生认定申请人员的情况有一个总体的把握。如果都是没意见，对别人都不谈，大家都依自己的意愿来评判，很容易出现偏颇的，很多情况你只有沟通才了解啊！"可见，为了让学生代表敢于表达自己的真实观点，保密原则就可以起到保护发言者的作用。

帕森斯的单位行动理论认为，每一个单位行动包括行动者、目的、情景及规

---

① 本研究中的学生评议人指班级认定评议小组里面的学生代表。

范限定，其中，规范限定是引导行动者选择手段和目标的一系列规范和价值观。[①] 在本研究中，辅导员所构建的认定评议规则即具有单位行动中的规范限定意义，即认定评议小组成员在认定评议的过程中，应恪守公平公正、特殊问题特殊对待及保密的三个原则。与此同时，辅导员所构建的三个原则的规范限定不仅是为了引导效应，即引导认定评议小组成员选择合适的手段和目标，以保障认定及其结果的合法性，而且这种规范限定也体现了辅导员的谨慎，即通过这三个原则维护认定评议工作的有序运行，进而取得令人满意的结果。

第二节　政策优先家庭学生的申请路线

《扬帆大学全日制本科生家庭经济困难学生认定工作实施办法》规定，贫困生认定标准设置为一般困难、困难和特殊困难三个档次。同时规定，建档立卡贫困户家庭学生（含外省）[②]、最低生活保障家庭学生、特困供养学生、孤残学生、烈士子女、家庭经济困难残疾学生及残疾人子女、家庭遭受重大自然灾害或重大突发意外事件等特殊情况的学生应认定为贫困生，其中，建档立卡贫困户家庭学生（含外省），认定为特殊困难档次。由此可见，扬帆大学贫困生认定政策文本实际上将申请者划分为了三种类型，并赋予不同政策待遇。第一种类型是建档立卡贫困户家庭学生，具有认定为特殊困难档次的政策待遇；第二种类型是有特殊情况家庭学生，具有认定为贫困生的政策待遇；第三种类型是没有上述两种情况的一般家庭学生，没有相应政策待遇。由于这种政策区分，使相应的申请者产生了不同的政策体验，并形成了不同的贫困生认定申请路线。本节主要探讨第一种类型和第二种类型申请者的申请行动，鉴于这两种类型申请者都有相应政策待遇，笔者将这两种类型申请者统一称为政策优先家庭学生。

一、建档立卡贫困户家庭学生的申请

《中国农村扶贫开发纲要（2011—2020）》曾明确提出，建立健全扶贫对象的

---

① 刘易斯·A.科塞：《社会思想名家》，石人译，上海人民出版社 2007 年版，第 505 页。
② 2020 年全面脱贫后，此类学生通常被称为原建档立卡贫困户家庭学生。

识别机制,不仅对农村贫困人口实行建档立卡,而且进行动态管理,确保扶贫对象得到有效扶持。建档立卡对象包括贫困户、贫困村、贫困县及连片特困地区。建档立卡贫困户是指按照一定的方法和步骤,识别出农村贫困户并将其基本信息记录到《扶贫手册》,然后再录入全国扶贫信息网络系统。[①] 建档立卡是实现精准识别贫困人口的主要方式,是国家实行精准扶贫的基础工程和先决条件。[②] 建档立卡贫困户家庭学生是指符合国务院扶贫办发布的《扶贫开发建档立卡开发方案》相关规定,在全国扶贫开发信息网络系统中有其电子信息档案,并持有《扶贫手册》的贫困户家庭正在接受教育的子女。[③]

2016 年 12 月,根据《中共安徽省委安徽省人民政府关于坚决打赢脱贫攻坚战的决定》和安徽省人民政府办公厅《关于教育扶贫的实施意见》等文件精神,安徽省教育厅、财政厅及安徽省扶贫办联合下发的《关于做好农村建档立卡贫困户家庭经济困难学生资助工作的通知》规定,建档立卡贫困生享受国家助学金,并且实行最高档资助标准。与此同时,建档立卡贫困生还将优先享受其他优惠政策,包括新生入学资助项目、校内奖助学金、勤工助学、学费减免等校内资助或者社会资助,可以优先申请最高每人每年 8000 元的国家助学贷款。[④]

2017 年 8 月,安徽省教育厅下发的《关于做好 2017 年秋季学期建档立卡家庭经济困难学生资助资金发放工作的通知》规定,各个地方和学校应确保于当年 9 月 15 日前,将 2017 年秋季学期建档立卡贫困生资助资金发放完毕,并要求在 9 月 30 日前,各个学校应分别给本校本省户籍的建档立卡贫困生家长寄送《致家长朋友的一封信》,并且由学校签章、学生本人签字确认,而其主要目的是为了告知其子女本学期在校受助情况。此后,建档立卡贫困户家庭学生每年

①国务院扶贫办:《关于印发〈扶贫开发建档立卡工作方案〉的通知》,2014-4-2. http://www. cpad. gov. cn/art/2014/4/11/art_27_22097. html.

②汪三贵、郭子豪:《论中国的精准扶贫》,《贵州社会科学》,2015 年第 5 期。

③2020 年全面脱贫后,在"脱贫不脱政策"的国家政策关照下,原建档立卡贫困户家庭学生继续享受相关政策优待。

④安徽省教育厅、安徽省财政厅、安徽省扶贫办:《关于做好农村建档立卡贫困户家庭经济困难学生资助工作的通知》,2016-12-26. http://jyt. ah. gov. cn/1079/view/509819. shtml.

不仅可以享受直接认定为贫困生,获得最高档4000元国家助学金,而且可以享受"快速到账"及"邮件告知"等人文关怀。

如果将国家助学金比作"可口的蛋糕",自实行建档立卡贫困户家庭学生资助全覆盖以来,学校每年都会想办法提前将这部分"蛋糕"准备妥当。以2018年为例,S学院建档立卡贫困户家庭学生数超出预期,导致按学生数分配至S学院的资助资金出现严重短缺,以至于再分配至班级的资助资金只能满足建档立卡贫困户家庭学生。为了应对这个突发情况,既要确保建档立卡贫困户家庭学生全部享受最高档资助,也要确保其他申请者的权益,在扬帆大学学生资助领导小组会议上,Y学院成了S学院资助资金的"支援方"。提起此事,辅导员CDC感到有点委屈:"2018年,我们大概让出去20万元,这是学生资助管理中心要求我们让的,不是我们自己要求让的,当时因为刚开始实行建档立卡全覆盖,S学院建档立卡超出了他们的想象,S学院建档立卡应该在400人以上,因为总盘子是不变的,你一旦建档立卡把蛋糕都分走了,剩下的一点儿蛋糕几百人分就不够分了。当时在分管书记例会上,因为我们分管领导不了解我们学院当时到底是什么情况,他们就对着数据重调了蛋糕分配。因为我们学院2018年建档立卡好像只有40多个,所以他们就把我们的钱直接切掉20万元,本来要切30万元的,我们领导没同意,最后就对着建档立卡数据切了20万元。其他学院说我们评不下去了,分不掉了。其实根本不是这一回事,我们也是很委屈的。"(Y学院辅导员CDC,20191217)

每年秋季开学前,安徽省学生资助管理中心就要求各个学校对"建档立卡贫困户家庭学生资助管理系统"发布的建档立卡贫困户家庭信息进行排查、复核,确保各校资助对象认定准确,而该系统数据与省扶贫办系统数据、各地各高校上报数据、学籍系统数据实现互联互通。因此,各个学校都准确掌握建档立卡贫困户家庭学生信息。对于建档立卡贫困户家庭学生而言,他们不需要经历答辩或陈述式的自我家庭情况介绍,也不需要经过班级评议、学院认定等一系列认定程序,便可以提前入围,直接享受最高档资助。① 即使有一些建档立卡贫困户家庭学生基于个人原因计划放弃国家助学金或将机会礼让于他人也不被允许。辅导员LXX跟笔者讲了一个案例:"好像是前年吧,有一个学院的一个学生是建档立卡,学校就要把助学金的钱打给他,结果那个学生就是不把银行卡号跟辅导员说,而且他跟辅导员说他不要这个钱,然后辅导员怎么说,他都不要。这哪行啊,建档立卡必须要这个钱,我记得当时时间挺紧的,因为省里面有规定,必须在什么时间之前发放,就差这一个学生。后来,实在没办法,我们学工部的领导亲自找这个学生,跟他聊了很长时间,才把这个学生说服了,把卡号报给了学院。后来听那个辅导员说,那个学生说他自己都不知道怎么是建档立卡,所以他不想要。"(D学院辅导员 LXX,20191112)

当笔者进一步向扬帆大学学生资助管理科求证此事时,WXA(20191012)表示:"这个事情不止一个,后来好几个这样的事情,还有一个学生他妈妈是教师,但他是建档立卡,好像他的建档立卡是跟他爷爷户口在一起时办的。刚开始建档立卡不严,后来想退出来很麻烦,所以这个学生也不想要这个钱,但是从我们学校来说,这是我们的任务,你比如下面100个指标,我们必须把100个指标完成,我们必须给你,至于你后面,你可以捐啊都行,但如果没有完成就相当于学校工作没做到位啊,讲白了就是希望他配合学校工作。"

辅导员ZPX也提道:"当时我们出现过一个情况,一个学生是建档立卡,这个学生给我打电话说,他要放弃,学校说不行,非要把钱打到他账户上。他家可能是村上有关系吧,弄了一个建档立卡,他最近想要撤除建档立卡,但手续没办下来,没脱贫成功,所以我们学校建档立卡的库里面就有他的名字,但他就坚持要退出建档立卡,想从我们学校这个系统里面删掉,然后我们学校说不行,因为这个系统是从国家系统里导入的,是无权更改的。"(R学院辅导员 ZPX,20191210)

在建档立卡初期,由于识别还不够精准,致使一些"错评"与"漏评"现象时

---

① 白华、徐英:《扶贫攻坚视角下高校建档立卡生精准资助探析》,《国家教育行政学院学报》,2017年第3期。

有发生，有学者在甘肃、江西及安徽的村落所做的调查表明，某些村庄甚至有1/3的建档立卡为非贫困家庭。① 但是，笔者无意于对建档立卡贫困户的识别问题做进一步探讨。基于本文的研究主题，笔者关注的是建档立卡贫困户家庭学生的申请行动。综上所述，可以发现，由于政策上的优待，建档立卡贫困户家庭学生不仅提前入围贫困生名单库，而且直接被认定为特殊困难档次，享受最高档国家助学金。对于他们来说，他们的申请行动也许仅仅是需要填写一些必要的表格，正如建档立卡贫困户家庭学生 YXQ(20210628)所言："因为我们的名字学校都有的，就是建档立卡嘛，我们好像也不需要做什么，只是填了一些个人信息上交上去。"

二、特殊情况家庭学生的申请

正如前文所言，扬帆大学贫困生认定政策文本赋予了特殊情况家庭学生应认定为贫困生的政策待遇。而实际上，在扬帆大学贫困生认定政策出台之前，教育部等六部门下发的《关于做好家庭经济困难学生认定工作的指导意见》及安徽省教育厅、安徽省财政厅等六部门共同下发的《安徽省家庭经济困难学生认定工作实施办法》也都进行了同样的规定。因此，对于特殊情况学生而言，他们虽然没有建档立卡贫困户家庭学生的提前入围"特权"，但他们也受到政策的特别关照，享有认定为贫困生的"兜底"待遇。也就是说，无论是全班公开推荐，还是认定评议小组的民主评议，只是作为特殊情况学生是否贫困及何等贫困的参考性评价，而决定性评价则是政策文本的刚性条目。

辅导员 ZPX 讲述了这样一个案例："这次 YY181 班有一个宣城的，宣城不是被台风利其马②影响挺严重的嘛，那个 M 同学就在申请书的家庭遭受自然灾害情况那一栏里写着'遭受台风利其马影响，家里庄稼损害严重'。但还有一个情况，M 同学父母都在宣城市上班的，一个是在超市上班，一个是开货车的，感

觉受台风的影响有那么大吗？还有一个 N 同学家里没有什么特殊情况，但班级投票比 M 同学票数高。而且评议小组在评议的时候，都觉得 N 同学比 M 同学表现出来的更困难一些，因为只剩下最后一个指标，所以就想给 N 同学而不是 M 同学。但是上面没有同意，领导说这个要严格按照政策要求来，要我去引导学生。"（R 学院辅导员 ZPX，20190910）

经过 ZPX 的授权，笔者全程参与了 YY181 班第二次认定评议小组的民主评议，专题讨论班级最后一个贫困生指标的人选问题，也即究竟是 M 同学为贫困生，还是 N 同学为贫困生。从现场的情况来看，认定评议小组的学生代表更倾于将 N 同学认定为贫困生，他们的理由主要是"N 同学不仅日常生活比 M 同学更节俭，而且 N 同学的班级推荐票数比 M 同学高"，以及"由于 M 同学父母从事的都是非农工作，因此，可以推断 M 同学家庭受台风利其马的影响较小"。在学生代表发表了他们的观点后，ZPX（20190913）并没有直接表示同意或拒绝，而是看着学生代表，并严肃表达了自己的看法："大家的观点，我表示理解，但有一个问题，政策说对特殊情况学生要优先认定，如果大家坚持把最后一个指标给 N 同学，那大家要调查清楚为什么给 N 同学，而没有给 M 同学，并形成书面报告，否则我们不好向上面交代。"之后的结果可想而知，认定评议小组最终将 M 同学认定为贫困生。事后，笔者访谈了认定评议小组成员 RYH 同学（20190913），他说道："辅导员不是说了吗，有政策规定，再说了，真要认定 N 同学，还要写报告，写完了还要学院批，太麻烦了……所以大家商量了一下，还是按照政策吧，毕竟有些个人家庭情况也不好太较真。"

由上述可知，对于特殊情况家庭学生来说，受惠于政策优待，他们所要做的就是按照扬帆大学贫困生认定程序参加认定。但是，他们需要宣示自己或家庭所遭受的政策优待边界内的何种特殊情况，而最直接的宣示方式就是将这种特殊情况填入"扬帆大学全日制本科生家庭经济困难学生认定申请表"①中。正如特殊情况家庭学生 ZXC（20210628）所言："我就在申请表上，首先写着本人是

---

① 扬帆大学全日制本科生家庭经济困难学生认定申请表的具体内容，参见附录四。

低保家庭，然后其他的就正常写，比如我妈妈身体不好，也没有固定收入，家里全靠爸爸一个人在外打工挣钱养家。我这个低保家庭是政策规定可以优先认定为贫困生，其他的就是按规定一步一步地申请。"

第三节　一般家庭学生的申请路线

本节主要分析上文第三种类型申请者的申请行动。按照扬帆大学贫困生认定政策文本，第三种类型申请者是除建档立卡贫困户家庭学生和特殊情况家庭学生以外的一般家庭学生。对于一般家庭学生来说，他们自己或家庭不具有政策清单所列的优待条件，因此他们既没有建档立卡贫困户家庭学生所享有的提前入围"特权"，也没有特殊情况家庭学生所享有的优先认定的"兜底"待遇。不过，这并不意味着，一般家庭学生直接被排除在认定范围之外，而且从逻辑层面来说，他们可以依其家庭经济情况被认定为各个档次的困难。但是，在实际认定的过程中，一般家庭学生将需要面对更多的不确定性，不仅需要应对政策优先家庭学生的强势竞争，而且需要应对同类型申请者的常态化竞争。因此，为了有限的贫困生指标，以获得国家奖助学金的资助，一般家庭学生往往表现出更加积极主动的申请态度，采取更加积极主动的申请行动，以弥补贫困符号标志上的劣势，以期获得班级学生与认定评议小组的认可与支持。

一、申请行动的积极主动

所谓申请行动的积极主动，是指一般家庭学生在申请贫困生认定时，行为上需要呈现出积极性、主动性，比如按规定时间递交申请表及相关佐证材料；时刻关注认定进展、认定结果等。而之所以如此，是因为行为能够为理解行为背后的动机提供意义框架，正如韦伯所提出的解释性理解所认为的，将社会行动置于可理解的和更加内在的意义背景之中，可以寻求社会行动的"为什么"。对于一般家庭学生来说，积极主动申请行动背后的动机是什么呢？答案很显然是为了成功获得贫困生资格。正如申请者 YIQ(20191213)同学所言："我感觉我家里经济情况确实比较困难，家里毕竟主要靠我爸一个人的收入。所以，我都是提前把各种材料准备好,要不然临时准备怕来不及……班长一通知,我就把申请表交上去了。"

心理学认为,动机是一种心理倾向或内在驱动力,旨在刺激和维持一个有机体的行为,并引导该行为达到某一目标。[①] 对于一般家庭学生来说,无论其希望获得贫困生资格的动机是出于实实在在的"生活所迫",还是出于"不拿白不拿"的搭便车,又或是为了获取参评国家励志奖学金资格的投机。[②] 在申请贫困生认定时,他们常常需要表现出"积极申请""关心关注"甚至"寻根究底"的行为特征,而这种行为特征为他们赢得支持提供了可能;反之,如果他们所表现出来的是"漫不经心"甚至是无所谓的态度,他们很可能会失去支持甚至被贴上"有一搭没一搭"[③]标签。正如下面笔者与 YHY 同学(20191213)的对话就可以印证这一点。

YHY 同学:我们班一共有 25 人,今年申报了 7 个人,评上了 4 个人,刷掉了 3 个人,有一个倒数第一,就是第 7 名的同学被刷掉了,平时生活上,吃、穿什么的跟我们评议小组的都差不多,都很正常。他家是合肥的,虽然是小县城,但地区也不是偏远地区。我跟这个同学还是很熟的,平时跟他一起吃饭的话,也是和我们一样吃,差不多的价钱,我觉得挺正常。所以,我们认为这个同学是抱着试一试的心态参加贫困认定,评不上就算了,我们就认为是这样。

笔者:你跟他比较熟,你有没有了解他为什么要申报呢?

YHY 同学:我跟他聊过,他反正话里总是感觉有一种试试的想法。刚开始的时候我们班本来已经报了 6 个,我就在班级群里问还有谁想报名,然后他就报了,他也是最后报名的。

笔者:你们怎么知道他是抱着试一试的态度?你们判断的依据在哪里?

YHY 同学:我们班贫困生认定报名快截止的时候,我在班级 QQ 群里问还

---

① 林崇德:《心理学大辞典》,上海教育出版社 2003 年版,第 223 页。
② 按照政策规定,国家励志奖学金的必要申请条件之一为家庭经济困难学生。在调研中,笔者发现有的申请者申请贫困生认定的动机就是为了获得评选国家励志奖学金的资格。
③ 谚语,指有时候做,有时候不做,形容漫不经心。

有没有人要报名,结果这个同学就报了,感觉他就有点凑的意思。我们首先就把他排除了,他对这个结果也没有什么意见,觉得也很正常。感觉就不像有些同学,如果没有被选上,会很不高兴或者找你。

韦伯认为,社会行动不仅需要理解,而且可以理解,但仅有理解是不够的,也就是说,要使社会行动的理解具有价值,需要有经验上的验证,即需要寻找某个社会现象背后所隐含的具体因果关系,不是探求具有普遍因果效力的一般性规律。而韦伯的"主观恰当性"是可以实现这种功能定位的验证性命题之一,它是指对具体社会行动的过程和动机的理解,是表示对行动者的主观精神状态及其特定目的的认识程度。[1] 从对 YHY 同学的访谈中可以发现,积极主动的申请行动不仅反映了申请者积极的申请态度,更是表征了申请者对获得贫困生资格的看重,并进而可以依此判定申请者是否符合贫困生认定的条件。而这种推理的过程即是所谓的主观恰当性的验证过程,为一般家庭学生的这一申请路线提供了合理性支撑。

二、佐证材料的"多多益善"

正如上文所言,建档立卡贫困户家庭学生和特殊情况家庭学生具有政策优待的自身条件,前者是学生家庭建档立卡的显性贫困标志,后者是学生或其家庭所面临的种种不幸。这些成了他们直接被认定为贫困生或优先被认定为贫困生的有力证明。但是,对于一般家庭学生来说,他们身上似乎并没有这种政策所言明的家庭经济困难的明确指向性。为此,他们需要充分发挥个体的能动性,尽力收集并提供能够证明其家庭经济困难的相关佐证材料,尤其在学生家庭经济状况"真假难辨"的信息不对称情境中,物质的、可见的、有形的证明材料似乎成为判断学生家庭经济状况"稳妥"而"快捷有效"的路径。

正如辅导员 LXX 所言:"除极个别家里有特殊情况的,剩下的人看上去区别都不太大,我们也不可能真跑到学生家里调查经济情况到底怎么样,所以看

---

[1] 侯钧生:《西方社会学理论教程》,南开大学出版社,2017 年,第 114 页。

学生提供的材料是一种很好的方法。有的学生不仅提供了家庭经济情况调查表,而且还提供了村委会开具的贫困证明,还有的同学提供了家庭成员的住院病历、慢性病诊疗卡等。这些材料至少可以说明这些同学家里是比较困难的,要不然他们也不可能花时间去准备这些材料,毕竟准备这些材料也需要花一些时间和精力的,而且这些材料也没那么容易弄假的吧。所以,我一般都会比较关注学生提供的证明材料。"(D学院辅导员LXX,20181012)

辅导员WZY也表示了类似的观点:"除了让他们交那个申请表格之外,我还要求他们另外再交一个家庭经济情况详细一点儿的,类似那种申请书。因为那个表格的空间比较小,同学们填的话就是三言两语的,我很贫困啊什么的。如果不能够区分开,我打分或者是投票的时候,这个贫困程度不能区分开。所以,为了更好地了解学生家的情况,我可能就需要他写得更加详细一点儿。像有的同学连这个申请书都不想交或是写得还很简单,那可能代表他家庭经济困难的程度还不是太高,或者家里本身可能就不困难。"(R学院辅导WZY,20191209)

辅导员SGW(20200320)则表示:"以前我都是要求学生提供家庭情况调查表,而且调查表里要填清楚,你不能只盖个章,上面啥都没有。另外,你要出具一份贫困证明,作为辅助材料,但不是必备的。如果你有这个辅助材料,在同等条件下,我可能优先考虑有辅助材料的,如果没有,我不会优先考虑。这个我会在班会上讲得很清楚,但最后发现情况是什么,学生都会提供,我给你自愿选择,因为要是强制要求的话,是不符合文件要求的。但是,我可以把这个作为一个优先选择的因素,那学生就非常重视这个优先选择,同等条件下他会优先被选上。"

与此同时,对于SGW(20200320)而言,不同的证明材料可以起到相互印证的作用。"因为调查表里的材料是很客观的一些东西。你真实情况,当地村委会或居委会给你提供一个证明,虽然也是一个比较格式化的东西,但是你多多少少能看出来一些东西,是否匹配。因为这两个,一个村委会或居委会开的,一个是民政局开的,是两个不同的地方,多多少少可以相互印证一下,反正不一定准确,但是能印证一下。你有这个东西不是更好一点儿嘛。"

在问卷调查中,笔者专门设置了"您认为参加贫困生认定需要准备哪些工作"的问题,从表4-2的统计可知,对于参加贫困生认定的申请者而言,无论他们是否被认定为贫困生及被认定为何种档次的贫困生,大多数人选择"准备其他能证明家庭经济情况的佐证材料"这一选项,即大多数人认为,申请贫困生认定的一项重要工作是准备佐证材料。虽然表4-2并未明确区分出一般家庭学生对准备工作的认知,但从申请者的综合性认知中亦可以洞察出一般家庭学生重视材料准备的申请策略。正如一般家庭学生XLJ(20210628)所言:"我家就是跟他们那些建档立卡的、低保啊、单亲啊之类的家庭没办法比,他们好像文件上有优先考虑的权利,所以我就多准备些资料,比如我妹妹生病住院的病历、住院花费的清单等。反正就是能证明我家经济确实比较困难的,我都准备好交上去。"

表4-2 申请者对贫困生认定准备工作的认知(%)

题目	不困难学生	一般困难学生	困难学生	特别困难学生	合计(%)
提前研究学校下发的认定政策	63.04	66.67	68.55	64	100
准备学校要求的正式申请表	73.91	84.31	87.90	85.6	100
准备其他能证明家庭经济情况的佐证材料	71.74	86.93	91.13	88.8	100
处理好与同学的关系,为班级推荐做准备	21.74	21.57	23.39	21.6	100
向辅导员或相关领导老师说明白己家庭经济等情况,寻求他们的支持	36.96	47.06	51.61	48	100
努力学习,树立良好形象	41.30	49.02	51.61	52.8	100
积极参与班级事务或社会活动,赢得周围人的好感	28.26	32.68	32.26	30.4	100
其他	4.35	1.96	2.42	0.8	100

在韦伯看来,社会行动实质上是以他人举止为取向的个人行动,也即是社

会行动具有针对他人的主观意义，唯有如此，社会行动才是可以理解的。[1] 对于一般家庭学生而言，他们积极准备更多材料的这一行动，即具有韦伯所提出的行动的指向性，是针对他人的一种行动。具体来说，一是针对政策优先家庭学生，而其行动的意义则是应对政策优先家庭学生的强势竞争；二是针对其他一般家庭学生，而其行动的意义则是应对其他一般家庭学生的常态化竞争；三是针对辅导员，如第三章所言明的，"资料至上"是辅导员自我保护的工作策略之一，在信息不对称及贫困区分难度的限制下，佐证材料成为辅导员区分申请者贫或不贫的非正式标准。因此，更多的佐证材料可以说服辅导员对自己贫困境况的认同与支持。

第四节　小结

在贫困生认定的申请阶段，文章主要分析了辅导员与申请者的行动及其背后所隐含的心态。对于辅导员来说，他们是贫困生认定政策的关键执行者，要为贫困生认定的申请及后续的评议等环节提供相应保障，包括认定政策的宣传、评议小组的组建及评议规则的制定等。

具体来说，在认定政策宣传方面，为了避免发生"贫而未助"的漏助现象，以及由此引发的责任风险，辅导员不仅通过专题会议、新生入学教育等途径实现政策宣传的"全面告知"，而且采取"上面怎么说，我就怎么说"的"向上主义"原则，以此规避政策解读失准等不确定性风险。在认定评议小组的组建方面，辅导员采取了"一核多元"的行动策略，"一核"是指学生干部，即通过重用学生干部缓解工作压力与责任压力，而"多元"是指认定评议小组应具有"最广泛代表"属性，即班级内的每个寝室均须指派一名代表参与认定评议，以强化认定评议小组及其评议的合法性。在评议规则方面，一是实行"公平公正原则"，而且通过"道德升华""面子逻辑"等策略保障这一原则的实现；二是实行"特殊问题特

---

[1] 马克斯·韦伯：《经济与社会（上卷）》，林荣远译，商务印书馆1997年版，第54页。

殊对待原则",为灵活应对认定中出现的问题预留处置空间;三是实行"保密原则",既为防止申请者个人信息泄露,也为学生评议人的"敢评议""评真议"提供保护性动力。

对于申请者来说,他们被政策文本划分为建档立卡贫困户家庭学生、特殊情况家庭学生及一般家庭学生三种类型,同时,政策文本赋予不同类型学生不同的政策待遇,从而引发不同类型申请者的差异化申请路线。具体而言,对于建档立卡贫困户家庭学生来说,由于政策上的优待,他们不仅提前入围贫困生名单库,而且直接被认定为特殊困难档次,享受最高档国家助学金。对于他们来说,他们的申请行动也许仅仅是需要填写一些必要的表格。对于特殊情况家庭学生来说,他们虽然没有建档立卡贫困户家庭学生的提前入围"特权",但是他们也受到政策的特别关照,享有认定为贫困生的"兜底"待遇。他们所要做的就是按照扬帆大学贫困生认定程序参加认定,但是,他们需要宣示自己或家庭所遭受的政策优待边界内的何种特殊情况,而最直接的宣示方式就是将这种特殊情况填入"扬帆大学全日制本科生家庭经济困难学生认定申请表"中。对于一般家庭学生来说,他们既没有建档立卡贫困户家庭学生所享有的提前入围"特权",也没有特殊情况家庭学生所享有的优先认定的"兜底"待遇。在实际认定的过程中,一般家庭学生将需要面对更多的不确定性,不仅需要应对政策优先家庭学生的强势竞争,而且需要应对同类型申请者的常态化竞争。因此,为了有限的贫困生指标,以获得国家奖助学金的资助,一般家庭学生往往表现出更加积极主动的申请态度,采取更加积极主动的申请行动,提供尽可能详尽的佐证材料,以弥补贫困符号标志上的劣势,以期获得班级学生与认定评议小组的认可与支持。

第五章　认定的评议：贫穷的"表演"

上一章讲到，在贫困生认定的申请阶段，辅导员基于谨慎立场，采取了一系列行动，为认定的申请及后续环节提供了相应保障，包括认定政策的宣传、认定评议小组的组建及认定评议规则的构建。而对于申请者而言，由于政策文本将他们区分为不同类型，并赋予不同政策待遇，因此他们采取了差异化申请路线。当认定的申请完成之后，认定便进入评议阶段。这一阶段主要涉及三个方面的问题：一是作为认定评议小组组长的辅导员如何统摄评议；二是申请者如何进行"表演"或贫困的自我介绍，以获得班级学生、认定评议小组及辅导员的认可；三是认定评议小组如何进行评议。对这些问题的分析和解释具有重要意义，正如崔思凝所认为的，在某一个政策领域当中，基于既定的制度框架，不同类型行动者对政策过程及政策结果往往可以发挥决定性的影响。[①] 因此，本章即对这些问题进行逐一阐述。

第一节　辅导员的统摄

作为班级认定评议小组组长，辅导员直接组织、管理贫困生认定评议，对贫困生认定评议结果及其公正性、公平性要求负有主要责任。因此，在政策部门

---

① 崔思凝：《惯习、资本与场域：布迪厄实践理论及其对中国公共政策过程研究的启示》，《湖北社会科学》，2017 年第 9 期。

(国家与学校)的显性制约、政策文本的程序制约及政策资源的本质制约下,为了使认定的评议得以顺利展开,避免发生认定评议及其结果的合法性危机,辅导员基于统摄逻辑展开行动,即统领各个事项,使认定在可以控制的范围内执行。

一、投票的正义

辅导员首先需要反思什么样的认定评议手段是合适的、有效的,这种手段既不与政策文本相冲突,又能为班级学生所认可。而"投票"成为标志正义的最理想类型,是辅导员所看重的认定评议手段。一方面,国家、省级及学校的认定政策文本均要求"坚持公开透明与保护隐私相结合原则",而"公开透明"无疑对学生的知情权与参与权提出了要求。正如笔者与辅导员 WZY 老师(20191209)的访谈可以说明这一点。

问:您怎么进行有效监督呢?

答:那就要像文件所说的那样做,坚持公开透明,让班级学生都参与进来,提高班级学生的知情权与参与权。而如何提高班级学生的知情权与参与权呢,最好的方法就是全班投票。以前有的班级就采取直接评议小组去评,那我觉得这个不太合适,我带的班级都是全班投票。

问:以前有评议小组直接投票?

答:以前我没有这样操作过,因为我们院 XC 老师操作过,有些班长知道了,就跟我说用评议小组操作是不是快一点,但是我觉得评议小组不能代表整个班级的意愿,所以我延续的做法都是班级投票。

问:您觉得班级投票和评议小组投票的差别在哪里呢?

答:我觉得差别就是参与度或知情权。也就是说,同学的参与度或是同学的知情度不一样,评议小组毕竟也就十来个人。而且,全班都参与还有一个好处,那就是降低情感因素对投票结果的影响。因为投票难免会出现这种情况:我跟他(她)关系好,我就觉得他(她)更贫困一些,我就给他(她)投票,或者把分打高一点儿;我跟他(她)关系差点,那我就不给他(她)投票,或者把分打低点。

如果全班同学都参与,我觉得可以减少这种人情分对最终投票结果的影响。

另一方面,政策文本对政策对象的界定具有一定的模糊性,也即对何为"贫困"及何为"不贫困"并没有明确而清晰的标准。于是,参与认定的班级学生开始启用经验系统对申请者的家庭信息进行加工、处理,其中偏好、刻板印象、潜意识等非理性因素不可避免地被添加,进而生成复杂推理与模糊结论。[1] 因此,评议结果的合理性乃至合法性容易受到质疑,而"投票"成为评议结果的有效合法化途径。辅导员 CDC 就曾用班级"投票"化解了一次认定评议的合法性危机。

问:你们要学生上台讲吗?

答:我们不需要,我们在班里说完就让学生申报,然后我们就按照文件要求成立认定评议小组,上面文件规定是 3—5 个人,但我们不是这样。我们要求每个寝室出一个,寝室哪怕只有一个人,也得出一个,必须得出一个,没有利害关系的,然后他们评议,我在后面看着。我们不需要班级投票,按照程序也没说要班级投票。如果评议小组说,老师,我们评议出来的结果班级同学不认可。

问:对啊,如果评议小组的评议结果其他同学不认可怎么办?

答:不认可,行,我曾经搞过一次,就是认定评议小组认定的不算数,有矛盾,推倒重来,我自己亲自去。一个中午就你们一个班,现场搞,那就全班投,投谁是谁,由票数决定,由高到低,你选不上没话讲。认定好后,我就公示,我公示的表里面都有认定评议小组成员的名单,有什么问题,你可以向他们反映,你也可以直接来找我,还可以向学院反映,都可以。这样对认定评议小组也是个监督,你们认定的时候也要注意了,不能瞎搞胡搞,不能因为我们寝室的同学就照顾一下什么的,对吧,那不行。

从以上两段访谈可以看出,"投票"尤其是班级"投票"成为近似于制度正义或程序正义的基础评议环节,目的在于获取班级学生对申请者的支持率或认可

---

① 刘佳:《模糊性:教育政策复杂运行的生成机制——以高校家庭经济困难学生认定政策为例》,《高教探索》,2015 年第 9 期。

度。虽然正式政策文本并未要求采取这种基于普遍民主的投票评议，甚至反对票选贫困生的声音屡见报端，但为了寻求班级学生的广泛参与性，进而合法化评议结果，在政策文本没有明令禁止的情况下，辅导员还是采取投票这一民主形式，减少或化解认定评议过程中所存在的不确定性风险。

二、"面"的兼顾

孔子说："丘也闻有国有家者，不患寡而患不均，不患贫而患不安。"意思是对于诸侯和大夫而言，不担心贫穷，而担心财富的不均匀；不担心人口少，而担心不安定。诸侯、大夫亦如此，何况芸芸众生？ 社会心理学认为，贫富差距问题已然成为影响社会心理稳定的重要诱因，是滋生社会不满情绪的根本问题。[①] 高校学生资助虽然不能带来贫富不均问题，但足以诱发大学生群体的心理失衡，特别是在贫困生认定的精准度有待进一步提升的情况下，这种心理失衡可能会被进一步放大，从而损抑贫困生认定及学生资助的社会认可度。正如辅导员 CDC（20191217）所说的："那个班长认为大家都一样……就像我刚刚讲的，真正贫困的也就一两个，而班级指标能分到八九个甚至是 10 个，剩下的还有好几万元，这个钱凭什么你拿呢……"

在这种情况下，基于贫困生认定政策实践经验，辅导员发展出"皆大欢喜"的地方性共识，也即尽量让申请者都能获得贫困生资格及其所绑定的国家资助。这种"皆大欢喜"不仅可以满足所有申请者的诉求，也可以有效化解辅导员"手心手背都是肉[②]"的抉择困境。具体而言，从操作层面来看，辅导员往往秉持"雨露均沾"的最大范围资助理念，在有限资助资源内，尽可能提高贫困生认定比例，以增加学生资助的受惠"面"。从价值层面来看，此举既是为实现"应助尽助"的政策目标，亦是为降低误认或漏认所带来的道德风险。以下针对辅导员的访谈记录即印证了这种"面"的兼顾策略。

"其实学校的意思也是引导学生，不要同时拿。因为你同时拿有一个弊端，

---

① 胡联合、胡鞍钢：《贫富差距是如何影响社会稳定的？》，《江西社会科学》，2007 年第 9 期。
② 在调研中，笔者经常听到辅导员以"手心手背都是肉"来形容贫困生认定民主评议时的难以取舍。

国家励志 5000 元,最高档国助是 4000 元,加起来 9000 元,其实比国家奖学金(8000 元)还高,但是国家励志奖学金比国家奖学金的荣誉程度低很多的,国家励志在班级认定的贫困生里面综合成绩排第一就可以拿,但国奖一般全学院也就一个指标,那意味着是全学院最优秀的那个同学。其实我觉得站在其他同学角度来说,不同时拿有不同时拿的好处。首先,对国奖的获得者来说,如果另外一个人拿了 9000 元,你拿了 8000 元,你心里会不会觉得,其实我的国奖含金量更高,付出得更多,但是我拿的钱却没有他多,那我明年也去开个证明,是不是?其次,对于其他申请贫困生的人来说,他如果同时拿的话,这个受众面就更小了啊!站在老师的角度,其实也希望他们能自愿放弃,不要同时拿两个,资助面更广一些,毕竟手心手背都是肉,有时候也不好取舍,让哪个上、让哪个下。"(R 学院辅导员 ZPX 老师,20191210)

"但是我们确实发现有一些,确实很贫困,但是没有被认定为建档立卡的。这个学生也跟我们讲,说我们家跟村上没处理好关系,怎么怎么的。但是,这些事情就超出我们的范围了,后来像这样的学生我们就给中间等次的困难,你给不了特困,因为你要是多一个特困或困难就少一个一般困难。在这个事情上,我们可能还是以面为主,你扩大一些面,那所以每个人钱都少一点儿,那大家都少,不患寡而患不均嘛,对吧?你评 10 个人,一个人给 3000 元,你评 12 个人,那大家 3000 元、2000 元的都有,那不就可以多评一些人嘛。"(J 学院辅导员 SGW,20200319)

有学者认为,平衡性是中国人际关系中的一项重要原则。而所谓的平衡性是指在三个人以上的互动中,个人必须依照一种根据特定的情境而确定的标准来行动,且平衡性的操作过程接近于一种平均性,而非公平性。[1] 与此同时,当中国人际关系结构出现不平衡,会引发地位级别化、情感差距化及紧张或冲突。[2] 基于人际关系的这种平衡性原则,可以发现,辅导员秉持"面"的兼顾理

---

[1] 翟学伟:《中国人行动的逻辑》,生活书店出版有限公司,2017 年,第 146-154 页。
[2] 翟学伟:《中国人行动的逻辑》,生活书店出版有限公司,2017 年,第 151-152 页。

念,不仅可以平衡其与申请者的关系,减小二者关系紧张或冲突的可能,而且可以平衡申请者之间的关系,避免资助资源向某个人或某些人聚集所导致的群体心态失衡及其衍生风险。总之,这种平衡可以确保"应助尽助"政策目标的顺利实现。

三、最后的决定者:辅导员的权威

福柯从后现代角度对权力进行了重新定义。他认为,权力不仅是基于警察、法院、监狱等国家暴力机器的强制力量,而且权力存在于生活中的方方面面,强调权力毛细血管式的渗透。[①] 如上文所言,在组建认定评议小组时,辅导员往往采取"一核多元"的组建策略,将学生干部置于认定评议小组的核心地位,以此减轻"千头万绪"的工作压力,同时缓解"直接责任人"带来的责任压力。但是,基于贫困生认定的重要性,辅导员又不能做"甩手掌柜",完全将认定评议交给学生干部及认定评议小组,他们必须时刻关注着认定评议小组的评议活动,就像"悬浮"于认定评议小组上空或"若隐若现"于认定评议小组周围的监督之眼(如图 5-1 所示)。正如辅导员 WZ(20200314)所言:"我会统一一个时间,然后我去强调要求,就是我开一个班会。大家都来,开完之后,选四个教室,我那时带四个班,你班到这,你班到那……然后每一个班我都会去转。每个班由他们团支书或班长来主持会议,然后每一个我都会去看,一直到他们结束。"

辅导员不仅实时监督认定评议,投之以关注的目光,而且辅导员会控制学生干部的自主权,如同 R 学院辅导员 ZPX(20191210)所认为的:"我觉得大一一定要抓好,不能给班长太多的权力,只让他做好监督,你如果给他太多的权力,让他参与评议小组讨论,就是让他直接发表意见,那这个事情完全就有可能成为他一个人的论断,那班长的权力过于大了,他可能会操控这件事情,如果你遇上一个比较正直的还好,如果不正直的班长他会影响评选,像 JPF(ZPX 老师所带班级的班长)这种情况,刚开始还是临时负责人,在军训的时候,大家就全都知道他,那如果他帮某个申请者说一句话,或者他帮某个申请者拉个票,那不

---

① 王晴锋:《福柯与戈夫曼:社会思想之比较研究》,《社会科学研究》,2019 年第 4 期。

就麻烦了嘛。所以,要充分发挥学生干部的主动性与能动性,但也要对学生干部进行一定的约束,否则容易出现问题的。就像我那个同事,如果对学生干部管控得再严一点儿,也不会出现学生干部自作主张,按照自己的理解,直接让他认为符合条件的同学申请励志奖学金,最后导致与文件要求相违背。还有一个,我跟学长导员①说过,我说班长很重要,如果一个班长私心太重,那这个班就毁了。班长的能力其实不用那么重要,能力不是第一位的,班长的品行是第一位的。也有那种能力特别强的,但是他的私心特别重,什么利益都想得,那班级就毁了。正因如此,不能完全放任学生干部去管理班级,辅导员要适时监管。"

辅导员 WZY(20191209)表达了同样的立场:"我们在操作中并不是说给他们太多的主动权,我认为学生干部的主动权,就是他们所做的这件事,他们的主动性强一点儿,并不是说这个最终结果由他们来认定,他们只是做的事情可能会多一点儿。"

与 ZPX 和 WZY 不同,SGW 老师(20200319)则明确表示出认定评议的最终决定在自己手里:"那放手让学生搞(做)哪行啊。因为你在评议的时候,最终责任人还不就是辅导员嘛,我要对最终结果负责啊。我让评议小组完全去做了,那要我还有啥用呢,那最后你没有一点儿统筹能力,你怎么搞。而且,有的同学,他在班上的表现,不一定和辅导员看到的一样。比如,他有一些逃课啊,那这些都是我考虑的因素啊。文件里面讲得很清楚啊,要遵守校纪校规啊,那早上打卡②你都不去,你怎么贫困?现在要搞清楚,这个贫困政策到底是要干吗,是扶贫,不扶志,还是既扶贫,又扶志。其实有的学生,像我们以前带的一个学生叫 ZLZ,家里有 4 个姐姐,他是老五,家里情况很不好,4 年没有申请过一次,为这个事情,谈过好多次,他就是不申请。"

不仅如此,从认定指标的分配上,可以再次证明 SGW 的主动性与决定权。"我带的班级贫困生认定指标都在我手上,然后我可以把这个盘子融一下嘛。

---

① 扬帆大学为大一辅导员配备的由高年级学生担任的辅导员助理,以发挥同辈辅导、同辈引领的教育作用。

② 扬帆大学要求一、二年级学生按规定时间早起锻炼,且每周有固定次数要求。

我辅导员要有一定的弹性啊，你没有弹性的话到时候不就爆了嘛。所以我要搞一点儿弹性放在手上，这样的话我可以通融，通融也方便一点儿啊。那其他班级也没有什么意见，比如我带的每个班都有 10 个贫困生名额，你这个班只报了 8 个，另一个班也是 10 个名额，但是报了 12 或是 13 个，这个时候我就可以通融一下，相互调剂一下，这样的话不就整个平稳一点儿嘛。"（J 学院辅导员 SGW，20200319）

由上述访谈，可以看出，既是出于对学生干部能力和责任意识的担忧，更是出于对整个贫困生认定的统摄。辅导员将贫困生认定的"最终决定权"牢牢抓在手里，以此规避可能因背离政策规范而产生的问责风险。这种"最终的决定权"不仅源自科层制意义上的上级对下级的结构性权威，而且更多具有福柯权力意义上的通过非传统手段获得的权威，如时刻关注、资源分配的倾向性等。

图 5-1　辅导员的关注

第二节　申请者的"哭穷"

在现代汉语词典中，"哭穷"是指口头上向人装穷、示穷。[1] 在复杂而丰富的日常生活世界，"哭穷"既是各类人群的现实生活图景和行为方式，也构成贫

---

[1] 中国社会科学院语言研究所词典编辑室：《现代汉语词典》，商务印书馆，1995 年版，第 653 页。

困大学生等弱势群体无奈而动情的另类表达机制。作为一种日常生活世界的现实语境,"哭穷"不仅对行为者的自我表露进行了规训,而且在本质上反映了他者对弱势一方污名化观念,具有道德意义上的贬低性。[1] 从行动主义立场来看,"哭穷"作为行为者对外界的自我宣称机制或模式,其核心理念显示出理性主义的"弱势抗争"内涵,即借助经济上或身体上的自我贬低式的"弱者武器",意图引发他者具有表意属性的情感性认同,进而产生对"哭穷者"的实际支持行动。对于学生资助场域而言,"哭穷"是由于申请者身处场域中的弱势客观位置而采取的行动策略,其行为对象主要是认定评议小组成员或班级其他学生,其具体"哭穷"策略分为"私下的倾诉"和"公开的言说"。

一、私下的倾诉

所谓私下的倾诉,是指申请者通过面对面或借助 QQ、微信等形式向认定评议小组成员倾诉自己及其家庭经济、健康、生活等方面状况的行为,以获取或博得认定评议小组成员的贫困认同和情感支持。在笔者看来,这种"贫困认同和情感支持"为申请者的申请行动嵌入了合法性与合理性要素,可以有效增加认定评议小组成员对申请者家庭经济困难的认同及对其申请行动的情感支持。正如韦伯在《社会学的基本概念》中所指明的,"行动,特别是在社会关系中发生的社会行动,会受到行动者对存在着的一种合法秩序的信念的支配。行动事实上受到这种信念支配的可能性称为这个秩序的'正当性'"。[2] 而申请者的主要倾诉对象之一就是辅导员,因为辅导员对申请者的态度将直接影响到认定评议小组其他成员对申请者的态度。

正如申请者 HSW(20191012)所言:"我找过几次我们辅导员,主要就是跟他聊聊天,我想其实辅导员应该都愿意和学生交流的,都愿意和学生走近。我主要跟辅导员聊聊我的生活与家庭情况。经过几次接触,我发现辅导员挺平易

---

① 孙旭友:《哭穷:贫困农民自我表达的另类机制——基于农村贫困大学生家庭的考察》,《湖南农业大学学报(社会科学版)》,2015年第1期。

② 马克斯·韦伯:《社会学的基本概念》,顾忠华译,广西师范大学出版社2005年版,第3页。

近人的，后来听说在评议中，辅导员还说了一些我家里面的情况，还说了一些对我表示认可的话。"申请者XLJ（20210628）也表达了同样的观点："我二年级的时候就没有申请到，虽然那时候小妹没有生病住院，但是家里生活开支也很大，我当时申请了，我也没跟辅导员说明情况，就直接申请，老师就没有同意。到三年级的时候，我直接去找我们辅导员，刚开始我们辅导员就觉得，你申请什么，你是合肥①本地的对吧，那你有什么好申请的。后来，我就直接跟辅导员说了家里的情况，我说有名额的话，我就要申请一下，如果实在没有名额，那就算了……后来，我申请到了，就觉得辅导员挺理解我的。"

对于辅导员而言，他们对申请者的私下倾诉又是持何种态度呢？辅导员LXX（20191214）的话为我们提供了答案："我记得有一个学生，好像是女生，她给我发了一个短信，短信的内容大致是说她家里的一些情况，说她父母都在家务农，身体不好，年龄也比较大，家里有两个小孩在上学。然后说，她为了减轻父母的经济压力，平时都是省吃俭用，而且经常用业余时间带家教。最后就是希望我能给她一个机会拿国家助学金。总体上语言挺真挚的，我也查了她的资料，基本上和她说的一致。后来，在评议的时候，我也让评议小组多关注了一下这个同学……后来这个同学被评为困难，拿了3000元助学金，当然她家确实困难。"

可以发现，申请者的私下倾诉引起了认定评议小组组长辅导员的关注，并将这种"个人关注"直接传导给认定评议小组其他成员，进而形成整个认定评议小组对"倾诉人"的关注。在一定程度上，这种"关注"表现出了对申请者的贫困认同与情感支持，为申请者的成功入围提供了"正当性"或"合理性"。

除此之外，学生干部也是申请者的主要倾诉对象。俗话说"县官不如现管"，言下之意是遇到问题，找高层领导往往不如找直接经办人来得实际。由于辅导员职责多样性与工作事务的繁重性，他们很多时候如同悬浮于学生资助场域的"无形之手"，既直接参与贫困生认定，控制贫困生认定相关原则和程序，又无暇于认定的细枝末节，抑或规避、转移责任风险。这时，学生干部往往被指派

---

① 合肥，安徽省省会，经济发展水平居全省首位。

为名义上的认定评议小组副组长,充当辅导员的"代理人",直接组织贫困生认定具体活动。正如辅导员 LY(20191120)所说的:"我不在的时候,班长或团支部书记就代表了我,他(她)说的就代表我说的。在贫困生认定这件事情上也是这样,具体的工作是由主要学生干部来组织的,但是我从总体上监督、把控。"因此,在认定评议的过程中,学生干部被赋予了仅次于辅导员的第二权威,并因其具体组织贫困生认定活动而具有一定的话语权。

"我们班有一个女生,她当时就私下里找我,说她个人生活上的表现和她家庭情况不太一致。而且,她跟我说刚开始她不准备写申请的,因为我在班里说了,我说这个信息我不想对所有人公开,就只会在我们内部公开,也不会有个人的名字出现之类的。所以,她也就在月底回来跟我说了。她说她想写,我说那你写吧,当时她说可能自己在学校的表现和衣食住行之类的,和她自己的家庭情况不符合,但是她不想因为这个而影响到她。她找我谈了一会儿,我说没事,你写,我给你保密的,不会让别人看到,她就去写了。她后来也被认定上了。"(学生干部 JR,20191207)

可以发现,无论访谈中所提到的女生家庭经济是否困难,单就申请者日常生活行为与规范性常规呈现的偏离状态就足以引起认定评议小组的质疑。但是,申请者对学生干部的私下倾诉发挥了"辅助性阐述"的功能,为申请者偏离行为的规范化提供了可能,唤起了学生评议人对其贫困真实性的认同。

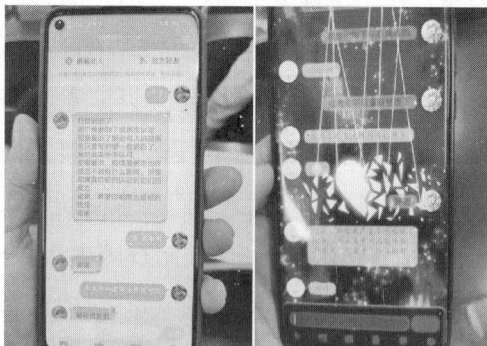

图 5-2　申请者的私下倾诉

二、公开的言说

所谓"公开的言说"是指申请者通过文字或面对面的舞台化"表演"以获取班级学生的社会支持。根据言说具体化手段，公开的言说可以分为文字叙说和现场诉说。2017 年 1 月，教育部办公厅发布的《关于进一步加强和规范高校家庭经济困难学生认定工作的通知》规定，在对学生家庭经济情况进行评议时，不要让学生当众诉苦及相互比穷。[1] 该通知从政策层面制止"公开比穷""演讲比穷"的现象。因此，在两种言说类型中，文字叙说更具广泛性，而现场诉说则属于个别现象。

文字叙说是以文字的形式讲述自身家庭结构、家庭成员健康、家庭收入与支出、突发意外等情况，以引发班级学生的情感共鸣，进而获得他们的行动支持。文字叙说不仅体现在各类官方要求填报的申请表、申请系统及汇总表中，而且体现在申请者自愿提供的申请书中。调研中，笔者曾多次让访谈对象谈一谈自己阅读申请者文字材料后的感受，而访谈对象常常用"惨"来形容，正如申请者 XLJ（20210628）所言："我是客观去投票的，是因为前面的同学写得真的是太惨了，我虽然觉得自己家里情况也比较困难，但是我觉得那些同学比我更惨，我就把这些更惨的同学放在我前面。"而学生干部 LFJ（20191206）从另一个方面表达了这种"惨"："其实在我们高中也是的，高中建档立卡的时候，我们班也是的。每个班建档立卡不是有名额吗？班主任的意思就是你如实写，但实际上话里的意思就是你们写惨点，写惨一点儿，家里情况有是有，但一定要写惨一点儿。"在笔者看来，这里所说的"惨"即是文字叙说所要达到的渲染效果，是班级学生对申请者的艰难甚至是不幸的有感而发。

同时，为更好地引发班级学生的情感共鸣，文字叙说也应具备一定的技巧。这种技巧不是文学作品为更好地塑造角色或营造某种情境所展现出的高超技艺，而是具体而详尽地叙述申请理由，使班级学生更加清楚地了解申请者的家

---

[1] 教育部办公厅：《关于进一步加强和规范高校家庭经济困难学生认定工作的通知》，2017-1-9. http://www.moe.gov.cn/srcsite/A05/s7505/201701/t20170122_295524.htm.

庭困境,并进而真切体会到申请者的辛酸。正如学生干部 LFJ(20191206)所言:"至于什么上面老人生病,大家基本情况都一样,但是 A 同学写了这些情况,就是她跟她弟弟在上学,家里还欠款,亲戚找她家要钱也不是,不找她家要钱也不是。她爸长年在外面打工,一年只回来一趟,但是还挣不到几个钱,然后家里欠钱了,欠了 10 万块,家里还有旱灾,颗粒无收,可能她文笔确实比较好,就是她写的情况看起来惨兮兮的,但是有几位被评为一般困难等级的同学,写的就类似于网上抄的大白话,什么上有老下有小,上有 80 岁奶奶生病了,然后家里大人挣钱不多,都是这个情况,那给的分肯定没有 A 同学给的高。反正就感觉 A 同学写的情况挺真实的,写得比较详细。而被评为一般困难的同学就写得类似大白话,就是感觉在网上找的那种模板一样,该怎么写就怎么写,有些同学相互之间还写得差不多⋯⋯所以,这个评分主要还是看你自己写的,不是说你家就是最惨的,但是你写的一定要比较真实,就是看起来比较真实,如果你就是毫无感情的,什么上有老下有小,那谁家不是上有老下有小呢,对吧!"

学生 ZHY(20210624)也表达了同样的观点:"如果他讲得生动一点儿,比如说他母亲从小教育他怎么样,家里还有一个姐姐,然后有一天母亲突然重病了。这个描述不是一个文学作品,我觉得还不能用生动来形容,应该用详细来形容,他更加详细地来描述,他说得越详细越好,包括收集材料也是,肯定是越详细越好,只要不是废话,比如有同学说他父母得了一个什么病,病到什么程度,花了多少钱,住的哪个医院,医生怎么说。有的同学说他母亲生病了花了十几万元,就这样潦草地说一下。大家感觉肯定不一样,比如说他母亲花了十几万块钱,医生说尽力了,母亲面黄肌瘦,比较痛苦。肯定大家感觉不一样啊,你的描述越详细越好,给人感觉这个同学可能更需要用钱。"

甚至有申请者将认定失败归因于自己所提交的材料过于简单,从反面也说明了详细叙述申请理由的重要性。正如申请者 CZH(20191008)所言:"因为按要求班级打分的表只能写 150 个字,就是说一下自己的家庭情况,我以为真就是 150 字以内,我就写得比较少,他们就写得好多,好长,我的天,一个比一个写得惨,就是写得都比较详细,所以跟他们比的话,我肯定就搞不到了嘛。另外,我感觉我家里可能比他们稍微好一点儿，当然这也是基于他们写的。"

现场诉说是以"演讲"或自我介绍的形式讲述自身家庭结构、家庭成员健康、家庭收入与支出、突发意外等情况。具体而言，申请者对诉说内容及语气等方面的把控或所营造出来的整体形象对班级学生的贫困认同将产生直接影响。如果申请者所诉说的内容给人感觉真实性较高、诉说语气诚恳真切，班级学生更倾向于相信申请者的诉说，并大概率采取支持性行动。正如申请人 YQZ 同学（20191212）所言："我今年被评为特别困难，首先我凭良心讲，我自己讲我自己，我讲内容肯定完完全全是真实的，但表述上我觉得有稍微煽情一点儿那种感觉。"LYX 同学（20191214）也表达了同意的观点："我们在寝室说，现在贫困生认定就像一个演讲，就几个人上台上去，谁把自己渲染得更加让人同情，谁拿最高等的，就是这样的一个感觉，或者说谁的人缘可能比较好。大家说我蛮喜欢他的，觉得他这个人蛮好的，可能就把票投给他。"

第三节　变通式评议

"变通"这一概念最早见于制度变通的研究，意即对原制度的部分改变。[①]而在政策执行领域，政策变通早已被视为一个普遍现象。[②] 有研究认为，政策变通是在某个政策的实际执行过程中，政策执行者依据政策环境及其相应变化，在不改变政策精神的基础上，因地制宜地灵活执行政策，从而实现政策的预期目标。[③] 也有研究认为，政策变通侧重于压力之下如何更好地完成上级任务。[④] 在高校贫困生认定政策实施过程中，班级评议具有初步确定贫困生名单的关键职责。因此，在认定标准不够精准、认定手段有限的情况下，认定评议小组采取了变通式评议，即根据自己的理解及执行的可行性，对认定方式做了相

---

① 刘世定、孙立平：《作为制度运作和制度变迁方式的变通》，《中国社会科学季刊（香港）》，1997 年第21 期。

② 庄垂生：《政策变通的理论：概念、问题与分析框架》，《理论探讨》，2000 年第 6 期。

③ 赖秀龙：《教育政策执行中的政策变通》，《教育发展研究》，2009 年第 4 期。

④ 刘骥、熊彩：《解释政策变通：运动式治理中的条块关系》，《公共行政评论》，2015 年第 6 期。

应变动,以顺利完成认定出贫困生的政策目标。

一、"选择相信":评议材料的审核

无论是全体学生参与的班级推荐,还是认定评议小组的民主评议,在进行推荐与评议之前,对每个申请者所递交的申请材料进行审核是不可缺少的工作,因为这似乎成为推荐和评议公正性抑或精准性的基础。笔者之所以用"似乎"来形容这项工作,是因为无论对于代表学校具体负责贫困生认定的辅导员,还是具体执行贫困生认定的认定评议小组,审核申请者的申请材料都存在较大的难度,这种难度不仅源自审核所须花费的大量时间和精力,亦来自审核效果的较大不确定性。正如学生干部 ZKJ 同学(20191207)所说的:"我觉得不能完全看申请材料上的信息,因为完全看信息,信息可以编啊,我又不知道你家庭什么情况,我写什么? 你又不知道,你又不可能去我家里实地调查,我写什么就是什么。"

正因为审核申请者所提交的申请材料存在较大的难度,虽然旧版贫困生认定政策①规定,上一学年已经被学校认定为贫困生的学生,如果再次申请贫困生认定,且家庭经济情况没有明显变化,可以只提交《高等学校家庭经济困难学生认定申请表》,不需要再次提交《高等学校学生及家庭情况调查表》。但是,辅导员一般要求申请者每年都要提交《高等学校学生及家庭情况调查表》,试图以增加工作量的形式阻止投机行为。正如辅导员 LXX(20191212)所言:"我要求申请贫困生认定的学生每年都要交调查表,好歹有这么一个要求,至少为那些浑水摸鱼的人制造了一些难度,像有的人不是很困难的,他们嫌麻烦可能就不申请了。"还有的如前文所言,有些辅导员意图通过额外获取的多样材料进行相互佐证,以判断申请者所提交材料的客观性或真实性。

辅导员作为教师身份,具有代表官方的合法性权威。因此,他们可以通过"加码"的额外要求以抵消申请材料的"水分"。但是,对于认定评议小组成员而

---

① 教育部、财政部:《关于认真做好高等学校家庭经济困难学生认定工作的指导意见》,2007-6-26. http://www.moe.gov.cn/jyb_xxgk/gk_gbgg/moe_0/moe_1443/moe_1581/tnull_25283.html.

言,他们既是贫困生认定政策的执行者,又是同属于贫困生认定对象的同辈一员,也就是说,认定评议小组成员兼具"执行者角色"与"学生角色",并且在这种双重角色的驱动或压力下,审查申请者的申请材料成为"不得不为"而又"难以有为"的现实难题。进一步说,在"执行者位置"与"学生位置"的夹缝中,以及手中可资利用的有限资本的前提条件下,认定评议小组采取了一种"以退为进"的策略,即基于"同窗之情"而选择相信,从心理上暗示自己理应相信申请者所提交材料的真实性。正如笔者与学生干部JFP(20191206)的对话可以说明这一点。

问:你的意思就是说你们事先在认定的时候,已经对他们(贫困生认定申请学生)家庭情况有深入了解?

答:其实讲实话也没有什么太深入,基本上就是他把那个内容发给我,他把家庭情况什么的发给我,我基本上都是抱相信的态度。

问:那他发的家庭情况的信息就是他的申请材料?

答:对,其实都是他的材料,因为我也不可能做什么太多深入的了解。我对他了解的来源主要还是他跟我讲的,都是同学,我也不至于太怀疑人家,我觉得他发给我的,我基本上都相信,我就是抱这种态度。反正平常也是这样的,就是他愿意跟我讲,我基本都相信。说实话,我就是通过这个去判断。当然,最后的投票也不是我个人决定的,反正大家也是根据他们的材料。最后,大家也是根据他们所写的内容,决定将票投给谁的,最终得出这个评议结果。

可以看出,"选择相信"成为认定评议小组在进退维谷之中所采取的材料审核策略。这一策略不仅具有完成评议任务的理性诉求,亦具有大学生同辈关怀的情感嵌入,抑或理性与情感的弥合。也许正如文化社会学所认为的,无论人的行为具有多少工具性、反思性抑或外界环境的强制性,人的行为都可以被框定在情感与意义之中,人的这一思想或意识的内在环境预示人的行动的非完全工具性和反思性。[1]

---

[1] Poggi, G. and J. C. Alexander. "Actionand its environments: toward a new synthesis". *Contemporary Sociology*, 1988, 19(3): 476.

二、"感觉中的印象"：贫困的外化

在正式政策文本中，"坚持定量评价与定性评价相结合"是贫困生认定工作的基本原则之一。所谓定量评价就是基于科学的量化指标体系来测量学生家庭经济困难程度。这种量化思维模式日益受到政策制定者的重视。例如，自2016年以来，为配合高校智慧资助试点工作，安徽省教育厅每年均组织各个高校申报高校智慧资助研究专项课题，探索用科学理论与有效方法解决学生资助中的重点和难点问题，意图通过严谨科学的量化指标及测量摆脱传统贫困生认定的短板。然而，由于贫困本身的复杂性及贫困生所蕴含的特殊性，定量评价及其效果仍存在不少争议。因此，定性评价被视为提升贫困生认定瞄准度的有效方法，甚至有些政策执行者认为贫困生认定只能采取定性评价。

正如学工部副部长JZZ（20191210）所言："现在的问题就是无法考证嘛，年收入两万元、三万元、四万元，除掉生活开销，净收入怎么去考证，这也就是我们不想搞量化的原因所在。按道理是可以量化的，你家什么样的困难给你打一个分，但这个怎么去考证呢。所以，最好的方法就是我们同学评议，不管是你上大学时候，还是我上大学时候，班上哪个同学是困难户你会不清楚？那个小孩天天在外面，过生日，买蛋糕，请朋友吃饭喝酒；另一个同学天天闷声不响，到食堂吃个饭，夏天人家买个矿泉水喝，他都舍不得，这不就是困难户嘛，你还怎么叫困难户。学生心里都有一杆秤，你干吗要量化呢，我们寝室6个人实际上最清楚哪个困难、哪个不困难。比如拿我来说，我动不动就出去吃饭，今天晚上同学来了，我请他们撮一顿，那个同学从来不跟我打交道，人家过生日他都不去，他不是困难，哪个困难呢？夏天就穿一件衬衫，冬天就一件衣服，皮鞋也没有。你想想你大学同学哪个最困难，你心里肯定有一个谱的。哦，就像那个同学家里，他爸爸是开药店的，肯定有钱啊！"

所谓定性评价，就是对申请者的家庭经济情况及其个人日常生活情况进行评议，以判断其家庭经济是否困难及属于何种等级困难。在扬帆大学，贫困生认定可以分为两个阶段：第一个阶段为全体班级学生都要参加评价的班级推荐。其形式一般为投票或打分，即根据自己对申请人家庭经济情况的判断选择支持与否；第二个阶段是由辅导员、学生干部、学生代表组成的认定评议小组对申请人的评价，其形式一般遵循先集体评议再进行票决的程序。虽然两阶段均具有定性评价意味，但第二个阶段不仅得到政策文本的提倡，而且更具充分交流、酝酿等评议特性。《扬帆大学全日制本科生家庭经济困难学生认定工作实施办法》规定，班级认定评议小组需要依据申请人提供的《家庭经济困难学生认定申请表》，结合学生日常消费及家庭经济等情况，对申请者是否贫困的问题展开评议，初步确定贫困生资格及其困难档次，并提交学院认定工作组审核。同时，要求认定评议小组在评议过程中，可以采取信息比对、家访、个别访谈、大数据分析、信函索证、量化评估等方式提高认定精准度。然而在实际评议过程中，由于任务的紧迫性、技术的有限性等，认定评议小组更多的是依据自己对申请人日常生活的"感性印象"，对申请者的贫困生资格进行判别。

"真实性这一块，我也不是那种盲目相信的人，就像我刚刚跟你说的第二个女生，就是戴矫正器的女生，因为我一看到她戴矫正器，并且看她的日常交流，我就觉得她是一个性格比较柔弱的女生，就能感觉她家庭环境不是很好。然后，再结合她所写的，我觉得很有可能她家里困难，这是一点。还有一个，通过她的穿着打扮，也能感觉出来她家里经济状况，因为我对当代大学生穿着方面还是稍微了解一点点的。我看他（她）穿的什么，大概就能猜到他（她）家大概什么情况，尤其是安徽的地方，确实很多人家里肯定不好。我以前在地市一个小县城生活过，我了解这些情况。

"有一个男生，我记得他是我隔壁寝室的。第一，他父亲好像是在工地工作，然后受了伤，不能干重活，这样就对他家经济来源造成一些影响。第二，还是跟之前一样，只能从言谈举止及穿着上大概判断他家经济情况怎么样，也确实是从这方面感觉，他的言谈举止，他的兴趣爱好比较少，他的穿着也比较差一点儿。我小时候家里开了一个小饭店，所以我接触的很多是社会阶层不是那么高的人，所以我能感觉出来他们在气质上比较像，然后我就大概能感觉出他家庭条件不是很好。"（学生干部JFP，20191206）

141

"肯定不是的。更多的,因为你不可能去关注到他们每个人的生活,比如说人家今天就算是出去玩了,你也不一定知道。你为什么每天要去关注人家的衣食住行呢? 所以,你不就是看这个人日常跟你交往当中的、相处当中的已经营造出来的那种感觉吗? 客观来讲,你除了这个还能用什么来判断他呢? 当然,可能也会根据他交的材料,考虑到一点儿他的家庭情况。"(学生干部 LXY,20191214)

"反正大家当时评的时候,主要是凭自己的感觉,申请者不是每个人大概都写了简短的介绍吗? 我们就大概通过几十个字的介绍,凭自己感觉哪个像是真实点的,哪个像是假一点儿的,然后来进行打分。凭自己的感觉,比如说他写父亲在哪一年腰椎间盘突出严重,然后做了手术,就感觉他说这话像是真的,因为是具体到某个时间某种病情。总之,就有具体的那种事情发生,可能就会造成贫困。像那些说家里欠债 20 万元的,或是欠多少钱的,这明显给我的感觉就像是假的。"(学生干部 ZT,20191205)

"我们寝室的 X 同学就非常节省。她日常生活用品基本上都是在网上买,就是割韭菜的那种。什么活动最便宜就买哪个,像牙膏就是 5 块钱的那种,超市里的牙膏可能也就 10 块钱左右,她都不舍得买。我觉得她是真的蛮困难的。要不然,她也不至于这样吧!"(认定评议小组成员 XJL,20200925)

与之相对的,还有一些认定评议小组成员从反面表达了对申请者感觉中的印象,并据此得出申请者及其家庭经济不困难的结论。

"也没有办法很细说,因为她跟你是室友,你只是说在 3 年的时间里,你跟她朝夕相处,她给人的感觉,或者说她给我的感觉不贫困。"(认定评议小组成员 LYX,20191214)

"如果一个人从小到大家里环境都不怎么好,那么我想这个人可能自然而然地在性格上不会那么强势,或者说,这个人性格可能会比较柔弱一点儿,我觉得大部分人都会有这种第一印象对吧? 就是说,如果家庭环境不好,肯定就有一种柔弱的感觉。如果这个人性格比较开朗,甚至是性格上有一些强势,当然就会感觉他家不是太贫困。"(学生干部 JFP,20191206)

以上访谈表明，认定评议小组在进行评议时，由于种种限制性条件，他们往往依据自己对申请者的感觉判断其家庭经济状况。这种感觉是基于洞察申请者衣、食、行等日常生活表现，甚至是申请者所表现出来的开朗与否等性格特征。从符号互动论的角度来看，这种"感觉的印象"是来自申请者向外界释放出的可见性"贫困符号"，并且这种"贫困符号"与学生评议人日积月累的生活体验所形成的贫困认知相符合。

三、"人穷志不穷"：非经济因素的考量

与传统意义上的福利场域更加专注于帮扶与救助所不同的是，学生资助场域具有福利场域和教育场域的双重属性。进一步而言，学生资助场域不仅关注对贫困生的经济帮扶，而且关注对贫困生的教育，甚至有学者认为育人应是学生资助的价值取向[①]，要建立资助者、资助资源及受助者的互动关系，从而使受助者在道德修养、科学文化知识、综合能力等方面得到显著提升。[②] 从政策制定者发布的各类资助育人活动亦可窥见一斑，如励志成长成才优秀受助学生典型评选、资助育人主题班会等。因此，作为学生资助场域重要活动的贫困生认定势必内含教育性、发展性等非经济因素。

与此同时，从贫困生认定及国家助学金评选的政策文本及其逻辑来看，申请者的个人行为、学业成绩等非经济因素均须进行相应考量。具体来说，贫困生认定的对象是本人及其家庭经济能力难以满足在校期间的学习、生活基本支出的学生。言下之意，贫困生认定的目标是为保证学生顺利完成学业，也即内含"学习"这样的非经济因素。而国家助学金、国家励志奖学金等学生资助条件不仅包含家庭经济困难的经济因素，更是包含学生在校表现、学习成绩、遵守校纪校规等方面的非经济因素。如，财政部、教育部印发的《普通本科高校、高等职业学校国家助学金管理暂行办法》规定，国家助学金的基本申请条件包括热爱社会主义祖国，拥护中国共产党的领导；遵守宪法和法律，遵守学校规章制

---

① 王定功、邱广伟：《育人应是学生资助的价值取向》，《中国教育学刊》，2020 年第 8 期。
② 宋飞琼：《高校学生资助方式：性质的重新界定与功能的开发利用》，《教育发展研究》，2016 年第 Z1 期。

度;诚实守信,道德品质优良;勤奋学习,积极上进;家庭经济困难,生活俭朴。①

在过去的精准扶贫及全面脱贫的政策影响下,贫困生认定与国家奖助学金的评选由以前的分开操作、按步进行转变为同时操作、同步进行,以确保"应助尽助"的教育精准扶贫。在这种情况下,贫困生认定与国家助学金、国家励志奖学金评选已然融为一体,贫困生认定中的非经济因素不可避免日益受到重视,也即学者们所关注的学生资助与学业的关联性问题。

"我带2017级遇到一个学生,他父亲没了,他母亲对这个孩子就有点宠溺。但是评奖学金的时候,这个学生的妈妈就给我打过电话,把他家里情况给我讲了一遍。但是,这个学生很不争气,上课不去,做什么事情都搞不到前面去。我在校园里面碰到他几次,抽烟、喝酒,我都看到过。他也承认,但就是不改。像这种根本扶不起来的人,第二年的时候我一般不会再考虑他的。"(辅导员 SGW,20200319)

"评议这个人,就是从他(她)平时的消费习惯,还有他(她)自己的励志程度。比如说,我们班会有那种人,他(她)家里经济情况很不好,他(她)除了上课之外,全都在外面兼职,大家就觉得这个人很励志,然后就会愿意偏向于他(她),但有些学生就是那样子,他(她)家里经济情况虽然不好,他(她)比较爱慕虚荣,穿得会比较'奢侈'啊,或者有点张扬啊,这种人大家就不太偏向于他(她)。其实这个评议里面会带有感情色彩。"(R 学院辅导员 ZPX,20191210)

"班长这个人在我们班里人缘就很好,而且他当时说的时候,我也记得他家里的情况,蛮贫困一点儿的。后来,基本上每年班长都能被认定为贫困。班长自己也很厉害,还拿奖学金之类的。他每年基本上是拿最高档的国家助学金的,就可能让人蛮心悦诚服一点儿的,就觉得还是蛮应该的那种感觉。讲实话,你肯定也有私人感觉,你觉得班长这个人很不错,也很辛苦,为班级做了许多事情。他当了我们好几年的班长,我觉得他很辛苦呀,就觉得他拿这个钱也理所

① 财政部、教育部:《普通本科高校、高等职业学校国家助学金管理暂行办法》,2007-6-27. http://www.moe.gov.cn/jyb_xxgk/gk_gbgg/moe_0/moe_1443/moe_1581/tnull_25302.html.

当然的。"(认定评议小组成员 LYX，20191214)

以上访谈表明，认定评议小组的评议不仅着重考察申请者日常生活消费情况，以此推断其家庭经济状况，而且还会基于"人穷志不穷"的教育理念，审视申请者的上进心、积极性及学业状态等非经济因素，也即贫困生认定不仅要做到"困中选困"，更要做到"困中选优"。[①] 正如辅导员 YH(20190919)所言："学生资助既要扶贫，更要扶志。"一位新浪微博网友从另一个方面表达了同样的观点："'穷'不代表精神贫瘠，'富'不代表心灵高贵。不是所有的贫穷都那么可恨，不是所有的富贵都是幸运。有人说原生家庭的差距阻碍了寒门逆袭，但是没有多少人意识到自身的问题。真正可怕的不是贫穷带来的苦痛，而是深处底层却失去突出重围的决心。"[②]

四、"推己及人"：贫困的自我比较

从政策演进的角度来说，高校贫困生认定标准在具体化、合理化方面取得了一定效果。现行的政策文本已将认定依据类型化为家庭经济因素、特殊群体因素、地区经济社会发展水平因素、突发状况因素、学生消费因素及其他影响家庭经济状况的有关因素。但是，从可执行层面来看，现行政策文本关于贫困生认定标准的界定仍存在较大的执行难度，如在家庭经济因素方面，认定评议小组仍然以申请者提供的家庭信息为准，缺少第一手的客观调查数据等。因此，对于学生评议人来说，将申请者与自己在日常生活消费方面的情况进行对比就成为一条简便而可行的评议方法。笔者在这里引用出自《论语·卫灵公》的"推己及人"来比喻学生评议人的这种与自我进行比较的贫困评议方法，言下之意是学生评议人根据自己日常生活消费水平来推断申请者是否贫困及其贫困程度。在扬帆大学的实地调研中，笔者曾多次参与不同班级认定评议小组的评议。每当笔者问起"你为什么觉得他(她)还好(不困难)"时，不少学生评议人都

---

① 肖凤翔、俸晓玲：《高校贫困生精准资助的宗旨、原则和策略》，《现代教育管理》，2020年第3期。
② 绿蚁 XNGD：《感谢贫穷》，新浪博客，2018-9-30. http：// blog. sina. com. cn/s/blog _ 16721536a0102yzbm. html.

表达了相同的观点,即申请者的日常消费跟自己的差不多。

"XJJ(申请人)好像在卖点鞋子挣点钱……我觉得他也还好啊,就是吃的也跟我们差不多呀,买东西也跟我们差不多,没有什么特别的困难。"(认定评议小组成员 GXJ,20200927)

"我就觉得 SCC(申请人)跟我差不多啊,我们都是一起去食堂吃饭呀,一起去买东西呀、买衣服呀,就是很正常的那种,没有发现她比我们要差一些什么的。"(认定评议小组成员 GXS,20200927)

当笔者问起"你为什么觉得他(她)比较困难"时,不少学生评议人也是将申请者的日常消费情况与自己进行对比,认为申请者的日常生活比自己要节俭,所以推断申请者属于贫困生。

"像我们正常买衣服虽然也不是很贵,但是你明显能感觉出来。她买东西的时候,就说我先买一些便宜的,能穿不就行了吗,她这样说,你就能感觉到她平时生活是非常节俭的,比我们正常人都更节俭。"(认定评议小组成员 GXJ,20200927)

"有一次,我陪 X 同学去取快递,结果她的快递不小心被压坏了。打开来一看是牙膏,我问她多少钱,她说 5 块钱一支。我就建议她到超市再买一支,结果她都没有去超市买。她说超市的牙膏最少也得 10 块钱,然后又在网上买了一支牙膏。要是我,真的做不到,既然弄坏了,就到超市买一支不就算了嘛……我觉得她比我们一般人都节俭,家里情况(经济)肯定不好啊!"(认定评议小组成员 XJL,20200925)

"可能平时学习上比较刻苦,生活也比较朴素,日常生活开销相对于其他学生来说比较节俭一点儿。比如,正常的像我们到食堂打饭可能都打个荤菜,但是困难的同学可能就是吃素菜,舍不得打荤菜。总之,我觉得他们平时穿的、吃的等都比较简单但是又都很努力。"(认定评议小组成员 XLP,20200609)

费孝通在阐释"心"的概念时指出,当一个人在用"心"这一概念,其背后假设的"我"与世界的关系,已然是一种"由里及外""由己及人"的具有"伦理"意义的"差序格局",而由"心"发起的"内""外"之间的层层外推关系,是符合"推己及人""己所不欲，勿施于人"等人际关系的基本伦理的关系。① 也就是说，"推己及人"不仅是人际关系的基本伦理的关系，而且拥有由"内"向"外"的具有"伦理"意义的"差序格局"意涵。就本研究而言，"推己及人"的评议策略，也是学生评议人根据自己日常消费的情况，"由内向外""由己及人"地外推至申请者的日常消费水平，并据此判断申请者是否贫困及何等贫困。同时，这种"推己及人"的贫困评议方式，也从一个侧面印证了中国人"差序格局"的人际关系形态。

第四节　小结

本章主要探讨了贫困生认定的评议过程，生动地描摹了评议内部图景，揭示了以辅导员、学生干部为核心成员的认定评议小组的评议实践及其逻辑，以及作为贫困生认定政策对象的申请者的行动策略，以此呈现大学场域向度内贫困生认定的独特识别机制。这种机制不仅具有教育场域的情境性意涵，而且不可避免包含多元政策主体基于其场域客观位置关系的互动烙印及其所内嵌的诉求。

首先，若将整个贫困生认定评议过程形象化为一台戏剧，那么辅导员在其中无疑充当着"总导演"的角色，从整体或宏观的层面规划、组织着认定评议。然而，如何导好这台"评议大戏"，使之既符合贫困生认定政策文本的规制性要求，也契合大学场域的情境性要求，并最终实现各方主体"皆大欢喜"的地方性共识，是考验辅导员职业智慧和人格魅力的高频问题。在扬帆大学，辅导员主要从三个方面策略性组织、管理认定的评议，使之在符合政策规定的可控范围内有效运行。一是灵活运用投票及其所隐含的"少数服从多数"的决策传统，并将其纳入化解评议异议的工具箱，以备不时之需。二是秉持"雨露均沾"的最大范围资助理念，在有限资助资源内，尽可能提高贫困生认定比例，以增加学生资助的受惠"面"。此举既是为实现"应助尽助"的政策目标，亦为降低误认或漏认所带来的道德风险。三是时刻关注评议过程，这种关注不仅表征为对评议规则的设置所施加的影响，亦表征为对具体评议活动投注监督的"目光"。对于评议结果，他们不仅

---

① 费孝通：《试谈扩展社会学的传统界限》，《北京大学学报（哲学社会科学版）》，2003 年第 3 期。

授予学生干部及评议小组尽可能多的主动权，以规避评议异议、评议偏误等产生的技术风险，而且又通过学生干部的"代理身份"抑或"中介作用"间接控制评议结果，并实际成为评议结果的最后决定者，以规避悖逆政策的政治风险。

其次，基于学生资助场域既定社会关系结构的作用，以及民主评议技术范式的影响，申请者借助经济上或身体上的自我贬低式的"弱者武器"，运用"哭穷"这一无奈而又动情的另类表达机制，意图引发他者具有表意属性的情感性认同，进而产生对自己的实际支持行动。从具体形式来看，申请者的"哭穷"可以分为"私下的倾诉"和"公开的言说"。前者是指申请者通过面对面或借助QQ、微信等形式向认定评议小组成员倾诉自己及其家庭经济、健康、生活等方面状况的行为，以获取或博得认定评议小组成员的贫困认同和情感支持。后者指申请者作为行动主体通过文字或面对面的舞台化"表演"以获取班级学生的贫困认同，"表演"类型分为文字叙说和现场诉说。文字叙说是以文字的形式讲述自身家庭结构、家庭成员健康、家庭收入与支出、突发意外等困难情况。现场诉说是以"演讲"或自我介绍的形式讲述自身家庭结构、家庭成员健康、家庭收入与支出、突发意外等困难情况。

最后，具体评议任务由认定评议小组完成，一般由认定评议小组内的学生干部主持，围绕申请者个人及其家庭经济情况展开自由讨论，并形成初步评议结果。在扬帆大学，为了及时、合理、有效地完成评议任务，认定评议小组基于自身场域位置关系及其有限资本，变通地发展出一套评议策略，具体包括四个方面：一是基于"同窗之情"的感性逻辑，对评议材料采取"选择相信"的校验方法，以"以退为进"回应或抵消申请材料难以验证而隐含的道德风险。二是运用"感觉中的印象"的贫困辨识方法，基于对申请者日常吃、穿、用等消费情况的洞察，判断申请者及其家庭是否贫困及何等贫困。三是由于福利场域与教育场域的叠加效应及贫困生认定与国家助学金评选同步进行等，申请者学习态度、学业水平、社会活动等非经济因素亦成为评议内容，"人穷志不穷"成为衡量贫困与否的又一价值取向。四是采取"推己及人"的实用策略，以自身吃、穿、用等日常消费水平或标准判断申请者是否贫困。

第六章　认定的结果：降下的帷幕

上一章讲到，一方面，由于辅导员、学生干部及学生代表身处不同客观位置，以及由此形成的不同资本和地位驱使他们在政策空间内采取不同的策略以"灵活"的方式执行评议任务。正如宫留记所认为的，"行动者行为的形式、力量和影响都是由行动者在社会结构中的位置决定的"；[1]另一方面，作为政策目标对象的申请者为了获取或博得评议主体的同意或情感支持，他们往往通过自我贬低式的"哭穷"策略，宣示自己及其家庭的经济困境，以实现其入围（获得贫困生资格）并最终取得国家奖助学金的工具性目标。贫困生认定结果正是在政策执行主体与政策对象的这种双重作用下生成。紧随其后，贫困生认定结果需要迎接大众审视的目光，接受大众的公开监督。因为按照政策规定，贫困生认定结果需要经过班级、学院及学校"三级公示"，才能通过认定结果的合法性考验。然而，在"三级公示"过程中，申诉、投诉甚至举报在所难免，有时也不免泛起些许涟漪。问题的关键是申请者如何反馈异议？辅导员或校方如何进行异议处理？对于贫困生认定政策执行链条中的各个行动主体来说，贫困生认定及其结果又意味着什么？本章将对这些问题进行一一回答。

---

① 宫留记：《布迪厄的社会实践理论》，南京师范大学博士论文，2007 年。

第一节 入围者的"利"与"窘"

一、入围者的"利"

所谓的入围者是指经过层层考察成功获得贫困生资格的申请者,也即贫困生。2007 年 5 月,国务院印发《关于建立健全普通本科高校、高等职业学校和中等职业学校家庭经济困难学生资助政策体系的意见》,开启我国学生资助事业发展新的篇章。在党和政府统一部署下,经过 10 多年的不懈努力,学生资助工作获得了长足发展。据全国学生资助管理中心发布的数据显示,2007—2019 年,政府、高校及社会各类资助共资助全国普通高等学校学生52477.72万人次,资助人数从 2007 年的 2703.94 万人次,增长至 2019 年的 4817.59 万人次,增长了 78.17%,年均增幅 6.01%(如图 6-1 所示)。全国普通高校学生资助资金共计 9026.37 亿元,资助金额从 2007 年的 271.12 亿元,增长至 2019 年的 1316.89 亿元,增长了 385.72%,年均增幅 29.67%(如图 6-2 所示)。其中,国家励志奖学金与国家助学金资助高校本专科人数共计7484.42万人次,资助资金共计 2146.14 亿元。

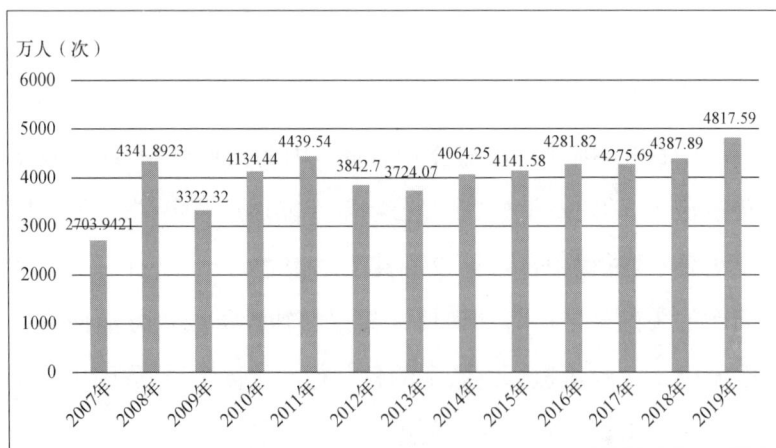

图 6-1 2007—2019 年我国普通高校学生资助人数(次)①

① 根据全国学生资助管理中心历年发布的《中国学生资助发展报告》整理所得。

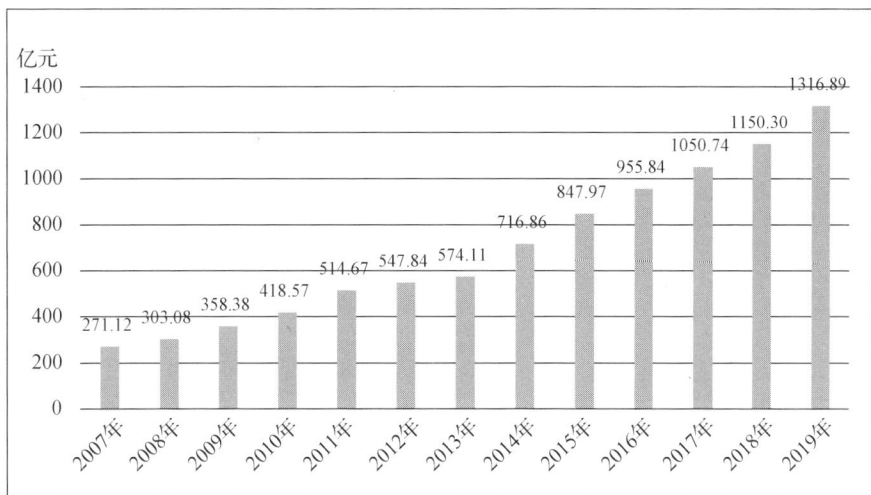

图 6 - 2　2007—2019 年我国普通高校学生资助资金①

　　在扬帆大学,每年认定的贫困生人数维持在 5500 人左右,共计发放国家励志奖金和国家助学金共计 1500 万元左右,实现了对贫困生进行国家资助的全覆盖。不仅如此,扬帆大学每年还向贫困生提供勤工助学、临时性困难补助、减免学费、走访慰问金、支付风险补偿金、新生入学"绿色通道"等附加优惠待遇。而且对建档立卡贫困生实行"全覆盖、最高档、无遗漏"的工作要求,进一步加强对建档立卡贫困生的资助。也就是说,在国家与学校的共同努力下,对贫困生形成了"奖、贷、勤、助、补、减(免)"等立体而多元的资助体系,使贫困生享受到全方位的关爱。如果一名贫困生成绩优异,在这种全方位的贫困生资助体系下该贫困生可以获得多种类别的资助。

　　以笔者调研的一位访谈对象童同学为例。童同学是一位被认定为特别困难等级的贫困生,而且童同学学习刻苦努力,成绩名列班级前茅。他在大学四年中获得三次国家励志奖学金(5000 元/次×3 次＝15 000 元),四次最高档国家助学金(4000 元/次×4 次＝16 000 元),三次校一等奖学金(900 元/次×3

---

① 根据全国学生资助管理中心历年发布的《中国学生资助发展报告》整理所得。

＝2700 元），补助一年学费①（3850 元），勤工助学两年（2000 元），两次社会奖学金（1600 元），共计 41150 元。而扬帆大学每年的学费（非艺术专业）为 3850 元，每年的住宿费为 800 元，四年的学费和住宿费为 18 600 元。因此，作为贫困生的童同学，国家和学校为其提供的各类奖助学金不仅可以用于支付学费和住宿费，而且可以补充其一部分生活费。与此同时，作为贫困生的童同学，在心理上及思想上还得到辅导员的关注与关心，时常得到辅导员的嘘寒问暖等情感关怀。

正如 J 学院党委副书记 ZY（20191212）所言："现在国家对贫困生的资助越来越大了，要是成绩好一点儿的，光励志奖学金和国家助学金在一起就大几千元，而且贫困生在政策上还可以享受其他的一些优待，像勤工助学、学费减免啊，等等。真的可以为家庭减轻不少负担，有的学生要是没有这些资助可能真面临辍学。"

二、入围者的"窘"

"贫困生"身份如同一把双刃剑，在赋予贫困生经济资助和情感关怀等特殊权益的同时，他们也面临贫困生认定及"贫困生"符号所带来的窘迫境遇。有学者认为，他者的凝视可以对被凝视者产生效力，其根本原因是凝视蕴含着权力的心理学关系②，也即凝视者常常"凌驾"于凝视对象之上。在凝视者"目光的探照灯"之下，凝视对象成为"目光的猎物"。因此，被凝视者很容易产生一种"我应该这样而不应该那样"的心理。正如福柯将目光比喻成"权力的眼睛"，认为观看也是一种权力的实施形式，并且会达到"一种虚构的关系自动地产生出一种真实的征服"的效果。③ 在学生资助场域，无论是贫困生的识别，还是贫困生的资助，贫困生仿佛都被安置于一个"被凝视"的客观关系网络中，成为"目光

---

① 根据《扬帆大学学生学费减免和困难补助实施办法》的规定，孤儿学生或孤儿成年学生，以及家庭经济特别困难的残疾学生、少数民族学生、烈士子女、优抚家庭子女，或其他特殊原因（如家庭所在地遭受特大自然灾害等）造成家庭经济特别困难，且未获批国家助学贷款的学生，可以申请学费减免，并有机会获得一等（减免应缴学费的 100%）、二等（减免应缴学费的 70%）、三等（减免应缴学费的 50%）其中之一的学费减免资助。

② 钟远波：《凝视：作为权力的观看》，《美术观察》，2010 年第 6 期。

③ 米歇尔·福柯：《规训与惩罚》，刘北成、杨远婴译，生活·读书·新知三联书店，2010 年版，第 227 页。

的猎物",受到网络中各类主体的检查、监督与规训。

具体来说,从贫困生的识别来看,政策制定者构建了政策宣传、民主评议、结果公示与反馈调整、建档备案等一整套贫困生认定机制,其中内含"公开"与"透明"等合法性要义。与此同时,受制于认定标准、认定程序等方面的固有局限与贫困测量的复杂性,以及认定工作的紧迫性、认定结果的敏感性等因素,政策执行者往往进一步强化这种"公开"与"透明"的合法性诉求,将申请者推至大众目光的评价与监视之下,以最小的风险或最小的代价获取社会大众尤其是学生群体的普遍支持与认可,如班级公开投票推荐、认定评议小组的评议等,无不都是将申请者置于"权力的眼睛"之下。在这种运作机制下,甚至有极端现象见诸报端,如沈阳某高校为了追求所谓的公平认定贫困生,要求申请者"演讲比穷",严重伤害了贫困生本就可能因贫困而难以树立的自信心与自尊心。

正如记者采访的学生小刘表示:"我最不愿意在别人面前说我家里的情况,不想让大家知道我家困难,不想让人同情,更不想成为别人的笑柄……可现在要想被认定为贫困生,拿国家助学金和励志奖学金,就必须得讲,而且是在全班同学面前讲,还得比着讲,比谁家更困难,我真是开不了口,感觉很没面子。"学生小张同时表示,"不知道其他同学是什么想法,但自从那次上台演讲过之后,我感觉在同学面前总是抬不起来"。[1] 于是,在贫困生认定结束后,一些无聊、无意甚至是恶意的言语充斥在贫困生周围,使贫困生失去与身边人一起平等沐浴在璀璨阳光下的尊严。比如:"那个同学竟然有四个姐姐,原来她家里是'五朵金花'。""他爸爸和妈妈都得了肝病,肝病传染性很强的。""他爸跟他妈离婚了,他现在有一个后妈。"[2]

从贫困生的资助来看,贫困生在拥有享受种种福利待遇的权利之外,他们也往往受制于"贫困生"这一后致性角色所生产的角色期待。角色理论认为,我们每个人都处于一种或几种社会位置上,每种社会位置均会对个体行为规范提

---

① 李红军:《让贫困生"演讲比穷",伤自尊不厚道!》,《沈阳晚报》,2013 年 10 月 16 日。
② 胡纵宇:《大学场域中的生存异化——贫困大学生成长境遇的社会学分析》,《湖南师范大学教育科学学报》,2013 年第 5 期。

出一定要求,个体只有按照角色规范行动,才能得到社会的认可与支持。[1] 对于贫困生而言,自从获得"贫困生"角色后,他们就成为被关注、被注视的对象,被不同主体赋予不同的角色期待。如,辅导员作为贫困生认定的具体执行者和直接责任人,他们不仅对贫困生宣示的与真实的家庭经济困境的一致性有要求,而且对贫困生学习、工作等个人发展有所期待,以迎合"自上而下"的资助绩效考核;非贫困生则认为贫困生既已享受各方面经济资助而理应成为各方面的模范[2],等等。

不同期待主体身处场域不同客观位置而对贫困生的角色期待虽有所不同,但对于贫困生在衣、食、用等日常生活消费方面有共同认识,即贫困生的贫困身份与消费行为应具有"契合性"或"一致性"。如,作为认定评议小组组长的辅导员基于工作胜任力与工作绩效角度自然反对贫困生的非对称消费;作为认定评议成员的班级同学基于公平性与心理平衡角度亦对贫困生消费行为有道德性期待,鄙视甚至匿名声讨贫困生的非对称消费行为。这里所谓的非对称消费具有相对性意涵,概念所指如同因变量,它会随着作为自变量的个体文化观念及经济水平的变化而变化。但是,从广义角度而言,笔者所指涉的"非对称消费"既包括因学生资助而产生的突增性消费,也包括超出基本生活、学习范围内的非必要消费。

正如 LYX 同学(20191214)所言:"我觉得你拿到助学金之后,不会说让你去缩衣节食之类的,只是说在我们眼里可能你的开销是正常的,就是一个正常大学生,普普通通的大学生的感觉,因为你也不知道人家家庭情况,对于我们来说,我们不希望你拿到助学金之后,突然间发现有人说,你看他买了一双几千块钱的鞋,你看他突然间出去玩耍,你看他突然间换了个手机。对于我们来说,我们希望你拿到助学金之后,保持的还是你原来的那种生活,就是你的消费水平基本上还是没有什么太大的波动。"

---

[1] 奚从清:《角色论——个人与社会的互动》,浙江大学出版社,2010年,第80页。
[2] 李飞、王钰、张勇:《高等学校贫困生的身份困境及其调适策略》,《沈阳农业大学学报(社会科学版)》,2019年第3期。

　　同时，LYX同学（20191214）表示："我刚才也说，谈恋爱不代表我就会认为你不贫困，而是你在谈恋爱的时候，然后你拿了国家助学金之后，突然你和你女朋友出去游山玩水，如果出现这种情况，我们肯定认为你家不困难。因为我们都知道，你出去玩肯定要花不少钱，然后你还带着女朋友出去玩，可能花费会更多。如果你真的是一个家庭条件困难的人，拿到助学金，可能手头上有钱了，但是你会从你的家庭考虑，不会说有大笔大笔的消费出现，更不会出去游山玩水，这是我的感觉。"

　　有学者研究了贫困生在大学场域中的生存境遇，发现贫困生在获得资助后，往往被要求成为各个方面的模范。比如，"她应该非常朴素，她不能烫头发，甚至不应该去理发店花钱剪头发；她不应该穿新衣服，她不能时髦；她应该整天学习，她怎么能去看电影？她应该带头献血……"[1]调查中，有一位辅导员向笔者讲道，有一个女生用手机短信的方式向他诉说了她的"窘迫"。她委屈地说："我虽然家里困难，但就不能买新衣服吗？就不能用化妆品吗……受美之心人皆有之，我家里困难一点儿就低人一等吗？不配拥有正常人的生活吗？而且我买的东西并不贵，要么是打折的东西，要么就是在网上淘来的……"也许这就是所谓的弱势群体的"局外生存"，即虽在场内，却并不被场内接纳的"在场"与"缺场"的交织。[2]

三、分化：后续认定的不同选择

　　根据教育部及省级政策规定，高校每年都要进行一次贫困生认定。此举既便于经济情况好转家庭学生退出贫困生库，也是为了突发性困难家庭学生随时补入贫困生库，实现贫困生资格的动态调整，将有限资助资源用于真正有需要的困难家庭学生。既然贫困生认定每年进行一次，作为通过层层考查的贫困生认定入围者如何看待后续的认定？以及他们对后续年度的贫困生认定采取什

---

　　①胡纵宇：《大学场域中的生存异化——贫困大学生成长境遇的社会学分析》，《湖南师范大学教育科学学报》，2013年第5期。

　　②马维娜：《局外生存：相遇在学校场域》，南京师范大学博士学位论文，2002年。

么样的策略？这些问题是笔者在调研中不忘向入围者发问的访谈话题，因为从中可以窥探或洞察出现有贫困生认定政策及其执行对贫困生认定申请者的结构性影响，以及在这种结构性力量的规制下，个体基于以往的经验感受或人生体悟施以何种新的行动，抑或展示出怎样的行动策略，以回应结构性力量。正如马克思在《路易·波拿巴的雾月十八日》的开篇中所言，虽然每个人的历史是由自己创造的，但是他们既不是随心所欲地创造，也不是在自己框定的条件中创造，而是在既定的亲自经历的过去所继承下来的条件中创造。[①]

从笔者实地调研的情况来看，入围者对后续年度贫困生认定的看法和行动策略表现出一定的差异性，就是说不同的入围者依据其过往不同的认定经验对贫困生认定有不同的理解，并基于这种不同的理解对后续贫困生认定采取不同行动，也即入围者的后续申请呈现出分化倾向，具体分化为继续申请贫困生认定和放弃申请贫困生认定两种路径。继续申请贫困生认定是指第一年成功获得贫困生资格后，第二年、第三年，甚至第四年均继续申请贫困生认定，以获得贫困生资格及相关学生资助。对于这类入围者而言，他们基于对自我及其家庭明显的贫困感知会延续上一年的申请行动，这种贫困感知主要来自对自身家庭情况的判断。在问卷调查中，对于"您明年还会继续申请贫困生认定吗？这一问题，据表 6-1 显示，76.12％的入围者表示会继续申请贫困生认定。对于关联性问题"您为什么继续申请贫困生认定"？被访者的回答有的属于客观感知，如"家庭经济压力大""家庭经济贫困，收入低，家里有两个小孩上学""因为父亲的病还没有痊愈，家里就靠母亲一个人挣钱养家"等。这种贫困感知来自对家庭收支、家庭成员健康等情况的客观判断。有的属于主观感知，如"不想让父母压力太大，减轻父母的负担""补贴生活费和学习费用，减轻家庭负担""补贴家用，生活费不想从家里拿了"等。这种主观贫困感知来自底层家庭子女的"懂事"文化和对父母的"孝"的观念，犹如人们常说的，"穷人的孩子早当家"，又如程猛在《"读书的料"及其文化生产——当代农家子弟成长叙事研究》中所言明

---

① 马克思：《路易·波拿巴的雾月十八日》，人民出版社 2018 年版，第 5 页。

的，"懂事"意味着对父母的尊重、理解、疼惜与回馈。[①]

表 6-1　入围者后续申请的分化情况

变量	频数（人）	百分比（%）
继续申请贫困生认定	341	76.12
放弃申请贫困生认定	32	7.14
还不确定	75	16.74

不仅如此，从历年认定的结果来看，入围者后续再次申请的成功率较高，尤其对于困难程度高的特别困难等级和困难等级贫困生。而这种成功的经历或许也是他们继续参加贫困生认定的动力之一。以下访谈记录印证了笔者的这一观点：

"因为每年讲的话其实也一样，对着自己家的情况描述也差不多，就是到最后每年基本上就那几个人。你说要是有什么变化的话，可能有时候那几个人的贫困档次会调一下。"（学生干部 ZKJ，20191207）

"第一年被选上的人，基本上到第二年的时候，大家已经知道他的情况了，已经知道他第一年拿过那种助学金了，第二年的时候他去参与的时候，基本上也不会把他刷掉。因为大家会觉得你的情况已经可以拿了，第二年不还是你拿吗？"（认定评议小组成员 LYX，20191214）

"其实每年被认定的人基本上都差不多，最多做一些微调。大家可能有一种惯性思维在里面吧，而且每一年新申请的人也不太多，就好像要是第一年没申请，后面一申请就好像自己家里出事情了一样，这可能是大家不愿意看到的。比如我们学院每年要推荐几个家庭困难老师，学校进行一下慰问，每年也都是那几个老师，其他老师可能也不愿意被慰问。"（R 学院党委副书记 LKK，20191205）

放弃申请贫困生认定是指前一年成功获得贫困生资格并享受到相关学生

---

① 程猛：《"读书的料"及其文化生产——当代农家子弟成长叙事研究》，中国社会科学出版社，2018 年，第 165-167 页。

资助待遇,后续不再参加贫困生认定。在问卷调查中,对于"您还会继续申请贫困生认定吗"这一问题的问答,据表 6 - 1 显示,在被访贫困生群体中,共有 32 人表示"不会继续申请贫困生认定",约占成功者总数的 7.14%。而针对"您为什么不再继续申请贫困生认定"这一关联性问题的回答中,有 22 人表示"将机会留给更需要的人",约占放弃继续申请贫困生认定总数的 78.57%,剩下的一小部分被访者有的表示"家里经济条件已经好转",有的表示"要自食其力"等,其言下之意也可以理解为将有限名额留给更需要的人。

正如辅导员 WZY(20191209)所言:"我们班有个同学小徐,之前都被认定为贫困生,但他今年就不愿申请。他爸爸在去年吧,还做过一次手术,肝部比较大的一次手术,后来今年 4 月份他家被认定为低保。今年我看政策上规定低保可以优先认定,然后我就问他,他不愿意申请,他说他可以通过兼职解决生活问题,他想将机会留给更有需要的同学。"辅导员 WZ(20190314)述说了同样的事情:"我也有一个学生,是个女生,她后来直接就不交表了。我就问她为什么没交表,她说已经拿了两年 4000 元,不想再拿了,她说班里贫困的不止她一个,她想让更多的同学来拿这个钱……"WTT 同学(20200226)的话则从另一方面说明了这种"礼让":"我没选上,我比较庆幸,因为我觉得人家家庭比我困难,我觉得人家比我更需要这笔钱,也不是说我多大公无私,但是恻隐之心人皆有之,这是人之常情,你看到人家这些困难,我觉得对于一个正常人来说,你只要思想'三观'比较正,你都会觉得人家比自己更需要。虽然说我家里可能有点困难,但不至于跟他们比。"

与上述礼让他人的做法所不同的是,也有一些入围者因遭遇了不愉快的经历而放弃继续申请贫困生认定。如第四章第一节所述,2018 年,FYX 被认定为困难等级贫困生,享受到了 3000 元的国家助学金,但是,FYX 并未参加 2019 年的认定申请,即使辅导员主动过问此事,FYX 也坚持放弃继续申请。后来,经过笔者的了解,原来是 2018 年评议结束后,认定评议小组成员将评议的情况告诉了 FYX,致使 FYX 觉得没有面子,从而促使其放弃继续申请。FYX(20191008)说:"去年申请的时候,我们寝室派去参加评议的同学回来就跟我说,在评议的时候,大家觉得挺同情我的,而且她是用很严肃的表情跟我说的这个事情,我觉得很没有面子,我不想要别人的同情,所以今年我就没有申请了。"

第二节　出局者的申诉与退出

一、出局者的申诉

根据《关于建立健全普通本科高校、高等职业学校和中等职业学校家庭经济困难学生资助政策体系的意见》的规定,中央与地方共同设立国家励志奖学金,以此奖励资助品学兼优的贫困生,资助面平均约占全国高校在校生的 3%,资助标准为每人每年 5000 元。同时规定,国家助学金资助面平均约占高校在校生总数的 20%。可以看出,贫困生的资助规模具有相应的比例设定。正如扬帆大学学工部副部长 JZZ(20191210)所言:"我们高校是这么多钱、这么多名额,不能多,也不能少,我们工作还是相对困难。比如说现在有 10 个人申请,但是只有 3 个名额,就必须选出 3 个,你第 4 个人困难也没有这个国家的补助,第 5 个也没有。"

每年在正式启动贫困生认定之前,扬帆大学学生资助管理科都会根据上级划拨的资助指标测算本年度贫困生认定比例。然而,与资助范围的限定性或资助资金的有限性不同,贫困生认定的申请人数具有不可控性。这种不可控性的大部分原因是来自贫困生认定指标的模糊性以及贫困本身固有的相对性。因此,对于每年的贫困生认定,总有一部分被淘汰出局而不能获得贫困生资格及相应学生资助的申请者。笔者这里暂且称这一部分申请者为出局者。对于出局者而言,他们也许是由于自身家庭经济情况未达到贫困生认定标准,也许仅仅是与入围者相比而言的"不困难",甚至由于认定本身所存有的局限性致使自己与相应资助失之交臂,等等。总之,出局者的出局有多种面向、多种因素。然而,无论出局者的出局缘由及其背后的因素如何,作为贫困生认定的申请者都有权行使申诉权利,包括对自己的出局及对他人认定异议的申诉。

根据《扬帆大学全日制本科生家庭经济困难学生认定工作实施办法》的规

定,学院会将认定的贫困生名单及其档次在全院范围内公示5个工作日,而且严禁泄露学生个人敏感信息与隐私。在公示的过程中,如果有人对认定的结果有异议,可以通过正当渠道向学院认定工作组提出自己的疑问,而学院认定工作组必须在接到异议材料的3个工作日内予以答复。如果对学院认定工作组的答复仍然存有异议,可以通过正当渠道向学校资助工作领导小组提出复议,而学校资助工作领导小组也必须在接到复议申请的3个工作日内予以答复,如果所反映的情况属实,学校资助工作领导小组将要求有关学院及时做出调整。由此可知,根据政策所赋予的权利,出局者可以向班级认定评议小组、学院认定工作组及学校资助工作领导小组提出申诉,其申诉途径包括当面申诉、邮件申诉、电话或短信申诉及网络申诉几种。

向班级认定评议小组申诉就是指出局者向班级认定评议小组成员尤其是辅导员就认定结果提出疑问,以求获得合理解释或问题解决的行动。由于班级认定评议小组直接负责班级认定工作,这种"现管"位置及成员的亲近性使其成为出局者经常选用的申诉渠道。向学院认定工作组申诉是指出局者向由学院分管学生工作领导为组长、全体辅导员参加的认定工作组就认定结果提出疑问,以求获得合理解释或问题解决的行动。由于辅导员同属于班级认定评议小组与学院认定工作组,这种身份的"重叠性"使这两种申诉渠道通常融为一体。向学校资助工作领导小组申诉是指出局者向分管学生工作的校领导为组长,成员为学工部、财务处、监察处主要负责人及各学院分管学生工作领导组成的校学生资助工作领导小组就认定结果提出疑问,以求获得解释或问题解决的行动。按照扬帆大学的政策文本,申诉至学校资助工作领导小组是不满于学院认定工作组的答复而提出的复议,但实际上则很少出现这种"复议"的情况,也就是说,学校资助工作领导小组所接到的申诉,一般是出局者跳过学院认定工作组,而直接向其提出的申诉。

以上各类申诉均具有官方、正式、正当属性,当然也会出现非官方、非正式的申诉。比如,出局者直接将对认定结果的质疑或异议上传至贴吧、各类论坛及网站等网络载体,以"愤懑"或"不满"的姿态控诉贫困生认定过程中出现的不公或失序现象,与官方、正式、正当的申诉不同,此类非正式申诉往往以"宣泄不满"为目的。例如,辅导员 CDC(20191217)就向笔者讲述其所在学院曾发生的一起网络申诉事件:"那是老早以前的事了。有一个班,班长私下操作的,把国家助学金充作班费。那个班长觉得既然大家差不多困难,那就干脆充作班费,既省事,然后每个人都可以用到这笔钱。然后,他们班有一个学生就不满意了,就觉得自己家里真困难,为什么要把这个钱充作班费呢。结果这个学生直接把这个事情传到网上去了,造成了很不好的影响,连辅导员和学院领导都受到牵连,直接被书面通报批评⋯⋯"虽然这种网络的非正式的申诉抑或控诉仅为个别极端案例,但因其影响范围广、传播速度快而对相关认定主体及学校声誉产生极大的负面影响。这种风险及由此产生的压力也对学校贫困生认定主体对待申诉回复策略及回复时限产生重要影响。

二、"理情取向":异议的处理

如果将异议申诉作为贫困生认定的大众监督机制,那么即时有效的异议处理则是保障这个监督机制得以"名副其实"运行的关键指标,甚至可以进一步为贫困生认定及其结果的合理化与合法化"保驾护航"。根据《安徽省家庭经济困难学生认定工作实施办法》的规定,各个学校不仅要建立健全贫困生认定结果的复核与动态调整机制,而且要及时答复针对认定结果的异议申诉。[1] 不仅如此,安徽省教育厅、人力资源和社会保障厅及财政厅联合下发的《安徽省高校、中职和普通高中家庭经济困难学生资助民生工程绩效评价办法》规定,在贫困生认定结果的公示阶段,针对各类反馈意见,及时处理的得 1 分,未及时处理的扣 1 分。[2]

在上级行政部门的政策规制下,扬帆大学发布的《扬帆大学全日制本科生

---

① 安徽省教育厅、安徽省财政厅、安徽省民政厅、安徽省人力资源和社会保障厅、安徽省扶贫办、安徽省残联:《安徽省家庭经济困难学生认定工作实施办法》,2019-7-23. http:// jyt. ah. gov. cn/public/7071/39712364. html.

② 安徽省教育厅、人力资源和社会保障厅、财政厅:《安徽省高校、中职和普通高中家庭经济困难学生资助民生工程绩效评价办法》,2017-10-25. http:// jyt. ah. gov. cn/30/view/357242. shtml.

家庭经济困难学生认定工作实施办法》规定，如果师生对认定有异议，可通过正当方式向学院认定工作组提出申诉，学院认定工作组在接到异议材料的 3 个工作日内予以答复。与此同时，师生如果对学院认定工作组的答复仍有异议，可以向学校资助工作领导小组提出申诉，学校资助工作领导小组亦需要在 3 个工作日内答复。扬帆大学的政策文本不仅明确了异议处理的责任主体，而且进一步明确异议处理的时限为接到异议的 3 个工作日以内。与这种对责任主体及处理时限的文本规定所形成的刚性制约不同，省级及扬帆大学的政策文本并未对相应异议处理主体的回复或处理标准进一步具体化，也即学校关于异议处理的政策文本存在一定的政策空间，而这一政策空间为异议处理主体提供了操作空间。基于实地调研资料的分析，扬帆大学贫困生认定主体对于认定及其结果的异议处理呈现出"理情取向"的行动策略。

所谓的理是指贫困生认定主体通过摆事实、讲道理的形式回复抑或是开导出局者的异议申诉，以获得出局者对认定结果的理解或认可。探究"理"之概念属性，一来具有动词意涵，强调"理"的言说过程或表现形式，包括语气、神情、肢体语言等。二来具有名词意涵，强调"理"的言说内容，如："道理""公理"等。总之，这个"理"是得到社会群体认同的"理"。犹如布迪厄所阐述的场域中的游戏规则和专门利益，对于场域中的每一个人来说，场域的游戏规则及其专门利益都是不言而喻的，也是未进入这个场域的人所无法感知到的。[1]

具体而言，在扬帆大学，这个"理"就是班级投票推荐生产的合法性。正如学生干部 JFP 同学（20191206）所言："他是我室友，当时没有选上，其实他家庭环境可能不是那么好，但也确实没有那么困难。但是怎么讲呢？他后来的反应挺激烈的，他有一点点小孩子气。他就跟我讲，他觉得不公平，我说你不要那么想（声音提高），没有什么不公平，别人确实是困难（被访者另外表示当时是用非常肯定的语气在说），而且这是投票选出来的，有什么不公平的。他后来没跟我讲，他就找辅导员讲。辅导员也差不多跟我一样的那个意思。最后他也没有继

---

[1] Bourdieu. *Homo academicus*. Paris：Editions deMinuit，1984：114.

续申诉下去了。"

辅导员 CDC(20191217)甚至运用班级投票推荐的合法性化解了一次异议处理危机。"我们不需要班级投票,按照程序也没说要班级投票。我们就直接评议小组进行评议。如果评议小组说,老师,我们评议出来的结果班级同学不认可⋯⋯不认可啊(反问口气)。行,我曾经搞过一次,就是认定评议小组认定的不算数,有矛盾,推倒重来。我自己亲自去,一个中午就你们一个班,现场搞,那就全班投票,投谁是谁,由票数决定,由高到低,你选不上没话讲。"

所谓的情是指贫困生认定主体通过情感化的语言化解申诉者的异议与不解。这种情感化的语言以突出精神性、淡化物质性为主要形式,如用集体主义的团结友爱、班级凝聚、奉献等替代个体主义的利益观、金钱观等。如,辅导员 LGQ 就曾以同窗之谊化解因贫困生认定而发生的不满。LGQ(20190925)说:"我就跟申诉的同学说,大家能够成为同学并将在一起学习、生活好几年,这就是一种缘分。因此,我不希望看到大家为了几千块钱而损害同学之间的感情,未来,当你们走上工作岗位了,你会发现这几千块钱根本不算什么。"

WXA 曾处理过一个棘手申诉:"一个毕业班女生直接向校长信箱投诉,说她是国家励志奖学金获得者,但是学院让她放弃国家助学金申请,而国家政策明明允许国家励志奖学金和国家助学金可以同时兼得,凭什么学院不让她申请国家助学金。"(扬帆大学学生资助管理科科长 WXA,20191014)在接到学校要求调查这个投诉信件后,WXA 电话通知申诉人来学生资助管理科面谈,但该同学不愿意与 WXA 见面交流此事。因此,WXA 随即在电话中与该名同学进行了交流。"我动之以情、晓之以理地开导她。告诉她虽然文件表示国家励志奖学金和国家助学金可以同时兼得,但并没有表示必须兼得。同时,告诉她班级是一个集体,作为班集体一分子应该怀有感恩与团结友爱之心,因为没有集体的存在也就不会有个人的利益。后来这个同学还好,没有再继续申诉这个事情。"(扬帆大学学生资助管理科科长 WXA,20191014)

可以发现,由于异议处理拥有一定的政策空间,贫困生认定主体为了及时完成异议处理任务而采取"理情取向"的行动策略,通过班级投票的多数人赋予合法性"以理服人",以及通过情感性替代的"以情动人"或"以德服人"完成异议处理任务。当然,"理情取向"并非一直共同作用于申诉者,也即或"以理服人",或"以情动人",或"双管齐下",而具体如何施用则视异议处理的效果和申诉者的个人秉性。

三、"无奈的退出":放弃申请

经过充分彰显公开与民主原则的层层推荐与评议的认定程序,认定结果具有了一种"大多数人原则"赋予的合法性,从某种角度上来看,这也是应对贫困生认定政策模糊性的务实主义或稳妥主义的选择。毕竟"少数服从多数"的正义理念已为多数人所认可和接受,并内化为对事物客观公正与否的评判标准。正因如此,班级推荐与评议的重要性在贫困生认定政策实施中得以浓墨重彩地显现。正如学工部副部长 JZZ(20191210)所言:"矛盾要在班级解决,大家申请,学校来评,那就吵翻天了,班级内部要搞平(定)。"

对于异议申诉而言,除明显偏离认定政策刚性规定以外,各级异议处理主体通常基于异议处理的政策空间采取"理情取向"的行动策略答复出局者的申诉,而少有对班级认定结果进行调整。对于申诉者而言,"理"与"情"的单维或双维的异议回复更具有一种"不得不接受"的安抚与劝说。在认定"失利"、申诉"难变"的结构性情景下,无论出局者的出局是何缘由,出局者再次申请认定的积极性以及对认定抱有的热情都受到一定程度的影响。那么,具体而言,出局者会采取什么样的策略回应"出局",以化解内心的"失落"或"不满"? 从调研的情况来看,"无奈的退出"是出局者真实写照,也即是放弃申请成为出局者权衡利弊而做出的行动选择。

"我第二年不会再去申请了。因为第一年我已经把我的情况告诉你们了,然后你们觉得我不够资格,那我第二年还要再去把我的情况跟你们说,如果你们觉得我还不够资格呢,也就是说我反复把我的家庭情况摊开给你们看,你们又不支持我去拿到这个金额(资助),我何必要反复摊开给你们看噢。没有这个必要了,我觉得,因为这对我来说也是一种压力。每个人都有自尊心的,谁也不

愿意把家庭情况反复地去跟大家说，说我家里有多么困难，我家里情况怎么样，没必要。"（出局者 HWS，20191012）

　　"虽然我家不能跟那些特别困难的同学比，但我家也还蛮困难的，父母年龄都比较大了，也没什么稳定收入，可能是因为我平时吃穿各方面就是正常的那种，然后大家可能觉得我家还可以……后来我跟辅导员也说过这事，辅导员就是安慰我，说困难都是相对的，然后鼓励我好好学习，争取拿奖学金……要是没什么特殊情况，我明年不想申请了，大家都觉得你不困难了，你还去申请也不好（不好意思，没面子），不过也不是揭不开锅的那种嘛，我自己做做兼职也能补贴日常开销，而且也可以锻炼一下自己的能力。"（出局者 WL，20191014）

　　从被访者 HWS 同学和 WL 同学的谈话中可以发现，基于"面子"的自尊心理，出局者以放弃第二年的申请规避再次的个人信息暴露及由此带来的心理压力，这种放弃多少带有一丝"无奈"之情，但这种放弃又多少可以保护出局者内心存有的自我积极认同。当然，放弃来年的申请并不等于"自我消沉"，正如老子所言的"物或损之而益"，[①]意思是一些看似不利的境遇，可能成为自身创造未来的动力。面对出局，WL 同学将"出局"转化为个人"自食其力"的动力，通过兼职补贴日常开销，将出局这个看似不利的事情转化为奋发的非常规动力[②]。辅导员 SGW（20200319）的访谈内容再次证明了这种"反者道之动"[③]的观点："我一个学生，第一年没搞上，后来再也不申请了，让他申请他都不申请，他就到处兼职，用他自己的话说'这是我最后的倔强'……"

第三节　政策执行者的不安与挑战

　　对于申请者而言，贫困生认定是获取学生资助资格的筛选机制，对助力自己完成学业抑或减轻家庭负担具有重要意义。当然，这一过程中的酸、甜、苦、

---

①　陈鼓应：《老子今注今译》，商务印书馆 2003 年版，第 233 页。
②　程猛：《"读书的料"及其文化生产——当代农家子弟成长叙事研究》，中国社会科学出版社，2018 年，第 124 页。
③　陈鼓应：《老子今注今译》，商务印书馆 2003 年版，第 226 页。

辣等诸种滋味抑或被他们所体会。那么,对于贫困生认定政策执行者而言,在学生资助场域的结构性压力下,他们对贫困生认定表现出怎样的态度? 他们是否又面临着一些困惑? 对这些问题的回答与检视将有利于政策执行及后续的政策完善。

一、学生评议人的"职业倦怠"

美国心理学家弗登伯格(Freudenberger)认为,职业倦怠是助人行业中出现工作过度要求时,工作者产生的身体与心理的疲倦状态。[①] 马斯拉池(Maslach)认为,职业倦怠具体表现在情绪衰竭、去人性化及个人成就感降低三个方面。[②] 笔者在此借用"职业倦怠"描述学生评议人[③]的状态,而之所以如此借用,主要基于两个方面的考虑:一是学生评议人的评议工作具有助人性质,也即是通过评议识别出贫困生以帮助其获得资助,保障其顺利完成学业;二是由于评议工作年复一年,有的学生评议人多次参加评议,表现出职业倦怠所具有的"枯竭症状",即对评议工作表现出"为了完成任务而完成任务"的心态,甚至表现出一定的消极抵制情绪。

认定评议小组成员 LYX 同学(20191214)表示:"怎么说呢,因为大家对这个事情不是很看重……我觉得对于没有参加(评议)的人来说,可能会觉得这个事情跟我没有多大的关系。钱是我拿吗? 不是我拿。票是我投吗? 对,是我投的,但是我就是投个票。我只能说,我一个人投票,也没有什么很具有决定性的作用,到最后你拿几等的助学金,不还是看大家所有人的看法吗? 就会觉得,多我一个或少我一个,投没投,似乎也不是那么重要。而且,这个事情可能对我本人来说,不会对我有多大的影响。跟我没关系,钱又不是我拿,钱也不是我给。

[①] Herbert, J. and Freudenberger. "Staff Burn-Out". *Journal of Social Issues*, 1974, 30(1): 159-165.

[②] Maslach, C. and S. E. Jackson. "The measurement of experienced burnout". *Journal of Organizational Behavior*, 1981, 2(2): 99-113.

[③] 如前所述,本研究中的学生评议人指班级认定评议小组里面的学生代表。不过,由于评议任务的轮流分摊习惯及一些主客观原因,实际上,班级内的不少学生都担任过认定评议小组的学生代表,参与班级的认定评议工作。因此,从这个角度来说,这个地方所指的学生评议人也包括了曾担任过认定评议小组学生代表的班级学生,甚至可以说,由于评议人选的不确定性,除申请者以外的班级学生都是潜在的评议人。

对不对？就会觉得参与感不是那么强。"

学生干部JR(20191212)表达了同样的意思:"另外一个就觉得程序太过烦琐,尤其是开学之初有一大堆事情,什么综合测评,又是奖学金,然后又是助学金,一天到晚都是发通知看东西,也会产生那种比较烦躁的感觉。而且,因为这个评选贫困生又要聚齐大家一起搞这个事情,这就很难聚,越到后面就越难聚齐在一起,大家都不愿意去参加这个会,就感觉占用了时间。对,尤其是针对那些又不申请贫困生认定的人,因为我又不参评,我也不想选,我也不是学生干部,我更不想这个事情占用我的时间,我还不如出去玩、在寝室睡觉,我非要跑去给你投一票,把你投上去干吗的。就没有什么感觉,对自己没什么意义,没什么好处。第二个,就觉得占用自己时间,就是这样的心理。"

不仅如此,认定评议小组的组建亦面临这种"职业倦怠"的影响,正如LXY(20191214)所言:"我们大一的时候可能反而是做得最认真的,大一的时候有很多人申请贫困生认定,当时还特意选了10个人去评议。现在的评议小组基本上都是每个寝室派一个人过来,然后都是寝室长去吧,或者在寝室里面掷个色子(抓阄),然后抽到谁就谁去。他(她)去了之后,大家都走个形式就结束了。只有大一的时候大家(评议人)是最认真的,那时候评议小组每个人发言都比较积极,然后评议、投票,决定哪个同学上,哪个同学下。后来大二大三就不这样了,大家都无所谓了。"ZHY(20210624)表达了同样的观点:"我不是认定评议小组的,一般是寝室长,或者轮流来,就比如今天这个事情,是我们寝室这个同学去的,明天那个事情,就由另外一个同学去,就是轮流来,因为大家时间都紧,轮到谁就是谁。"

由上可知,学生评议人对于贫困生认定产生了"职业倦怠"式的负面情绪,表现出"不愿意参加评议"的消极态度,并变通式地采取"轮流"或"抓阄"的形式决定谁来承担评议任务。基于访谈及实地观察,从表面上看,这种消极态度来自学生评议人"事不关己,高高挂起"的个体主义立场,但深入贫困生认定的内在机理可以洞察出,这种消极态度或许来自贫困的相对性及认定的精准性限度,致使学生评议人对贫困生认定及其结果持有不同看法。

二、辅导员"赶场"的遗憾

这里之所以用"赶场",是想以形象化的手法展现辅导员在贫困生认定中的角色担当与角色状态,即年复一年、周而复始地从事贫困生认定工作,如同匆匆忙忙的赶路人,只顾赶路而无暇欣赏路上的景色。对于辅导员而言,学生资助工作因涉及学生与家庭的切身利益、关系教育扶贫及教育公正,因而意义大、责任重。但是,"上面千条线,下面一根针"的隐喻又真实反映了辅导员繁忙而沉重的日常工作状态,辅导员无法将全部注意力分配给学生资助工作。因此,在这种相互拉扯甚至是撕裂的纠葛情境中,每一年的贫困生认定,辅导员就像是一个"赶场"的赶路人,只能将有限的精力用于认定政策的执行,而鲜有余力或鲜有心思回望或反思认定的历程。

"每一年,我都在搞(做)贫困生认定,但每一年我都觉得好像是一种无力的状态,没有静下来很好地思考这个事情应该怎么去做,因为整个工作布置得非常紧,然后我们都匆匆忙忙地去做这个工作。但是,其实你要停下来去思考一下,思考我这个方法可不可以啊,或者这个操作过程中是不是会出现问题啊,就是这种让我们去思考的时间很短,或者根本就没有,我们好像就是为了完成这个工作而去工作,没有更好地考虑过这个质量完成得怎么样。每年我在做的时候都觉得好赶,我不知道是不是我做事情比较慢还是比较细,我总觉得好赶。就是为了完成这个任务,而没有时间静下心来考虑。甚至可以说,总体上我认定的这个贫困生等级,是不是做到了精准匹配,是不是真正去为每个学生考虑了。我觉得这一点我好像做得不够,有些问题都没来得及很好地思考,感觉是个遗憾。作为一名辅导员,我做事情有一种感觉,我就觉得我做的每一件事情,让我晚上回去的时候,我不像是走在那个海绵上,如果是走在海绵上,走过之后就没有了。我到晚上回忆的时候就感觉到我做得好像不够好。我有这种感觉,就是匆匆忙忙把这个事情完成了,然后我在想我有没有做到公平,公开我做到了,我有没有做到公平。虽然,工作这么多年,从来没有一个学生过来质疑我,但是我觉得他们是不是觉得你是辅导员,就是学院决定的,就是辅导员决定的,

我没办法去质疑。我觉得是不是存在这样的一些情况。"(R学院辅导员WZY，20191209)

从WZY的谈话中，我们不仅可以真切地感受到"责任"与"担当"，亦可以感受到那种些许的遗憾。辅导员工作事无巨细，尤其在每年的9月，贫困生认定、学生综合素质测评、国家奖助学金评选、校内奖学金及先进个人评选等各类事务性工作令辅导员应接不暇，"赶场"成为辅导员在现有高校分工制度下的常态化工作模式，这种模式追求效率优先原则，具体表现为与时间赛跑，因为这一场的结束也就意味着下一场的开始。也许正如罗朝明所认为的，由于现代社会对速度的无限崇拜与追求，并且不断发出"快、更快、再快"的指令，致使现代人不停地在追赶时间，以便用尽可能快的速度完成尽可能多的事情，在尽可能短的时间内做出尽可能快的选择，因此"事情多而时间少"的生存体验必然产生。[1]

三、"数字化管理"的挑战

吉登斯认为，由于现代性对时间进行了虚化，制造了身体的缺场，致使人们越来越置身于脱域的社会关系之中。[2] 对于学生资助政策制定者和受益者来说，由于这种现代性的"脱域"致使二者被置于时空隔离状态而不能谋面。因此，学生资助政策制定者作为追求资助效益的理性人，在这种从上到下的给予型的资源输出关系中，要克服传统意义上逐级上报的固化模式，以获取详细而动态的资助效果呈现，需要构建"量化考核指标"及"一杆到底"的信息化系统，也就是说需要对学生资助执行情况实行数字化管理。赖明忠认为，所谓的数字化管理就是指运用计算机、互联网、大数据等技术，通过统计技术对管理对象与管理行为进行量化管理，从而实现管理活动与管理方法的数字化。[3] 这里主要指利用计算机、互联网、大数据等技术实现对学生资助管理的数字化。

为此，国家发布一系列政策文件不断推进学生资助的数字化管理。例如，

---

[1] 罗朝明：《实践的紧迫性》，《社会》，2017年第4期。
[2] 安东尼·吉登斯：《现代性的后果》，田禾译，译林出版社2011年版，第15-18页。
[3] 赖明忠：《试论企业数字化管理》，《湖南社会科学》，2009年第1期。

2012 年,教育部专门发布的《教育信息化十年发展规划(2011 年—2020 年)》提出,要持续推动教育管理信息系统的整合与集成,并着力构建可以覆盖全国的教育管理信息体系。2013 年 7 月,教育部、财政部及国家人力资源社会保障部发布的《关于进一步加强教育管理信息化工作的通知》明确提出,2013 年重点建设全国学生管理、教师管理及学生资助管理等信息系统。2019 年,全国学生资助管理中心与教育部教育管理信息中心共同发布的《关于做好全国学生资助管理信息系统建档立卡学生管理功能升级及应用的通知》指出,全国学生资助管理信息系统与国务院扶贫办全国扶贫开发信息系统完成对接,实现信息共享交换,新增"建档立卡学生管理"功能,等等。为了响应国家学生资助管理信息化建设的要求,各个地方亦投入大量的人力、物力和财力构建起地方性学生资助管理信息系统。由此,在国家与地方的共同努力下,以学生资助监督与管理为使命的相应信息系统得以建立,如表 6-2 所示。

对于政策制定者而言,学生资助的数字化管理不仅有利于学生资助的监督与检查,而且提高了相关工作的效率。然而,对于政策执行者而言,学生资助的数字化管理由于所涉门类多、工作内容重等客观因素致使具体实行面临精准与效率的双重挑战。正如扬帆大学学生资助管理科科长 WXA(20200430)所言:"现在所有的工作(学生资助)都要输入系统里面,不仅工作量很大,而且只要有一点儿误差或是逻辑上的错误,上面的(省学生资助管理中心)就能发现,再来改还要找他们(省学生资助管理中心)退回……而且数据会按时更新,比如新增建档立卡学生、退学学生的处理……还比如我每个月都要报这个资助月报表,每三个月要报资助落实情况报告等。"

在整个调研期间,笔者对学生资助管理科科长 WXA 进行了多次访谈,每次都会进行提前预约。然而,每当笔者如约而至时,WXA 基本上都在处理学生资助信息管理系统,涉及数据更新、调整、统计、核对、上报等,从中也可以窥探出学生资助数字化管理对执行者的压力与挑战。不仅如此,从 2017 年开始,安徽省启动"智慧资助"工作,即利用大数据等现代科学技术,实现资助对象精准识别、简化工作流程、数据互融互通及资金精准分配等功能,要求各高校研究制订实行本校智慧资助方案。为此,与省内其他高校一样,扬帆大学计划 2020 年 9 月启用智慧资助在线系统。然而,肇始于 2020 年 1 月的新冠肺炎疫情对相关工作造成一定程度的影响,但省教育厅做出的力争在 2021 年年内全面建成本单位智慧资助平台的要求仍鞭策着执行者克服困难,努力前行。

表 6-2　学生资助信息管理系统汇总①

系统名称	主管单位	主要功能
全国学生资助信息管理系统	全国学生资助管理中心	涉及学生信息管理(在校学生信息查看、家庭经济信息录入、困难学生认定管理、毕业学生信息查看、在校生毕业管理)、资助项目管理(国家资助、地方政府资助、学校资助、社会资助)、信息查询(学生资助信息查询、重点保障人群情况查询)等。
全国高校学生资助工作信息管理平台	全国学生资助管理中心、全国高等学校学生信息咨询与就业指导中心	含高校学生资助工作公文收发系统和高校学生资助工作信息管理系统。
学生资助政策咨询答复平台	安徽省学生资助管理中心	线上咨询、投诉、答疑等功能。
建档立卡学生资助管理系统	安徽省教育厅	涉及建档立卡(查询、比对、新增),资助管理(批量资助、上报管理、新增资助等),月报(资助落实情况报告、资助月报表等)等。
安徽省学生资助管理系统	安徽省教育厅	涉及安徽省困难学生认定管理、学生资助信息管理。

① 根据各信息管理系统整理而得。

第四节　小结

对于公共政策执行而言,要界定其结果的成功与否是一个颇为棘手的问题。[①] 虽然国内外政策执行研究者就政策执行成功与否提出了多种参考标准,但笔者无意就此问题展开持续探讨。究其原因,笔者认为,场域是一个集中的符号竞争及个人策略的场所,场域内的行动主体不仅多元且层次丰富,不同行动主体展现出多样化价值追求与行动策略,决定了行动主体对政策执行结果的多元化认知。当然,这种不同认知并不是线性的正向或负向的二维之别,而是对政策执行结果的多维情境性理解,是一种基于历史积淀而得来的经验判断或倾向。在扬帆大学,对于贫困生认定政策执行结果及其公示过程,政策执行主体及政策对象表现出了不同的情感体验与价值取向,折射出场域内社会行动的多重面向与网络关系。

首先,对于入围者而言,贫困生的身份为他们带来了“利”。这个“利”主要体现在经济上的资助,当然也包括情感关怀类的隐性收益。与此同时,贫困生的认定与资助也为他们带来了一些烦恼,使他们处于被身边人目光注视的“窘”境之中。从贫困生的认定角度来说,受制于贫困生认定标准、认定程序等方面因素,以及对“公开”“透明”的价值追求,申请者往往被推至“聚光灯”之下,接受评议人的评价抑或考察,而容易陷入污名化或标签化的尴尬。从贫困生资助角度来说,“贫困生”这一后致性角色为入围者带来角色期待,虽然不同期待主体对入围者有不同的期待,但是这些不同的角色期待有其共同之处,即期待入围者的行为规范要与贫困生角色相一致,对入围者的学习、消费、社会活动等方面提出一系列具体要求。由于这种“利”与“窘”的不同情感体验,以及家庭境遇、个体境遇的变化,入围者的后续申请出现分化。从实地调研的情况来看,76.12％的入围者第二年选择继续贫困生认定申请,而7.14％的入围者第二年选择放弃贫困生认定申请。

[①] 龚虹波:《执行结构—政策执行—执行结果——一个分析中国公共政策执行的理论框架》,《社会科学》,2008年第3期。

其次，对于出局者而言，由于贫困的相对性或认定失准等主客观因素，他们未能进入贫困生库，也因此不在享受经济补助的名单之列。但是，他们可以通过正式与非正式渠道进行申诉，或为自己，或为他人，但无非是认为贫困生认定的某个环节或某个结果不合理，请求做出调整或为表达不满。有申诉就要有回复，而且要及时回复，这是国家、地方、学校政策文件中均予以明确的刚性要求。对于学校而言，申诉是否及时回复更是涉及校园稳定、上级评价的原则问题。然而，在涉及如何回复的问题上，各层级政策文件均未做出明确规定，给政策执行者保留了一定的政策空间。政策执行者为了及时完成异议处理任务采取"理情取向"的行动策略，通过班级投票的多数人赋予合法性进而"以理服人"，以及通过情感性替代的"以情动人"或"以德服人"完成异议处理任务。因此，对于出局者而言，"理"与"情"的单维或双维的异议回复更具有一种"不得不接受"的安抚与劝说。在认定"失利"、申诉"难变"的结构性情景下，无论出局者的出局因何缘由，出局者再次申请认定的积极性及对认定抱有的热情都受到一定程度的影响。"退出"便成为出局者自我保护的"无奈"之举。

最后，面对学生资助场域的结构性压力及贫困生认定条件的有限性，贫困生认定的政策执行者面临一些困惑，体会到一些不安与挑战。对于学生评议人来说，他们的主体是班级普通学生和学生干部，承担着贫困生认定的主要任务，而"年复一年"的评议，使他们产生一定程度的"职业倦怠"，对评议工作表现出"为了完成任务而完成任务"的应付态度。从深层角度来看，这种"职业倦怠"也不可避免缘于贫困生认定的相对性或精准的有限性。对于辅导员来说，他们是贫困生认定的直接责任人，全面负责贫困生认定工作。虽然贫困生认定兼具工具合理性与价值合理性而足见其重要意义，但由于辅导员深陷繁杂性事务而"分身乏术"，他们只能将有限的精力用于认定任务的执行，而鲜有余力或鲜有心思回望或总结认定，进行常人方法学意义上的行动反思，俨然成为贫困生认定的"赶场"人，呈现出实践的紧迫性。对于学校管理者来说，日益受到上级部门青睐的数字化管理系统如"雨后春笋"，不仅使他们需要将大量时间用于数字化管理系统的数据维护，而且给他们带来了效率性与精准性的挑战。

第七章 结论与讨论

　　学生资助作为保障民生、温暖人心的重要工程,可以有效促进社会公平与正义。[1] 中华人民共和国成立以来,党和政府高度重视贫困生的资助工作,相继出台了一系列贫困生资助政策措施,兑现着"不让一个孩子因家庭经济困难而失学"的社会承诺,凸显了社会主义制度的优越性。作为贫困生资助的关键环节,贫困生认定的功能主要在于精确识别贫困生,以实现资助资源的精确分配。然而,在世界范围内,提高社会福利政策的瞄准精度都是一个极具挑战的问题。[2] 不同于已有的对贫困生认定政策所做的静态分析,本研究主要基于微观层面的过程性分析,深入学校组织内部,聚焦高校贫困生认定政策实施中的参与主体及其行动,以此作为探讨高校贫困生认定政策实践的切入口,通过对参与主体行动过程的理解去反思或观照政策执行及其影响因素。此举不仅可以检视学生资助及其精准化诉求的制度有效性,亦可以通过揭开政策执行的"黑箱"来反思政策合理性及其纵深优化的可能性。

---

　　① 范先佐、唐斌、郭清扬:《70年学生资助工作的系统回顾与经验总结》,《华中师范大学学报(人文社会科学版)》,2019年第5期。

　　② Walker,R. *Social Security and Welfare:Concepts and Comparisons*. Open University Press,2005:354.

第一节　研究结论

本研究以扬帆大学贫困生认定政策实践为对象,深入考察了其准备、申请、评议、结果等政策实施过程,全景图式地再现了大学场域内贫困生认定政策目标何以实现的问题,其结论主要有以下几点:

一、"制造身份":政策实施中参与主体的行动

不同于其他理论流派的是,社会建构论认为社会现象不仅由社会建构而成,而且整个社会现象也是人类自身与客观事实互动的"过程的产物"。[①] 在社会建构论看来,身份虽然是一种客观实在,但身份的确立与界定具有建构性,尤其是符号性身份具有强烈的建构性。在本研究中,"贫困生"这一身份就具有符号性特征,其生成过程是一个印刻有浓浓社会性建构的过程,而其建构主体也就是高校贫困生认定政策实施中的参与主体。可以说,高校贫困生认定政策实施过程也即是政策执行者、政策对象等多元参与主体制造贫困生身份的过程,在这个过程中,不同参与主体基于各自的角色,展开了一系列的身份制造行动。

(一)学校的行动

在高校贫困生认定政策实施过程中,学校无疑扮演着"总舵手"角色,对政策执行负有总体性责任,其行动可谓贯穿政策实施全过程。

首先,在校级贫困生认定政策制定上,虽然上级政府部门赋予学校一定的"转译权",寄希望于学校结合实际情况,制(修)定具体的的认定办法,使政策更具地方性与针对性,以此实现精准性的不断提升,但基于"由上到下"的行政逻辑及风险规避的理性逻辑,学校在制定校级贫困生认定政策时,主动放弃上级政府部门让渡的"转译权",尽量与上级保持一致,实行"复制式转译",高度模仿上级贫困生认定政策文本。

其次,在贫困生认定的具体组织实施上,采取过程管理,实现对各个认定环

[①] 彼得·伯格、托马斯·卢克曼:《现实的社会建构》,汪涌译,北京大学出版社2009年版。

节的严格监管,而其主要原因既是为了迎接上级绩效考核,确保"有料可报""有料可评",也是为了确保程序公平及节省有限人力资源。

再者,在认定结果上,政策要求与资助资源是确定贫困生认定指标的主要依据。根据不同的政策要求,结合有限的资助资源,学校将认定结果由"超额"认定转变为"等额"认定,实现国家奖助学金由"有人评"转变为"应助尽助",以确保学生资助任务圆满完成。

最后,在认定结果的异议处理上,学校采取"理情取向"的化解策略。除偏离政策的刚性规定或底线原则以外,学校及其各级政策执行主体倾向于采取"以理服人",用班级推荐的合法性使异议申诉者信服班级认定结果,同时采取"以情动人",用集体主义的价值观化解异议申诉者的困惑或不满。

(二)辅导员的行动

作为学生事务管理的"直接责任人",辅导员负责自己所管理班级贫困生认定的具体组织与审核事项。在贫困生认定的申请阶段,首先是认定政策宣传方面。为了避免发生"贫而未助"的漏助现象,以及由此引发的责任风险,辅导员不仅通过专题会议、新生入学教育等途径实现政策宣传的"全面告知",而且采取"上面怎么说,我就怎么说"的"向上主义"原则,以此规避政策解读失准等不确定性风险。其次是认定评议小组的组建方面,辅导员采取了"一核多元"的行动策略,"一核"是指学生干部,即通过重用学生干部缓解工作压力与责任压力,而"多元"是指认定评议小组应具有"最广泛代表"属性,即班级内的每个寝室均须指派一名代表参与认定评议,以强化认定评议小组及其评议的合法性。最后是评议规则方面,一是实行"公平公正原则",而且通过"道德升华""面子逻辑"等策略保障这一原则的实现;二是实行"特殊问题特殊对待原则",为灵活应对认定中出现的问题预留处置空间;三是实行"保密原则",既为防止申请者个人信息泄露,也为学生评议人的"敢评议""评真议"提供保护性动力。

在贫困生认定的评议阶段,辅导员主要从三个方面策略性组织、管理认定的评议,使之在符合政策规定的可控范围内有效运行。一是灵活运用投票及其所隐含的"少数服从多数"的决策传统,并将其纳入化解评议异议的工具箱,以备不时之需。二是秉持"雨露均沾"的最大范围资助理念,在有限资助资源内,尽可能提高贫困生认定比例,以增加学生资助的受惠"面"。此举既是为实现"应助尽助"的政策目标,亦为降低误认或漏认所带来的道德风险。三是时刻关注评议过程,这种关注不仅表征为对评议规则的设置所施加的影响,亦表征为对具体评议活动投注监督的"目光"。对于评议结果,他们不仅授予学生干部及评议小组尽可能多的主动权,以规避评议异议、评议偏误等产生的技术风险,而且,又通过学生干部的"代理身份"抑或"中介作用"间接控制评议结果,并实际成为评议结果的最后决定者,以规避背离政策规范而产生的问责风险。

在贫困生认定的最后阶段,辅导员的行动主要表现在异议处理方面,也即面对出局者的申诉,除偏离政策的刚性规定或底线原则以外,辅导员倾向于采取"理情取向"的处理策略,通过班级投票的多数人赋予合法性"以理服人",以及通过情感性替代的"以情动人"或"以德服人",借此尽量化解申诉人的困惑或不满。

（三）申请者的行动

申请者是高校贫困生认定政策的目标对象。在贫困生认定的准备阶段,面对班级中流行的"贫困生"形象这一局部情境,申请者利用与班级同学共同生活、学习、工作的情景条件,有意识地考虑面对他的人,本着舒茨所称的"你们取向",通过"生活消费""做人""做事"的理想化表演,生产"我真的困难"的价值符号,进而获得比其他竞争对象拥有更多价值的"符号暴力",并顺理成章地获取由此符号所带来的一系列物质资助与人文关怀。

在贫困生认定的申请阶段,对于申请者来说,他们被政策文本划分为建档立卡贫困户家庭学生、特殊情况家庭学生及一般家庭学生三种类型。同时,政策文本赋予不同类型学生不同的政策待遇,从而引发不同类型申请者的差异化申请路线。对于建档立卡贫困户家庭学生来说,由于政策上的优待,他们的申请行动也许仅仅是需要填写一些必要的表格。对于特殊情况家庭学生来说,他们所要做的就是按照扬帆大学贫困生认定程序参加认定。但是，他们需要宣示自己或家庭所遭受的政策优待边界内的何种特殊情况，而最直接的宣示方式就是将这种特殊情况填入《扬帆大学全日制本科生家庭经济困难学生认定申请表》中。对于一般家庭学生来说，他们不仅需要应对政策优先家庭学生的强势竞争，而且需要应对同类型申请者的常态化竞争。因此，他们需要表现出更加积极主动的申请态度，采取更加积极主动的申请行动，提供尽可能详尽的佐证材料，以弥补贫困符号标志上的劣势。

在贫困生认定的评议阶段，申请者借助经济上或身体上的自我贬低式的"弱者武器"，运用"哭穷"这一无奈而又动情的另类表达机制，意图引发他者具有表意属性的情感性认同，进而产生对自己的实际支持行动。从具体形式来看，申请者的"哭穷"可以分为"私下的倾诉"和"公开的言说"。前者是指申请者通过面对面或借助QQ、微信等形式向认定评议小组成员倾诉自己及其家庭经济、健康、生活等方面状况的行为，以获取或博得认定评议小组成员的贫困认同和情感支持。后者指申请者作为行动主体，通过文字或面对面的舞台化"表演"，以获取班级学生的贫困认同，"表演"类型分为文字叙说和现场诉说。文字叙说是以文字的形式讲述自身家庭结构、家庭成员健康、家庭收入与支出、突发意外等困难情况。现场诉说是以"演讲"或自我介绍的形式讲述自身家庭结构、家庭成员健康、家庭收入与支出、突发意外等困难情况。

在贫困生认定的结果阶段，经过层层考察，申请者被区分为入围者和出局者，前者为获得贫困生资格的申请者，也即贫困生，后者为未能获得贫困生资格的申请者。对于入围者而言，基于"利"与"窘"的不同情感体验，以及家庭境遇、个体境遇的变化，入围者的后续申请出现分化。从实地调研的情况来看，76.12%的入围者第二年选择继续贫困生认定申请，而7.14%的入围者第二年选择放弃贫困生认定申请。对于出局者而言，在认定"失利"、申诉"难变"的结构性情景下，无论出局者的出局因何缘由，出局者再次申请认定的积极性及对认定抱有的热情都受到一定程度的影响，"退出"便成为出局者自我保护的"无奈"之举。

（四）学生评议人的行动

在高校贫困生认定政策实施过程中，学生评议人是一线的政策执行者，且直接面对申请者，与申请者属于共同学习与生活的同辈群体。

在认定的评议阶段，为了及时、合理、有效地完成评议任务，学生评议人采取了一整套评议策略，具体包括四个方面：一是基于"同窗之情"，对评议材料采取"选择相信"的校验方法，以"以退为进"回应或抵消申请材料难以验证而隐含的道德风险；二是运用"感觉中的印象"的贫困辨识方法，基于对申请者日常吃、穿、用等消费情况的洞察，判断申请者及其家庭是否贫困及何等贫困；三是由于福利场域与教育场域的叠加效应，以及贫困生认定与国家奖助学金评选同步进行等原因，申请者的学习态度、学业水平、社会活动等非经济因素亦成为评议内容，"人穷志不穷"成为学生评议人衡量申请者贫困与否的又一价值取向；四是采取"推己及人"的实用策略，以自身吃、穿、用等日常消费水平或标准判断申请者是否贫困及何等贫困。

在认定的结果阶段，由于评议工作年复一年，有的学生评议人多次参加评议，表现出职业倦怠所具有的"枯竭症状"，即对评议工作表现出"为了完成任务而完成任务"的心态，甚至表现出一定的消极抵制情绪，因此采取"轮流"或"抓阄"的形式来决定谁来承担评议任务。

二、"场域中的行动者"：政策实施中参与主体的行动逻辑

作为一种特殊场域的大学，有其基本的场域特性，具体来说，一是知识生产的内在逻辑促使大学对独立性的追求，且对外部干预存有天然的敏感与抵制；二是关系化的运作，其变迁动力为不同力量间的争执与妥协，如元场域对大学场域的影响等；三是存有不同资本所形成的权力，呈现为多种权力形态；四是以文化资本为核心流通媒介，而文化资本生产出大学的意义空间性格。[1] 大学场域的这些特性势必对其子场域的学生资助场域产生相应影响，并进一步影响学

---

[1] 乔元正：《大学场域论释义：问题、特质与意义》，《高教探索》，2015年第4期。

生资助场域中高校贫困生认定政策实施的参与主体,包括学校、辅导员、学生评议人及申请者。

（一）学校的稳妥取向

根据场域理论的观点,学校作为一个社会小世界,一方面具有其相对自主性,即学校隶属于教育科层系统,不可避免地受到上级政府部门（省教育厅）、国家等权力场域或元场域的支配,表现出对上级指令或政策的主动服膺;另一方面又具有其自身逻辑和必然性,拥有其特定的价值取向和利益诉求,表现出理性人的利己主义倾向。在这种情况下,对于贫困生认定的政策执行,学校既要充分尊重上级政府部门（省教育厅）、国家等权威主体所制定的认定政策及其关切,也要充分考虑组织自身的情境与现实条件,最终决定了其执行高校贫困生认定政策的逻辑,是一种稳妥取向,即追求政策执行的稳当、可靠,尽量避免政策风险,以及可能由此引发的负面后果与行政问责。

在本研究中,学校正是基于稳妥取向的行动逻辑,在贫困生认定政策实施中采取了一系列行动,以保障政策执行顺利完成,并实现政策既定目标。与此同时,分析扬帆大学贫困生认定政策实践,可以发现,学校这种稳妥取向的行动逻辑并非呈碎片化的零散状态,而是嵌入在贫困生认定政策实施的各个环节,包括校级认定政策的制定、认定的组织管理、认定的结果及异议处理。而且,在学生资助场域内,学校因其所拥有的资本数量与相对价值而处于主导地位,它的管理理念与管理方法不可避免地会对场域内的各类主体产生一定影响,受此影响,贫困生认定政策实施中其他参与主体的行动逻辑表现出一定的"稳妥"意涵。

（二）辅导员的谨慎与统摄

帕森斯习惯用"系统"或"制度化"这类概念来说明社会行动的限定性,也即行动者虽然可以凭借自己的能动性选择行动,但是外界的结构性要素为行动者的行动提供了一定的限制性框架。这种社会行动的限定性观点在布迪厄这里得到进一步发展,布迪厄用惯习来形容行动者的行动如何内嵌社会结构的影子,具体来说,实践往往不是通过缜密的谋划而有目的、有意识地发生的,也不是通过机械的社会决定过程产生的;相反,人类的实践,尤其是日常生活的构成,往往是在前意识状态中自动运行的。[①] 这种前意识状态是历史的产物,而且这个历史不仅是整个社会场域的历史,也是特定子场域中某个生活道路中积累经验的历史。[②]

基于布迪厄的惯习及其理论内涵,可以发现在高校贫困生认定政策实施过程中,辅导员的行动逻辑与其惯习相关联,或者说受其惯习影响。对于辅导员来说,受职业定位的政策规范及高校学生管理实践的双重作用,其工作职责几乎涵盖了学生管理、教育、服务等方方面面的所有事项,成为学生事务管理的"直接责任人",其责任被泛化,并进而生成其巨大的责任压力,加上"过日子"的生活境遇,共同促生出辅导员自我保护的工作策略,具体来说,包括工作留痕、安插信息员、积极向上级汇报及资料至上。这些自我保护的工作策略反映了辅导员在工作中的自我保护心态,并成为持久而又潜在的行为倾向系统。进一步来说,在这种行为倾向系统的作用下,辅导员在高校贫困生认定政策实施过程中展现出谨慎与统摄的行动逻辑。所谓的谨慎,即小心翼翼,以免发生不确定性风险,辅导员的谨慎逻辑主要表现在贫困生认定的申请阶段。所谓的统摄,即统领各个事项,使认定在可以控制的范围内执行,辅导员的统摄逻辑主要表现在贫困生认定的评议阶段。而在贫困生认定的最后阶段,辅导员谨慎和统摄的行动逻辑进一步得以展现,一方面,正如上文所言,面对出局者的申诉,除偏离政策的刚性规定或底线原则以外,辅导员倾向于采取"理情取向"的处理策略,尽量化解申诉人的困惑或不满;另一方面,面对"赶场"的工作节奏,辅导员遗憾于无暇反思贫困生认定,以对贫困生认定进行总结与提升,从反面说明了其谨慎和统摄的需求心态。

[①] 侯钧生:《西方社会学理论教程》,南开大学出版社,2017年,第386页。
[②] 布尔迪厄、华康德:《反思社会学导引》,李猛、李康译,商务印书馆2015年版,第167页。

（三）申请者的权宜

在本研究中,无论从所处场域的客观位置来看,还是从所拥有的资本数量来看,申请者都处于学生资助场域的被支配地位。也就是说,相比于其他参与主体,申请者处于一种心理或文化上的弱势状态。在这种弱势状态下,为了获得其他参与主体对自己及其家庭贫困现状的认可与支持,从而顺利通过贫困生认定,并获得贫困生资格及其所绑定的相应资助,申请者权宜性地在贫困生认定的各个不同阶段展开了不同行动。比如:在贫困生认定的准备阶段,申请者根据班级贫困文化的局部情境,采取一系列行动,以获得更多的贫困符号资本,从而在贫困生认定的竞争中占据优势地位;在贫困生认定的申请阶段,申请者依据不同的政策待遇,采取不同的申请行动;在贫困生认定的最后阶段,申请者依据自身不同的情感体验等方面因素,决定后续是否继续参与贫困生认定申请等。

由上可以发现,申请者的行动展现出的是一种权宜性逻辑。所谓的权宜性逻辑,也即是申请者的行动并不是遵循了预先确定的规范的亦步亦趋的产物,而是洞察局部情况,依据具体情景(场景),进行的主动创造。常人方法学认为,权宜性是日常生活实践行动的首个特征,也即行动不是依据事先规定的规则进行,而是行动者根据局部情境,按照场景条件,凭借自身"永无止境"的悉力来完成。

（四）学生评议人的变通

在学生资助场域中,学生评议人具有"学生"与"政策执行者"的双重身份。对于"学生"身份而言,由于其在场域中所处的客观位置,他们所拥有的资本数量与价值是有限的,难以通过"加码"的额外要求提高贫困生瞄准精度。而与之所不同的是,辅导员就可以要求申请者提供更多的佐证材料,以材料的多少或详略判断"谁是贫困生";对于"政策执行者"身份而言,他们又需要在有限时间内完成贫困生认定,并努力实现精准识别贫困生的政策目标。

因此,在上述的"两难"情境下,学生评议人在贫困生认定政策实施过程中采取变通的行动逻辑,并基于变通逻辑展开了一系列行动,策略性地按时保质完成评议任务。所谓的变通,是指在处理事物时,依据情势发展,适当改变原有的处理方法或举措,但并不是背离原有的原则与目标,而政策变通则是指在某个政策的实际执行过程中,政策执行者依据政策环境及其相应变化,在不改变政策精神的基础上,因地制宜地灵活执行政策,从而实现政策的预期目标。不仅如此,学生评议人直接面对申请者,他们的变通行动不可避免地会对贫困生认定政策实施产生重要影响。

三、"外在约束"与"内在诉求":参与主体背后的隐形机制

在高校贫困生认定政策实施过程中,各个参与主体基于不同的行动逻辑,采取了不同的行动,合力制造出贫困生身份。而各个参与主体背后有其更深层面的隐形机制,具体表现为两个方面:一是具有外在约束性的"权力的眼睛",二是具有内在属性的"双重价值诉求"。二者"内外结合",共同作用于参与主体,深刻影响着参与主体的行动。

(一)外在约束:"权力的眼睛"

对于高校贫困生认定政策实施中所发生的事件或现象,不仅要考察其经济因素,更要考察其中所蕴含的政治、文化等因素及其影响。而"权力的眼睛"正好为我们提供了政治、文化分析的路径。"权力的眼睛"是福柯用来对目光的比喻。福柯认为,观看也是一种权力的实施形式,并且会达到"一种虚构的关系自动地产生出一种真实的征服"的效果。[①] 也就是说,只需要有注视的目光,且这个目光是一种监视的目光,所有人在这种目光的注视及其压力之下,都会慢慢变成自己的监视者,从而实现对自我的监禁。总之,"权力的眼睛"所含有的"监视""权力""规训"等因素已经嵌入高校贫困生认定政策实施过程中,并成为参与主体背后的具有外在约束性的隐形机制,且具体运作于以下几个方面:

其一,运作于贫困生认定过程。贫困的复杂性及贫困生认定信息不对称性等因素致使贫困生精准识别面临多方面挑战。为了应对这种挑战以克服贫困

---

① 米歇尔·福柯:《规训与惩罚》,刘北成、杨远婴译,生活·读书·新知三联书店2010年版,第227页。

生认定的不确定性甚至是靶向偏离,政策制定者构筑了一整套贫困生认定的制度或规范,包括政策宣传、民主评议、多级公示、申诉与反馈等。深入剖析这些制度或规范,不难发现,贫困生的认定过程被置于大众目光注视之下,并对其中的参与主体产生了一系列影响。比如,对申请者而言,他们被推至"聚光灯"之下,接受学校、辅导员、学生评议人等参与主体的"审察",以判断其本人及其家庭的经济水平、消费层次等方面的信息。对学生评议人而言,他们的评议结果首先要在班级内公示,以接受辅导员、申请者及班级其他学生的监督,而其评议行动则直接受辅导员的时刻关注,等等。

其二,运作于贫困生资助过程。贫困生的符号或身份不仅可以吸纳社会大众的情感关怀,更有机会获取国家、地方及学校、社会爱心人士等主体提供的各类奖助学金。然而,辩证唯物主义认为,任何事物及其发展都有其两面性,一面为有利的,一面为不利的弊端。贫困生在依其"贫困"的身份或符号获得一系列情感、经济等利益的同时,亦因其"贫困"及其捆绑的利益而面临社会大众的注视,这种注视如同福柯所说的"权力的眼睛",而其焦点便是贫困生吃、穿、用、娱等日常生活与消费行为,并据此判断贫困生是否符合"贫困"的流行形象,而且这种注视进一步演化为对贫困生学业、社会参与、人际关系等道德品性的评判,继而形成对贫困生"他们应该这样而不应该那样"的角色期待,并最终影响贫困生与贫困生认定申请者的行动方向。

其三,运作于贫困生认定管理过程。就管理维度而言,"权力的眼睛"的外在约束可谓贯穿贫困生认定整体过程,这不仅源自上级组织对下级组织的法理型权威,也是源自贫困生认定及其所绑定利益的重要性或敏感性。正如前文所述,根据笔者的调查,从 2013 年开始,安徽省教育厅历年均会下发《关于开展民生工程高校中职和普通高中家庭经济困难学生资助工作绩效考评的通知》,要求各高校对照绩效评价内容和指标全面梳理上一年度学生资助工作,即时开展自评,撰写自评报告,该报告应包含 20 项三级指标考核内容并附自评打分表,同时须提供三级指标的佐证材料。与此同时,随着教育信息化兴起,不仅国家及地方教育主管部门针对高校学生资助建立了相应的数据管理系统,而且在教育主管部门的统一要求下,各个高校亦投身于这场教育信息技术革命。基于信息技术的增能,上级主管部门不仅可以通过材料上报、现场检查等传统方式实现过程监管,而且可以运用信息化手段实现即时监管。这种"线下＋线上"的监管模式进一步强化了贫困生认定过程管理,对学校及辅导员的行动产生了诸多影响,比如学校的过程管理、辅导员工作留痕等行动策略便在此种情境下产生。

(二)内在诉求:社会保护与社会化的双重价值

学生资助场域不仅因其福利效用而具备福利场域的属性,而且因其作为学校场域的子场域而具备教育场域属性。换句话说,学生资助场域兼具福利场域和教育场域的双重属性,且不同场域属性具有不同的特定利益或共识,也即布迪厄所认为的"每一个场域都拥有各自特定的利益形式和特定的幻想,场域创造并维持着它们"。[①] 从福利场域角度而言,其场域遵循的是社会保护价值取向,即场域的共识是通过经济援助等形式帮助弱势群体摆脱生活困境,恢复其生活秩序,以至于促进社会公平与正义,保障社会的良性运行。因此,基于这种场域共识,贫困生认定政策实施也需要秉持社会保护价值取向,也就是政策执行者需要通过一系列合法程序,并运用一系列方法识别出贫困生,为学生资助政策寻找合适的政策对象,使真正有需要的学生能够享受到经济援助。

从教育场域角度而言,其场域遵循的是社会化价值取向,也即场域的共识是通过知识传授、思想引领、行为引导等形式促进人的社会化,进而培养出社会所需要的合格建设者。因此,基于这种场域共识,贫困生认定政策实施也需要秉持社会化价值取向,也就是政策执行者需要将社会化的价值嵌入贫困生认定过程,实现对政策对象思想、观念、行为等方面的引导。因此,笔者认为,在福利场域与教育场域双重属性作用下,学生资助场域对贫困生认定产生了一种"叠加效应",即贫困生认定政策实施内含社会保护与社会化的双重价值诉求。

[①] 布尔迪厄、华康德:《反思社会学导引》,李猛、李康译,商务印书馆 2015 年版,第 146 页。

在本研究中,虽然扬帆大学贫困生认定政策文本与国家、地方政策文本保持一致,强调贫困生认定以学生家庭经济状况为主要辨别依据,以实现对贫困学生群体的社会保护,但在实际的政策执行过程中,政策执行者既考察学生及其家庭的经济状况,同时也考察学生学业、学习态度、社会参与等非经济因素。不仅如此,在"应助尽助"政策目标的约束下,贫困生认定与学生资助已然实现合二为一,而学生资助政策文本涉及学生多方面非经济因素,如《扬帆大学国家助学金评选办法》规定,国家助学金的推荐条件包括"诚实守信、道德品质优良""勤奋学习,积极上进"等。毫无疑问,这些非经济因素体现了对学生智力、品行等方面的社会化要求。

由上可知,社会保护和社会化的双重价值诉求已成为政策实施的内在隐形机制,并成功作用于政策实施中的参与主体,继而对参与主体的行动产生重要影响。比如,对于学生评议人而言,他们不仅通过对申请者日常生活、消费等"感觉中的印象",判断其是否困难,而且还会基于"人穷志不穷"的社会化理念,审视申请者的上进心、积极性及学业状态等非经济因素。对于申请者而言,他们不仅认同了班级中流行的贫困生形象,也即贫困生在日常生活、消费等方面需要展现节俭,同时在学习、社会参与等方面需要表现一定的积极性和上进心,而且通过生活消费、做人、做事的"理想化表演"来获得学生评议人的支持。不仅如此,异议处理的"理情取向"也反映了学校、辅导员等参与主体对申诉者的教育引导,将团结、友爱等德行教育融入异议处理之中。

四、"深层的透视":从参与主体的行动观照高校组织文化

自1927年霍桑实验之后,组织文化逐渐成为组织研究领域的核心议题。组织文化不是以物为中心,而是以人为中心,是包括决策者、执行者等组织成员行动时所依循的共享价值观、共同的看法、观点及行动整合。组织文化在对组织成员产生影响的同时,组织成员的认知与行动也留下了组织文化的痕迹,或者说,从组织成员的行动可以观照组织文化。因此,高校作为一种组织类型,要理解其组织文化,可以从高校组织成员的行动中寻找蛛丝马迹,并归纳其组织

文化特性。同时,对高校组织文化的认知又可以进一步为理解其组织行为"为何发生"提供相应分析路径。

为了实现对高校组织文化的准确把握,运用科学的模型进行系统分析是一种有效方法,而在既有模型中,组织对管理行为的价值判断模型具有一定优势,该模型将组织文化特性操作化为四个象限,分别为动力特性、效率特性、秩序特性以及和谐特性,且每个象限内含两组管理行为的价值判断要素,分别为创新—保守导向与学习—经验导向、结果—过程导向与竞争—合作导向、制度—领导权威导向与集体—个人导向、关系—工作导向与沟通开放性—封闭性导向。[①] 借鉴组织对管理行为的价值判断模型,透视扬帆大学贫困生认定政策实施中参与主体的行动及其策略,高校组织文化可以从以上四个象限的不同维度呈现。

一是动力特性方面,在创新—保守导向上,高校表现出保守导向的文化特性。比如,扬帆大学从校级贫困生认定政策制定、过程管理及认定指标确定等方面展现出的稳妥取向;辅导员基于工作与生活境遇所展现出的自我保护工作策略等。在学习—经验导向上,高校表现出经验导向的文化特性,因为在扬帆大学贫困生认定政策实施过程中,决策者并没有就上级贫困生认定政策文本进行转译或优化升级,而是按照过往经验直接复制上级政策文本,组织内的各参与主体也更多的是基于过往历史所积淀下来的经验而行动,以至于有辅导员因"赶场"而留下些许遗憾。

二是效率特性方面,在结果—过程导向上,高校表现出过程导向的文化特性,这种文化特性从扬帆大学对贫困生认定进行过程管理即可以窥见一斑。在竞争—合作导向上,高校表现出合作导向的文化特性,这种合作既体现于上下之间的纵向合作。如,从学校、辅导员到学生评议人、申请者都在为了完成认定而相互配合,也体现于同一层级的横向合作,如:各个学院之间调剂国家奖助学金指标,一个学院内部各个班级之间调剂国家奖助学金指标,以保证"应助尽助"的政策目标。

---

① 刘理晖、张德:《组织文化度量:本土模型的构建与实证研究》,《南开管理评论》,2007年第2期。

三是秩序特性方面,在制度—领导权威导向上,高校表现出制度导向的文化特性,这种制度导向不仅体现于外部环境对高校贫困生认定的影响,如:高校学生资助政策、高校贫困生认定政策等制度层面,以及贫困与贫困生的社会认知等文化层面,也包括学校、辅导员、学生所构建的微观认定情境对高校贫困生认定所产生的影响。在集体—个人导向上,高校表现出集体导向的文化特性。比如,在认定评议阶段,辅导员重视班级全体学生的投票,并将其纳入异议处理的工具箱内,同时辅导员注重"面"的兼顾,尽量增加贫困生认定的人数,以扩大资助范围;在认定的结果阶段,学校、辅导员运用集体主义价值观化解相关申诉等。

四是和谐特性方面,在关系—工作导向上,高校表现出关系导向的文化特性。比如,认定评议小组基于"同窗之情"选择相信申请者所提交材料是客观的;辅导员及学校倾向于以"理情取向"化解贫困生认定的异议;申请者采取"私下的倾诉"等策略以获得相应主体的贫困认同等。在沟通开放性—封闭性导向上,高校表现出沟通封闭性的文化特性。比如,学校制定校级认定政策时并未征求辅导员等参与主体的意见,而只是照搬上级政策文本;认定评议小组的评议所遵循的"保密原则"等。

第二节　讨论

本节在结合研究结论的基础上,对相关问题进行了探讨,此举可以进一步拓展对高校贫困生认定政策实施的理解。最后,文章总结了本研究的创新之处,并提出有待进一步探讨的问题。

一、地域性何以影响高校贫困生认定

学校作为一种特定的组织形式,并不是悬空的,而是处于一定的空间之上。从时空社会学角度而言,空间不仅是一处物理场所,它更是一个被建构的社会人文空间,其间涉及历史、政治、文化等方面因素;与此同时,无论是自然环境,还是包括政治、经济、文化在内的社会环境,都会对政策执行产生一定的影响或形成一定的制约。① 因此,在分析高校贫困生认定政策执行时,自然需要考虑学校所处的地域性环境对其所施加的作用。

在本研究中,扬帆大学既地处我国中部地区,而且其生源也主要来自中部地区,并以其中的农村籍生源为主,这也就决定了参与贫困生认定申请的人数较多,甚至有的班级达到一半的人都参加贫困生认定申请。而每个学校的贫困生认定指标是固定的,这种情况不可避免地会增加贫困生认定的难度,并进一步对贫困生认定政策实施产生影响。比如,辅导员会尽量扩大受惠面,提高贫困生认定的比例;申请者会采取更多的行动策略,以增加通过贫困生认定的可能性等。与此同时,在一定的贫困生指标资源下,总有一部分申请者将被"淘汰"而失去贫困生资格及其所绑定的资助,而这部分被"淘汰"的申请者或许比相对发达地区的贫困生更困难一些。

不仅如此,在扬帆大学贫困生认定政策文本中,地区经济社会发展水平是贫困生认定的依据之一,具体包括学校所在地、生源所在地经济发展水平、城乡居民最低生活保障标准及学校收费标准等方面。也就是说,在贫困生认定实施过程中,政策执行者需要考虑上述地区经济社会发展水平因素,而这些因素无疑都与地域性相关联。

二、高校贫困生认定何以消弭"福利污名"

在社会政策实施过程中,如何削弱或消除"福利污名",以使贫困群体有尊严地获得社会公共资源,是社会政策研究的热点话题。② 戈夫曼首次对"污名"进行了概念化,认为污名是一种特质,即一个人因这种特质而与众不同,并被划归虚弱的、危险的、坏的群体,这个人的形象也将因此遭遇贬损。③ 在污名概念的影响下,相关学者发展出了"福利污名"概念,借此形容社会援助项目或广义

---

① 宁骚:《公共政策学》,高等教育出版社,2018年,第312-313页。
② 岳经纶、斯坦·林根:《中国正在建立怎样的福利国家?》,《中国公共政策评论》,2013年第1期。
③ 欧文·戈夫曼:《污名——受损身份管理札记》,宋立宏译,商务印书馆2009年版,第2-27页。

上的社会福利制度对贫困群体可能产生的污名效应。[①]

在高校贫困生认定政策实施过程中,受制于贫困生认定政策的模糊性、贫困的复杂性,以及政策执行者的责任规避心态等方面因素,政策执行者往往锚定"公平""透明""公开"的合法性诉求,以尽量获得其他相关参与主体对贫困生认定及其结果的认同。因此,轮番的"调查""评议""公示"等手段成为达至合法性认同的常用工具。这种"探照灯"式的认定容易造成申请者的个人隐私泄露,使申请者面临污名化压力,并可能由此导致贫困生认定的瞄准偏差。有研究表明,家庭经济调查、资格评议、一线政策执行者冷漠的态度等方面都会对社会援助的申请者产生消极影响,甚至使贫困群体放弃相关申请[②]。

结合调研与反思,笔者认为,要消除高校贫困生认定的"福利污名",核心是要协调好分配正义的两个维度,即形式正义或程序正义与实质正义之间的关系,前者聚焦资源与财富分配本身的合理性,强调分配的过程、规则、机会是否公正合理;后者聚焦资源与财富的分配结果,不仅应着重考察社会资源、财富的分配有无差异,[③]还应着重考察分配结果是否体现了人性化,即是否关照了人的面子或尊严。也就是说,对于高校贫困生认定政策执行而言,需要处理好政策执行过程中形式正义与实质正义二者之间的关系,避免出现内容与形式、目的与手段之间的失衡,为消除或抑制"福利污名"构建正义的屏障。

三、研究创新与进一步努力方向

在选取高校贫困生认定政策执行的问题后,通过文献梳理,发现已有研究存在一些不足之处。首先,已有研究已关注到高校贫困生认定标准、认定方法、认定程序等政策本身及政策效果,但未能从微观层面关注政策实施中参与主体的行动;其次,已有研究更多的是静态分析,而缺少动态的过程性分析,难以形

---

① 祝建华、林闽钢:《福利污名的社会建构——以浙江省城市低保家庭调查为例的研究》,《浙江学刊》,2010 年第 3 期。

② Edmonds, E. V. "Targeting Child Benefits in a Transition Economy". *Economics of Transition*, 2005, 13(1):187-210.

③ 孙悦、麻宝斌:《公共政策正义性评估的理念与方法》,《吉林大学社会科学学报》,2013 年第 4 期。

成对政策运行真实状态的有效认识；最后，已有研究缺少对人的真正关注，人似乎成了没有感情的符号，或仅被视为一个抽象的变量，缺少鲜活性与情感性。

为了克服这些不足，本研究进行了以下几个方面的创新。首先，在研究视角上，本研究对高校贫困生认定政策实践进行微观层面的分析，聚焦政策实施中的参与主体及其行动，通过对参与主体行动过程的理解去反思或观照政策执行及其影响因素。而这种微观分析是深入政策执行内部、打开政策执行"黑箱"的有效路径。其次，在研究策略上，本研究采取动态的分析手法，运用"过程—事件分析"的研究策略，重新激活高校贫困生认定政策实践，将其事件性过程作为切入点，以此探讨高校贫困生认定政策实践的实然状态。再者，在研究路径上，本研究不仅聚焦高校贫困生认定政策实施中的各方参与主体，而且将各方参与主体还原为一个个活生生的人，一个个有血有肉、有情感的人，而具体分析途径就是聚焦他们的日常生活世界，在他们的日常生活中寻找蛛丝马迹，探寻参与主体的心态及其背后的作用机制。最后，本研究力图从讲故事走向获取知识，不仅通过对高校贫困生认定政策实施中参与主体的行动分析，增进对高校贫困生认定政策实践何以实现及政策目标何以实现的更好理解，而且结合高校贫困生认定政策实施中参与主体的行动及其策略，展开对高校组织文化特性的分析，而这种分析可以进一步增进对高校组织行为"为何发生"等相关议题的理解。

尽管本研究付诸了努力并展现出一定的创新性，但论文仍存在一些不足的地方有待进一步完善。首先，文章基于扬帆大学的研究成果或许具有一定的特殊性，其推广意义仍需要进一步论证。但是，个案研究的目的并不是具有统计学意义上的代表性，而是通过案例分析的成果使面对其他案例的研究者产生"似曾相识"的联想，同时产生一些可供检验的假设。笔者所做的努力，或许可以为相对贫困治理、大学治理、学生教育管理及弱势群体的标签化、污名化等议题提供关键特征、要素关系或解释原理的知识性命题。[①] 其次，文章基于事件

---

① 张静：《案例分析的目标：从故事到知识》，《中国社会科学》，2018年第8期。

性过程的时间脉络，展开对高校贫困生认定政策实施不同阶段不同参与主体的行动研究，以此剖析不同参与主体的行动逻辑，但缺少对某个参与主体的跟踪研究，尤其是对贫困生认定申请者的"入围"与"出局"两种身份转换的分析，而这种分析对贫困生认定申请者的申请动机、行动策略、自我认同等方面研究将有启示意义。笔者接下来将在这些方面进一步开展研究，以促使贫困人群的识别、帮扶等政策更加精准化、更富人性化。

参 考 文 献

一、中文文献

布尔迪厄、华康德:《反思社会学导引》,李猛、李康译,北京:商务印书馆,2015 年。

布尔迪厄:《关于电视》,许钧译,沈阳:辽宁教育出版社,2000 年。

理查德·布克斯塔伯:《理论的终结:金融危机,经济学的失败与人际互动的胜利》,何文忠、颜天罡译,北京:中信出版社,2018 年。

白华、徐英、李诺枫:《高校贫困生资助的过程管理研究》,《黑龙江高教研究》,2014 年第 7 期。

白华、徐英:《扶贫攻坚视角下高校建档立卡生精准资助探析》,《国家教育行政学院学报》,2017 年第 3 期。

白华:《从二元组合到三维一体——高校贫困生认定的新视角》,《社会科学家》,2012 年第 7 期。

包亚明:《布尔迪厄访谈录—文化资本与社会炼金术》,上海:上海人民出版社,1997 年。

毕鹤霞:《大数据下高校贫困生确认模型构建——基于"模糊综合评判法"与"模糊层次分析法"集成的实证研究》,《高教探索》,2016 年第 8 期。

毕鹤霞:《国内外高校贫困生认定与研究述评》,《比较教育研究》,2009 年第 1 期。

毕鹤霞:《贫困生判定的难点与认定方法探究》,《高教探索》,2008 年第 5 期。

毕天云:《布迪厄的"场域—惯习"理论在社会福利研究中的应用》,《思想战线》,2007 年第 3 期。

车淼洁:《戈夫曼和梅洛维茨"情境论"比较》,《传播学研究》,2011 年第 6 期。

陈鼓应:《老子今注今译》,北京:商务印书馆,2003 年。

陈水生:《什么是"好政策"？——公共政策质量研究综述》,《公共行政评论》,2020 年第 3 期。

陈喜乐、杨洋:《政策执行研究的范式转变》,《厦门大学学报（哲学社会科学版）》,2013 年第 1 期。

蔡红建、薛单、王兵团:《对高校家庭经济困难学生认定问题的探索》,《中国青年研究》,2009 年第 12 期。

蔡连玉、应佳丽:《家庭经济弱势本科生补偿政策的话语分析（1979 年—2016 年）》,《高教探索》,2017 年第 10 期。

蔡连玉:《贫困本科生的自我结构与符号自我构建》,《高等教育研究》,2018 年第 3 期。

蔡连玉:《贫困本科生生活世界中的象征资本:规训、积累与补偿》,《高教探索》,2018 年第 3 期。

陈立中:《转型时期我国多维度贫困测算及其分解》,《经济评论》,2008 年第 5 期。

陈向明:《"质的研究"中研究者的个人倾向问题》,《教育研究》,1998 年第 1 期。

陈向明:《教师如何做质的研究》,北京:教育科学出版社,2001 年。

陈向明:《质的研究方法与社会科学研究》,北京:教育科学出版社,2000 年。

陈向明:《质性研究的新发展及其对社会科学研究的意义》,《教育研究与实验》，2008 年第 2 期。

陈勇、朱平：《高校辅导员"双重身份"的现实与未来》，《思想理论教育导刊》，2016 年第 10 期。

陈振明：《公共政策学——政策分析的理论、方法和技术》，北京：中国人民大学出版社，2004 年。

程猛：《"读书的料"及其文化生产——当代农家子弟成长叙事研究》，北京：中国社会科学出版社，2018 年。

崔思宁：《惯习、资本与场域：布迪厄实践理论及其对中国公共政策过程研究的启示》，《湖北社会科学》，2017 年第 9 期。

查尔斯·蒂利：《为什么？》，李钧鹏译，北京：北京时代华文书局，2015 年。

邓婷鹤、毕洁颖、聂凤英：《中国农村老年人多维贫困的测量与识别研究——基于收入贫困与多维贫困视角》，《统计与信息论坛》，2019 年第 9 期。

阿兰·德波顿：《身份的焦虑》，陈广兴、南治国译，上海：上海译文出版社，2009 年。

阿维那什·迪克西特：《经济政策的制定》，刘元春译，北京：中国人民大学出版社，2004 年。

诺曼·K. 邓津、伊冯娜·S. 林肯：《质性研究手册：资料收集与分析方法》，朱志勇、董轩、张华军等译，重庆：重庆大学出版社，2018 年。

丁桂兰、周艳华：《高校贫困生认定的现实困境与对策思考》，《教育与职业》，2010 年第 26 期。

丁煌、定明捷：《基于信息不对称的政策执行分析》，《北京行政学院学报》，2008 年第 12 期。

丁煌、李晓飞：《逆向选择、利益博弈与政策执行阻滞》，《北京航空航天大学学报（社会科学版）》，2010 年第 1 期。

丁煌：《我国现阶段政策执行阻滞及其防治对策的制度分析》，《政治学研究》，2002 年第 1 期。

定明捷：《政策执行的组织视角》，《理论探讨》，2006 年第 2 期。

段玉青:《全员育人视域下的大学生资助育人机制探析》,《湖北社会科学》,2017 年第 5 期。

丁建明、冷志明:《区域贫困的地理学分析》,《地理学报》,2018 年第 2 期。

都阳、A. Park:《中国的城市贫困:社会救助及其效应》,《经济研究》,2007 年第 12 期。

范先佐、唐斌、郭清扬:《70 年学生资助工作的系统回顾与经验总结》,《华中师范大学学报(人文社会科学版)》,2019 年第 5 期。

费孝通:《个人·群体·社会——一生学术历程的自我思考》,《北京大学学报(哲学社会科学版)》,1994 年第 1 期。

费孝通:《孔林片思》,《读书》,1992 年第 9 期。

费孝通:《略谈中国的社会学》,《高等教育研究》,1993 年第 4 期。

费孝通:《试谈扩展社会学的传统界限》,《北京大学学报(哲学社会科学版)》,2003 年第 3 期。

费孝通:《中国城乡发展的道路——我一生的研究课题》,《中国社会科学》,1993 年第 1 期。

风笑天:《社会学研究方法》,北京:中国人民大学出版社,2009 年。

冯永刚、李良方:《论心态史视角下的教育史研究》,《山西大学学报(哲学社会科学版)》,2018 年第 3 期。

冯怡琳、邱建亮:《对中国多维贫困状况的初步测算——基于全球多维贫困指数方法》,《调研世界》,2017 年第 12 期。

米歇尔·福柯:《规训与惩罚》,刘北成、杨远婴译,北京:生活·读书·新知三联书店,2010 年。

付剑茹、陈绵水、张伟:《新国家助学金政策实施绩效及其影响因素的实证分析》,《江西财经大学学报》,2014 年第 2 期。

傅春晖、彭金定:《话语权力关系的社会学诠释》,《求索》,2007 年第 5 期。

甘剑锋:《对高校贫困生资助政策的评价与思考》,《中州学刊》,2011 年第 2 期。

高倩:《如何看待成市贫民》,《社会》,2001 年第 3 期。

高强、孔祥智:《论相对贫困的内涵、特点难点及应对之策》,《新疆师范大学学报(哲学社会科学版)》,2020 年第 3 期。

高宣扬:《布迪厄的社会理论》,上海:同济大学出版社,2004 年。

高岩、吴耀武:《高校辅导员工作压力分析及其调适——基于陕西省高校样本的实习和资本:布迪厄与马克思在实践观上的不同视域》,《河南大学学报(社会科学版)》,2007 年第 3 期。

公衍勇:《关于精准扶贫的研究综述》,《山东农业工程学院学报》,2015 年第 3 期。

龚虹波:《执行结构—政策执行—执行结果——一个分析中国公共政策执行的理论框架》,《社会科学》,2008 年第 3 期。

关信平:《论现阶段我国贫困的复杂性及反贫困行动的长期性》,《社会科学辑刊》,2018 年第 1 期。

桂富强、成春、任黎立:《层次分析法在高校贫困学生综合评价中的应用》,《软科学》,2007 年第 3 期。

郭熙保:《论贫困概念的内涵》,《山东社会科学》,2005 年第 12 期。

克利福德·格尔兹:《文化的解释》,纳日碧力戈等译,上海:上海人民出版社,1999 年。

欧文·戈夫曼:《日常生活中的自我呈现》,冯钢译,北京:北京大学出版社,2008 年。

何海兵:《实践理论与实践社会学方法探析》,《天府新论》,2008 年第 2 期。

何倩:《基于层次分析法对高校贫困生认定指标体系的研究》,《黑龙江教育学院学报》,2011 年第 3 期。

贺雪峰、刘勤:《农村低保缘何转化为治理手段》,《中国社会导刊》,2008 年第 3 期。

贺雪峰、刘岳:《基层治理中的"不出事"逻辑》,《学术研究》,2010 年第 6 期。

贺东航、孔繁斌：《公共政策执行的中国经验》，《中国社会科学》，2011 年第 5 期。

洪柳：《我国高校贫困生资助体系的历史、问题与精准化路径》，《湖南师范大学教育科学学报》，2018 年第 5 期。

侯钧生：《西方社会学理论教程》，天津：南开大学出版社，2017 年。

胡安宁：《社会学的文化转向如何避免"装饰社会学"陷阱?》，《社会科学》，2021 年第 8 期。

胡邦宁：《区块链在高校精准资助中的价值意义与实施路径》，《人民论坛》，2020 年第 35 期。

胡联合、胡鞍钢：《贫富差距是如何影响社会稳定的?》，《江西社会科学》，2007 年第 9 期。

胡纵宇：《大学场域中的生存异化——贫困大学生成长境遇的社会学分析》，《湖南师范大学教育科学学报》，2013 年第 5 期。

霍萱、林闽钢：《中国农村家庭多维贫困识别指标体系研究》，《社会科学战线》，2018 年第 3 期。

麦克尔·豪利特、M. 拉米什：《公共政策研究：政策循环与政策子系统》，庞诗等译，北京：生活·读书·新知三联书店，2006 年。

米切尔·黑尧：《现代国家的政策过程》，赵成根译，北京：中国青年出版社，2004 年。

胡银环：《试论学生资助制度在实现教育公平中的作用》，《教育与经济》，2000 年第 1 期。

黄建美、邹树梁：《高校资助育人创新视角：构建多维资助模式的路径探析》，《中国高教研究》，2012 年第 4 期。

黄新华：《政治过程、交易成本与治理机制——政策制定过程的交易成本分析理论》，《厦门大学学报（哲学社会科学版）》，2012 年第 1 期。

黄森慰、姜畅、郑逸芳：《妇女多维贫困测量、分解与精准扶贫——基于福建省"巾帼扶贫"五年攻坚计划调研数据》，《中国农业大学学报》，2019 年第 4 期。

江应中:《高校贫困生资助政策的伦理性及价值跃迁》,《江苏高教》,2010年第 3 期。

姜旭萍、郑俊:《构建点线面三位一体的高校贫困生认定体系》,《湖北社会科学》,2009 年第 11 期。

安东尼·吉登斯:《现代性的后果》,田禾译,南京:译林出版社,2011 年。

尼尔·吉尔伯特:《社会福利的目标定位:全球发展趋势与展望》,郑秉文等译,北京:中国劳动社会保障出版社,2004 年。

安东尼·亚伯拉罕·杰克:《寒门子弟上大学:美国精英大学何以背弃贫困学生?》,田雷、孙竞超译,北京:生活·读书·新知三联书店,2021 年。

柯武刚、史漫飞:《制度经济学——社会秩序与公共政策》,韩朝华译,北京:商务印书馆,2000 年。

齐瓦·孔达:《社会认知——洞悉人心的科学》,周治金、朱新秤等译,北京:人民邮电出版社,2013 年。

赖明忠:《试论企业数字化管理》,《湖南社会科学》,2009 年第 1 期。

赖秀龙:《教育政策执行中的政策变通》,《教育发展研究》,2009 年第 4 期。

赖志杰:《"福利污名"在农村低保中真实存在吗?——兼析农村低保家计调查目标定位方法的变通执行》,《河南社会科学》,2019 年第 11 期。

李博、左停:《谁是贫困户?精准扶贫中精准识别的国家逻辑与乡土困境》,《西北农林科技大学学报(社会科学版)》,2017 年第 4 期。

李春影、石中英:《布迪厄社会思想对中国教育研究的影响:回顾与评论》,《比较教育研究》,2018 年第 8 期。

李飞、王钰、张勇:《高等学校贫困生的身份困境及其调适策略》,《沈阳农业大学学报(社会科学版)》,2019 年第 3 期。

李桂华:《教育扶贫的理论与实践探索》,《长白学刊》,2018 年第 4 期。

李昊、张昭:《流动人口多维贫困的测量与分解研究》,《经济问题探索》,2019 年第 5 期。

李红:《谈人类发展指数的理论评价与应用》,《经济问题》,2007 年第 5 期。

李棉管、岳经纶:《相对贫困与治理的长效机制:从理论到政策》,《社会学研究》,2020 年第 6 期。

李棉管:《技术难题、政治过程与文化结果——"瞄准偏差"的三种研究视角及其对中国"精准扶贫"的启示》,《社会学研究》,2017 年第 1 期。

李棉管:《自保式低保执行——精准扶贫背景下石村的低保实践》,《社会学研究》,2019 年第 6 期。

李培林:《生活和文本中的社会学》,北京:生活·读书·新知三联书店,2013 年。

李全生:《布迪厄的社会结构理论评述》,《济南大学学报(社会科学版)》,2008 年第 6 期。

李全生:《布尔迪厄场域理论简析》,《烟台大学学报(哲学社会科学版)》,2002 年第 2 期。

李瑞昌:《中国公共政策实施中的"政策空传"现象研究》,《公共行政评论》,2012 年第 3 期。

李晓明、杨文健:《儿童多维贫困测度与致贫机理分析——基于 CFPS 数据库》,《西北人口》,2018 年第 1 期。

李晓蔚:《"权力的眼睛":全景敞视主义视域下的网络围观》,《国际新闻界》,2015 年第 9 期。

李兴洲:《新中国 70 年教育扶贫的实践逻辑嬗变研究》,《教育与经济》,2019 年第 5 期。

李迎生、李泉然:《农村低保申请家庭经济状况核查制度运行现状与完善之策——以 H 省 Y 县为例》,《社会科学研究》,2015 年第 3 期。

李永才、梁江:《高校家庭经济困难学生认定机制重构》,《黑龙江高教研究》,2010 年第 4 期。

李振宇、张昭:《少数民族人口多维贫困测度与分析》,《西北师范大学(社会科学版)》,2019 年第 5 期。

李允杰、丘昌泰:《政策执行与评估》,台北:元照出版公司,2003 年。

李卫东:《大学组织行为发生机制的理论分析框架》,《清华大学教育研究》,2015 年第 2 期。

廖小薇、黄维、要攀攀等:《大学新生贫困资助政策的瞄准性、充足性与减贫效果评估》,《教育发展研究》,2020 年第 3 期。

林崇德:《心理学大辞典》,上海:上海教育出版社,2003 年。

林水波、张世贤:《公共政策》,台北:五南图书出版公司,1997 年。

林水波:《公共政策新论》,台北:智胜文化事业有限公司,1999 年。

林西平、杨红波:《学生自主评价基础上的高校家庭经济困难学生认定方法研究——以广西大学为例》,《思想教育研究》,2013 年第 4 期。

刘海涛:《人类学田野调查中的矛盾与困境》,《贵州民族研究》,2008 年第 4 期。

刘红旗:《基于层次分析法的高校贫困生灰色综合认定方法》,《重庆理工大学学报(社会科学)》,2014 年第 1 期。

刘辉:《PDCA 过程方法在企业管理中的应用》,《信息技术与标准化》,2007 年第 6 期。

刘生全:《论教育场域》,《北京大学教育评论》,2006 年第 1 期。

刘士林、王晓静:《对我国高教资助体系创新与升级方式的思考》,《教育发展研究》,2012 年第 5 期。

刘燕舞:《作为乡村治理手段的低保》,《华中科技大学学报》,2008 年第 1 期。

刘熠、刘平:《新闻漫画中"贫困"多模态隐喻的意义建构》,《东北大学学报(社会科学版)》,2019 年第 4 期。

刘园园:《高校辅导员职业倦怠的现代性视域分析》,《教育理论与实践》,2018 年第 18 期。

刘朝武:《高校贫困生资助政策时间滞延现象反思》,《教育发展研究》,2016 年第 9 期。

刘佳:《模糊性:教育政策复杂运行的生成机制——以高校家庭经济困难学

生认定政策为例》,《高教探索》,2015 年第 9 期。

刘家祥:《高校贫困生资助政策的价值逻辑》,《江苏高教》,2018 年第 4 期。

刘晶、陈宝胜:《公共对话式政策执行:建设服务型政府的重要突破口》,《中国行政管理》,2013 年第 1 期。

刘晶、曲绍卫:《高校贫困生资助政策的效果研究》,《现代教育管理》,2013 年第 3 期。

刘晶、曲绍卫:《后金融危机时代我国大学生资助实效性研究——基于全国 11 所大学调查问卷与访谈分析》,《首都师范大学学报(社会科学版)》,2012 年第 6 期。

刘鹏、刘志鹏:《街头官僚政策变通执行的类型及其解释——基于对 H 县食品安全监督执法的案例研究》,《中国行政管理》,2014 年第 5 期。

刘小强:《教育政策研究中的实地研究方法探析》,《河北师范大学学报(教育科学版)》,2017 年第 5 期。

刘雪明、卢汉桥:《廉政政策执行中的公民有序参与研究》,《中国行政管理》,2010 年第 1 期。

陆树程、刘萍:《关于公平、公正、正义三个概念的哲学反思》,《浙江学刊》,2010 年第 2 期。

卢晖临、李雪:《如何走出个案——从个案研究到扩展个案研究》,《中国社会科学》,2007 年第 1 期。

罗朝明:《实践的紧迫性》,《社会》,2017 年第 4 期。

罗冬丽:《探讨新形势下大学生资助育人体系的构建》,《中国高校科技》,2017 年第 S1 期。

罗朴尚、宋映泉、魏建国:《中国现行高校学生资助政策评估》,《北京大学教育评论》,2011 年第 1 期。

罗丽琳:《大数据视域下高校贫困生精准资助研究》,北京:知识产权出版社,2018 年。

罗丽琳:《大数据视域下高校精准资助模式构建研究》,《重庆大学学报(社会科学版)》,2018 年第 2 期。

迪帕·纳拉扬、拉伊·帕特尔、凯·沙夫特、安妮·拉德马赫、萨拉·科克舒尔特:《谁倾听我们的声音》,付岩梅等译,北京:中国人民大学出版社,2001 年。

马宝成:《公共政策制定中的利益博弈》,《人民论坛》,2012 年第 11 期。

马经:《助学贷款国际比较与中国实践》,北京:中国金融出版社,2003 年。

乔治·H. 米德:《心灵、自我与社会》,赵月瑟译,上海:上海译文出版社,1992 年。

孟慧:《研究性访谈及其应用现状和展望》,《心理科学》,2004 年第 5 期。

聂惠:《基于伦理学视角的高校贫困生认定问题研究》,《教育探索》,2011 年第 11 期。

宁骚:《公共政策学》,北京:高等教育出版社,2018 年。

曲垠姣、岳昌君、纪效珲:《大学生经济资助对就业质量的影响研究》,《清华大学教育研究》,2018 年第 1 期。

任晓春:《政府运作分析:实践社会学视角的研究及借鉴》,《广东社会科学》,2015 年第 6 期。

阿尔弗雷德·舒茨:《社会世界的意义构成》,游淙祺译,北京:商务印书馆,2012 年。

沈红:《穷人主体建构与社区性制度创新》,《社会学研究》,2002 年第 1 期。

沈秋欢、胡友志:《高校"资助育人"的功能分析与价值确证——基于教育制度伦理学视角》,《重庆高教研究》,2019 年第 3 期。

宋飞琼:《高校学生资助方式:性质的重新界定与功能的开发利用》,《教育发展研究》,2016 年第 Z1 期。

宋林霖、代红凯:《公共政策制定过程中的公民参与理论述评》,《湖北社会科学》,2012 年第 1 期;

宋永杰:《科研项目全过程管理的思考》,《中国科技论坛》,2008 年第 7 期。

孙发锋:《象征性政策执行:表现、根源及治理策略》,《中州学刊》,2020 年第 12 期。

孙立平:《现代化与社会转型》,北京:北京大学出版社,2005 年。

孙立平:《迈向实践的社会学》,《江海学刊》,2002 年第 3 期。

孙立平:《实践社会学与市场转型过程分析》,《中国社会科学》,2002 年第 5 期。

孙涛、高清晨:《我国高校学生资助政策的伦理困境及其突围》,《高教探索》,2020 年第 12 期。

孙媛媛、杨明亚、陈俊等:《基于 AHP 的高校贫困学生精准评定方法》,《吉首大学学报(自然科学版)》,2019 年第 5 期。

孙旭友:《哭穷:贫困农民自我表达的另类机制——基于农村贫困大学生家庭的考察》,《湖南农业大学学报(社会科学版)》,2015 年第 1 期。

尚卫平、姚智谋:《多维贫困测度方法研究》,《财经研究》,2005 年第 12 期。

保罗·A. 萨巴蒂尔:《政策过程理论》,彭宗超、钟开斌等译,北京:生活·读书·新知三联书店,2004 年。

彼得·圣吉:《第五项修炼》,郭进隆译,上海:三联书店,2002 年。

W. 理查德·斯科特:《制度与组织——思想观念与物质利益》,姚伟、王黎芳译,北京:中国人民大学出版社,2010 年。

田志磊、袁连生:《采用非收入变量认定高校家庭经济困难学生的实证研究》,《北京大学教育评论》,2010 年第 2 期。

汪三贵、Albert Park:《中国农村贫困人口的估计与瞄准问题》,《贵州社会科学》,2010 年第 2 期。

汪三贵、郭子豪:《论中国的精准扶贫》,《贵州社会科学》,2015 年第 5 期。

王定功、邱广伟:《育人应是学生资助的价值取向》,《中国教育学刊》,2020 年第 8 期。

王红艳:《话语的建构与实践:以贫困叙述为例》,北京:中国社会科学出版社,2015 年。

王宏丽:《新疆少数民族贫困县贫困程度的测度与分析》,《新疆社会科学》,

2012 年第 2 期。

王丽:《符号化的自我:大学生服装消费行为中的自我概念的研究》,北京:中国社会科学出版社,2006 年。

王建容、王建军:《公共政策制定中公民参与的形式及其选择维度》,《探索》,2012 年第 1 期。

王琳、何瑶:《公共政策制定交易成本问题探析》,《理论导刊》,2011 年第 5 期。

王洛忠、崔露心:《公民参与政策制定程度差异的影响因素与路径模式——基于 31 个案例的多值定性比较分析》,《南京大学学报(哲学·人文科学·社会科学)》,2020 年第 6 期。

王宁:《代表性还是典型性?　个案的属性与个案研究方法的逻辑基础》,《社会学研究》,2002 年第 5 期。

王晴锋、李玮杰:《结构主义中主体的命运:从索绪尔到列维-斯特劳斯》,《青海民族大学学报(社会科学版)》,2019 年第 3 期。

王晴锋:《福柯与戈夫曼:社会思想之比较研究》,《社会科学研究》,2019 年第 4 期。

王小兵:《高校家庭困难学生认定的思考》,《人民论坛》,2011 年第 26 期。

王小林:《贫困的测量:理论与方法》,北京:社会科学文献出版社,2017 年。

王小章、冯婷:《精英对贫困问题的认知和精英的社会意识》,《江苏社会科学》,2009 年第 4 期。

王晓辉:《场域视野中大学权力结构的失调与调适》,《现代教育管理》,2013 年第 3 期。

王秀珍:《高校贫困生资助模式的优化与创新》,《西北师大学报(社会科学版)》,2015 年第 6 期。

王宇、陶涛:《"非收入"多维贫困的识别与影响因素探析——基于 CLASS 数据对农村老年妇女样本的考察》,《云南民族大学学报(哲学社会科学版)》,2019 年第 6 期。

王运锋:《公共政策制定过程中部门利益冲突的动因分析》,《河北大学学报(哲学社会科学版)》,2016 年第 6 期。

王中对、潘玉驹:《教育公平下的高校家庭经济困难学生认定机制研究——以浙江省某大学为例》,《中国青年研究》,2011 年第 4 期。

王毅杰、汪毅:《生存压力下农村民办学校的组织运作——一项基于 Y 校的个案研究》,《河海大学学报(哲学社会科学版)》,2013 年第 2 期。

马克斯·韦伯:《社会学的基本概念》,顾忠华译,桂林:广西师范大学出版社,2005 年。

马克斯·韦伯:《经济与社会(上卷)》,林荣远译,北京:商务印书馆,1997 年。

马克斯·韦伯:《马克斯·韦伯社会学文集》,阎克文译,北京:人民出版社,2010 年。

韦崇岗:《从院系视角论高校经济困难学生认定》,《中国成人教育》,2010 年第 7 期。

诺伯特·威利:《符号自我》,文一茗译,成都:四川教育出版社,2011 年。

魏有兴:《中国教育扶贫 70 年:历程、经验和走向》,《深圳大学学报(人文社会科学版)》,2019 年第 5 期。

吴宾、齐昕:《政策执行研究的中国图景及演化路径》,《公共管理与政策评论》,2019 年第 4 期。

吴斌珍、李宏彬、孟岭生、施新政:《大学生贫困及奖助学金的政策效果》,《金融研究》,2011 年第 12 期。

吴朝文、代劲、孙延楠:《大数据环境下高校贫困生精准资助模式初探》,《黑龙江高教研究》,2016 年第 12 期。

吴春选:《谈智力扶贫》,《群言》,1987 年第 9 期。

吴理财:《反贫困:对人类自身的一场战争》,《社会》,2001 年第 3 期。

吴小建、王家峰:《政策执行的制度背景:规则嵌入与激励相容》,《学术界》,2011 年第 12 期。

武立勋、胡象明:《高校家庭经济困难学生资助政策实施效果研究——基于对北京部分高校本科毕业生的调查分析》,《国家教育行政学院学报》,2016 年第 2 期。

奚从清:《角色论——个人与社会的互动》,杭州:浙江大学出版社,2010 年。

夏昱:《高校家庭经济困难学生的认定机制》,《教育学术月刊》,2013 年第 8 期。

肖凤翔、俸晓玲:《高校贫困生精准资助的宗旨、原则和策略》,《现代教育管理》,2020 年第 3 期。

谢君君:《教育扶贫研究述评》,《复旦教育论坛》,2012 年第 3 期。

辛朋涛、段兆兵:《"QQ"访谈法:现场访谈法的一个有益补充》,《中国远程教育》,2007 年第 4 期。

徐敏宁:《我国民生政策制定中公民参与协商模式探究》,《江苏行政学院学报》,2021 年第 2 期。

阿尔弗雷德·许茨:《社会实在问题》,霍桂恒译,北京:华夏出版社,2001 年。

徐欣娅、刘远:《高校家庭经济困难学生认定的隐私权保护思考》,《黑龙江高教研究》,2017 年第 12 期。

戴维·伊斯顿:《政治生活的系统分析》,王浦幼译,北京:华夏出版社,1999 年。

杨晨晨、刘云艳:《早期儿童多维贫困测度及致贫机理分析——基于重庆市武陵山区的实证研究》,《内蒙古社会科学(汉文版)》,2019 年第 3 期。

杨国枢、叶启政:《台湾的社会问题》,台湾:巨流图书公司,1984 年。

杨钋、刘霄:《研究生收费前贫困资助政策的瞄准和减贫效果分析——以首都高校研究生为例》,《教育与经济》,2019 年第 2 期。

杨善华:《当代西方社会学理论》,北京:北京大学出版社,1999 年。

杨绍政、刘庆和:《我国高校贫困生认定制度基础缺陷的矫正与配套政策设计》,《贵州社会科学》,2016 年第 12 期。

杨淑君、刘桂芝:《组织文化研究综述》,《吉首大学学报(社会科学版)》,2016 年第 6 期。

银平均:《布迪厄的实践理论:从理论综合到经验研究》,《思想战线》,2004 年第 6 期。

应星:《略论叙事在中国社会研究中的运用及其限制》,《江苏行政学院学报》,2006 年第 3 期。

余冲、李立文:《高校贫困生认定程序存在的问题及对策》,《江苏高教》,2008 年第 5 期。

余鸣娇、徐吉鹏:《高校贫困生教育援助效果之评价》,《高教发展与评估》,2012 年第 5 期。

袁利平、张欣鑫:《教育扶贫何以可能——多学科视角下的教育扶贫及其实现》,《教育与经济》,2018 年第 5 期。

翟学伟:《中国人行动的逻辑》,北京:生活书店出版有限公司,2017 年。

张福友:《高校家庭经济困难学生的量化认定研究》,《教育理论与实践》,2012 年第 3 期。

张静:《案例分析的目标:从故事到知识》,《中国社会科学》,2018 年第 8 期。

张民选:《理想与抉择——大学生资助体系的国际比较》,北京:人民教育出版社,1998 年。

张军、秦苏滨:《高校贫困生资助制度中的责任伦理缺失原因探析》,《河南社会科学》,2011 年第 6 期。

张晓静:《贫困的识别、加总与分解》,《上海经济研究》,2008 年第 1 期。

张翼:《当前中国精准扶贫工作存在的主要问题及改进措施》,《国际经济评论》,2016 年第 6 期。

张有春:《贫困、发展与文化:一个农村扶贫规划项目的人类学考察》,北京:民族出版社,2014 年。

张楚晗：《从贫困大国到小康社会：中国如何消除四类贫困——中科院—清华大学国情研究中心主任胡鞍钢谈 21 世纪多维贫困》，《中国老区建设》，2008年第 12 期。

章辉美：《大众传媒与社会控制——论大众传媒的社会控制功能》，《社会科学战线》，2005 年第 3 期。

赵立卫：《美国大学生资助的"资助包"制度》，《比较教育研究》，2005 年第2 期。

赵玲、李全喜：《研究机构科技工作者人力资源状况的实证分析》，《科学学与科学技术管理》，2010 年第 2 期。

赵伦：《相对贫困从个体归因到社会剥夺》，《商业时代》，2014 年第 18 期。

赵婷婷、任玥：《美国高等学校的学生资助政策——印第安纳大学 Donald Hossler 教授访谈》，《高等教育研究》，2010 年第 2 期。

赵旭东、罗士泂：《生态到心态的转向——一种基于费孝通晚年文化观的再思考》，《江苏行政学院学报》，2019 年第 3 期。

赵晔琴：《农民工：日常生活中的身份建构与空间型构》，《社会》，2007 年第6 期。

郑欣：《田野调查与现场进入——当代中国研究实证方法探讨》，《南京大学学报(哲学·人文科学·社会科学)》，2003 年第 3 期。

周金恋、郝鑫鑫：《教育扶贫与高等院校建档立卡贫困生精准资助实践研究》，《郑州大学学报(哲学社会科学版)》，2019 年第 6 期。

周庆木、毕明福：《穷大学生的艰难成才路》，《青年探索》，1995 年第 8 期。

周雪光：《基层政府间的"共谋现象"——一个政府行为的制度逻辑》，《社会学研究》，2008 年第 6 期。

周怡：《贫困研究：结构解释与文化解释的对垒》，《社会学研究》，2002 年第3 期。

朱伟珏：《超越主客观二元对立——布迪厄的社会学认识论与他的"惯习"概念》，《浙江学刊》，2005 年第 3 期。

朱晓军、张丽桃、孙凌等:《教育公平视角下高校贫困生认定之我见》,《广州大学学报(社会科学版)》,2013 年第 10 期。

庄垂生:《政策变通的理论:概念、问题与分析框架》,《理论探讨》,2000 年第 6 期。

邹松涛、薛建龙、魏东等:《基于大数据的学校精准资助工作研究》,《中国教育学刊》,2018 年第 S1 期。

左停、杨雨鑫、钟玲:《精准扶贫:技术靶向、理论解析和现实挑战》,《贵州社会科学》,2015 年第 8 期。

二、英文文献

Arnstein, N. S. "ALadder of Citizen Participation". *Journal of the American Institute of Planners*, 1969, 30(4).

Berger, P. L. and T. Luckmann. "The Social Construction of Reality: a treatise in the Sociology of Knowledge". *Journal for the Scientific Study of Religion*, 1967, 32(1).

Blumer, H. *Symbolic Interactionalism*. New Jersey: Prentice-Hall, 1969.

Bourdieu. *Homo academicus*. Paris: Editions deMinuit, 1984.

Bovens, M. and P. Hart. "Frame Multiplicity and Policy Fiascoes: Limits to Explanation". *Knowledge and Policy*, 1995, 8(4).

Cabrera, A. F. , A. Norand M. B. Castaneda. "The Role of Finances in the Persistence Process: A Structural Model". *Research In Higher Education*, 1992, 33(5).

Cochrane, D. F. , A. LaManqueand L. Szabo-Kubitz. *After the FAFSA: How Red Tape Can Prevent Eligible Students from Receiving Financial Aid*. Washington. DC: The Institute for College Access and Success, 2010.

Davidson and J. Cody. "Improving the Financial Aid Process for Community College Students: A Literature Review of FAFSA Simplification, Information, and Verification". *Community College Journal of Research and*

Practice,2015,39(5).

Deng, Y. , K. O'Brienand J. Chen. "Enthusiastic Policy Implementation and its Aftermath: The Sudden Expansion and Contraction of China's Microfinance for Women Programme". *The China Quarterly*, 2018(234).

Duffy. E. A. and I. Goldberg. *Crafting a Class,College Admissions and Financial Aid*:1955-1994. NJ:Princeton University Press,1998.

Fox, C. J. "Bias in Public Policy Implementation Evaluation". *Policy Studies Review*,1987(7).

Goffman, E. "The interaction order". *American Sociological Review*, 1983,48(1).

Gans, Herbert, J. "The Positive Functions of Poverty". *American Journal of Sociology*,1972,78(2).

Herbert, J. and Freudenberger. "Staff Burn-Out". *Journal of Social Issues*,1974,30(1).

Johnstone,D. *Financing Higher Education:Cost-Sharing in International Perspective*. Leiden:Brill Academic Publishers,2006.

King, J. *Financing College Education: How it Works and How It's Changing*. Phoenix:The American Council for Education and the Orys Press, 1999.

Lipsky, M. *Street-Level Bureaucracy:The Dilemmas of the Individual in Public Service*. New York:Russell Sage Foundation,1980.

Loyalka,P. , Y. Song and J. Wei. "The distribution of financial aid in China:Is aid reaching poor students?". *China Economic Review*,2012,23(4).

Mackie,D. M. and D. L. Hamilton. *Affect, Cognition, and Stereotyping: Interactive Processes in Group Perception*. San Diego:Academic Press. 1993.

Maitra, P. and R. Ray. "The Effect of Transfers on Household Expenditure Patterns and Poverty in South Africa". *Journal of Development*

Economics，2003，71(1).

Maslach，C. and S. E. Jackson. "The Measurement of Experienced Burnout". *Journal of Organizational Behavior*，1981，2(2).

Mayo，M. "Elite Perceptions of Poverty and Inequality". *Community Development Journal*，2006，41(2).

McCann，L. ，B. Colby，K. W. Easter，A. Kasterineand K. V. Kuperan. "Transaction Cost Measurement for Evaluating Environmental Policies". *Ecological Economics*，2005，52(4).

McConnell，A. "Policy Success，Policy Failure and Grey Areas In-Between". *Journal of Public Policy*，2010，30(3).

Merry，S. E. and M. Herzfeld. "The Social Production of Indifference：Exploring the Symbolic Roots of Western Bureaucracy". *Anthropological Quarterly*，1995，68(3).

Michael Lipsky. *Street-level Bureaucracy：Dilemmas of the Individual in Public Services*. New York：Russell Sage Foundation，1980.

North，D. C. *Institutions，Institutional Change and Economic Performance*. Cambridge University Press，1990.

O' Brien，K. J. and L. Li. "Selective Policy Implementation in Rural China". *Comparative Politics*，1999，31(2).

Peters，B. "State Failure，Governance Failure and Policy Failure：Exploring the Linkages". *Public Policy and Administration*，2015，30(3-4).

Poggi，G. and J. C. Alexander. "Actionand its Environments：Toward a New Synthesis". *Contemporary Sociology*，1988，19(3).

Smith，T. B. "The Policy Implementation Process". *Policy Sciences*，1973，4(2).

Smith，T. B. "The Policy Process Implementation". *Policy Sciences*，1973(4).

Susan，D. and J. Scott-Clayton. "Judith. Financial Aid Policy：lessons from

Research". *The Future of children*, 2013, 23(1).

Thomas, J. C. "Public Participation in Public Decisions: New Skills and Strategies for Public Managers". *Government Finance Review*. 1995, 35(4).

Usher, A. "Are the Poor Needy? Are the Needy poor? The Distribution of Student Loans and Grants by Family Income Quartile in Canada". *Online Submission*, 2004.

Van Meter D. S. and C. E. Van Horn. "The Policy Implementation Process: A Conceptual Framework". *Administration and Society*, No. 6, 1975: 463.

Walker, R. *Social Security and Welfare: Concepts and Comparisons*. Maindenhead: Open University Press, 2005.

Wyer, R. S. and T. K. Srull. *Handbook of Social Cognition: Applications*. London: Psychology Press, 2014.

Yang, P. "Who Gets More Financial Aid in China? A Multilevel Analysis". *International Journal of Educational Development*, 2010, 30(6).

Zittoun, P. "Analysing Policy Failure as An Argumentative Strategy in The Policymaking Process: A Pragmatist Perspective". *Public Policy and Administration*, 2015, 30(3-4).

三、其他资料

教育部、财政部:《关于认真做好高等学校家庭经济困难学生认定工作的指导意见》,2007 年 6 月 26 日。

国务院:《关于建立健全普通本科高校高等职业学校和中等职业学校家庭经济困难学生资助政策体系的意见》,2007 年 5 月 13 日。

国务院:《国务院关于在全国建立农村最低生活保障制度的通知》,2008 年 3 月 28 日。

国家教育部办公厅:《关于进一步加强和规范高校家庭经济困难学生认定工作的通知》,2017 年 1 月 9 日。

教育部、财政部、民政部、人力资源和社会保障部、国务院扶贫办、中国残联:《关于做好家庭经济困难学生认定工作的指导意见》,2018 年 10 月 30 日。

教育部:《关于做好家庭经济困难学生认定工作的指导意见》,2018 年 10 月 30 日。

教育部办公厅:《关于进一步加强和规范高校家庭经济困难学生认定工作的通知》,2016 年 12 月 30 日。

财政部、教育部、中国人民银行、中国银监会:《关于进一步落实高等教育学生资助政策的通知》,2017 年 4 月 12 日。

教育部:《普通高等学校辅导员队伍建设规定》,2017 年 9 月 29 日。

安徽省人民政府:《关于建立健全普通本科高校高等职业学校和中等职业学校家庭经济困难学生资助政策体系的实施意见》,2007 年 8 月 2 日。

安徽省人民政府:《关于深入实施民生工程的意见》,2008 年 3 月 26 日。

安徽省人民政府办公厅:《关于教育扶贫的实施意见》,2016 年 3 月 3 日。

安徽省教育厅、安徽省人力资源和社会保障厅、安徽省财政厅:《安徽省高校、中职和普通高中家庭经济困难学生资助民生工程绩效评价办法》,2017 年 10 月 25 日。

安徽省教育厅:《转发教育部办公厅关于进一步加强和规范高校家庭经济困难学生认定工作的通知》,2017 年 3 月 15 日。

安徽省教育厅、安徽省财政厅、安徽省民政厅、安徽省人力资源和社会保障厅、安徽省扶贫办、安徽省残联:《安徽省家庭经济困难学生认定工作实施办法》,2019 年 7 月 23 日。

附　录

一、访谈提纲

（一）对学生的访谈

1. 对学生干部的访谈

①家庭与个人背景资料，比如：在哪里出生、长大？父母文化程度、职业与务工经历、家庭收入与居住情况等。

②学生干部任职情况如何？包括为什么担任学生干部，为什么担任现任职务，如何履职尽责，如何处理与同学之间的关系，如何处理与老师之间的关系等。

③人际交往情况如何？包括与谁关系好，人际交往有什么个人原则等。

④对贫困的理解如何？包括什么是贫困，如何看待贫困，如何看待贫困生等。

⑤贫困生认定情况如何？包括在贫困生认定中充当何种角色及履行何种职责，贫困生认定的依据是什么，如何理解贫困生认定的依据，贫困生认定的程序是什么，如何理解贫困生认定的程序，有无遇到棘手的问题，处理棘手问题的方式，辅导员在贫困生认定中所充当的角色以及所发挥的作用等。

2. 对普通同学的访谈

①家庭与个人背景资料，比如：在哪里出生、长大？父母文化程度、职业与

务工经历、家庭收入与居住情况等。

②人际交往情况如何？包括与谁关系好，人际交往有什么个人原则等。

③对贫困的理解如何？包括什么是贫困，如何看待贫困，如何看待贫困生等。

④对自我家庭经济情况的认知如何？包括是否认为自己贫困，为什么认为自己贫困或不贫困等。

⑤对贫困生认定的理解如何？包括有没有参加过贫困生认定，为什么参加或不参加贫困生认定，如果参加了贫困生认定，对认定结果的看法，如何看待贫困生认定（标准、程序、结果等），对身边同学参加或不参加贫困生认定的看法等。

3. 对参加贫困生认定申请同学的访谈

①家庭与个人背景资料，比如：在哪里出生、长大？父母文化程度、职业与务工经历、家庭收入与居住情况等。

②学习情况如何？包括入校学校选择？专业选择？包括过程与考虑，学习方面，不仅包括最终的学习成果，还包括排名、荣誉，更包括学习的过程，比如：每天学习时间、方式等，还包括学习计划、理想。

③人际交往情况如何？包括与谁关系好，人际交往有什么个人原则等。

④有哪些兴趣爱好？为什么会有这个兴趣爱好？玩兴趣爱好的时间与次数？

兼职情况如何？包括从事何种兼职，为什么选择这个兼职，为什么要兼职等。

⑤对贫困的理解如何？包括什么是贫困，如何看待贫困，如何看待贫困生等。

⑥对自我家庭经济情况的认知如何？包括为什么觉得自己贫困，是什么导致自己家庭的贫困等。

⑦参加贫困生认定的情况如何？包括为什么要参加贫困生认定，参加贫困生认定的材料准备情况，参加贫困生认定的过程及感受，贫困生认定的结果如

何等。⑧对贫困生认定结果的看法如何？包括如何看待自己的认定结果，如何看待别人的认定结果，贫困生的身份对贫困生有什么积极影响，贫困生的身份对贫困生有什么消极影响，如果对认定结果有异议，将采取什么态度及付诸什么行动等。

（二）对教师的访谈

1. 对辅导员的访谈

①个人背景资料，比如：在哪里出生、长大？父母职业与收入是怎样的？兄弟姐妹情况，本人所学专业、学历层次、职称情况等。

②家庭情况，比如：婚姻或恋爱情况、居住情况、家庭收支情况等。

③工作情况，比如：任职（包括兼任）、工作年限、领导管理风格、同事协作、职业期待（包括薪资、职级晋升、评奖评优等），以及工作中遇到的困难等。

④带班情况，比如：管理的学生数、专业、年级分布，以及个人管理方法、管理风格等。

⑤对贫困的理解如何？包括什么是贫困，如何看待贫困，如何看待贫困生等。

⑥贫困生认定的准备情况，比如：学校如何布置贫困生认定，包括上级领导如何解读贫困生认定的政策文件，自己又是如何理解的等，如何将贫困生认定工作传达给学生，包括传达的渠道、在传达的过程中应该注意的事项等，如何组建班级评议小组，包括人选的标准、选用的程序及其需要注意的事项等。

⑦贫困生认定的评议情况，包括如何拟定评议依据、如何拟定评议程序、如何处理突发情况，以及评议过程需要注意的事项等。

2. 对学校管理者的访谈

①个人背景资料，比如：任职（包括兼任）、所学专业、学历层次、职称等。

②对贫困的理解如何？包括什么是贫困，如何看待贫困，如何看待贫困生等。

③贫困生认定的政策制定，包括学校贫困生认定实施办法的制定依据、制

定的程序、制定时关注的因素及其原因等。

④贫困生认定的宣传,包括如何向学院宣传贫困生认定,如何要求学院面向全体学生的宣传工作等。

⑤贫困生认定的组织动员,包括如何组织动员学院抓好贫困生认定,如何要求学院组织动员相关责任人抓好贫困生认定工作等。

⑥贫困生认定的评议,包括如何评议,评议时应该注意什么,对学院有什么具体的评议要求,如果遇到突发情况,其处置的过程是怎样的等。

3. 对省资助中心管理人员的访谈

①贫困生认定的政策制定,包括省级认定政策的制定依据、制定的程序、制定时关注的因素及其原因等。

②对贫困的理解如何? 包括什么是贫困,如何看待贫困,如何看待贫困生等。

③对学校具体执行贫困生认定的要求,包括对省级认定政策的解读、学校如何更好地执行贫困生认定、在认定的过程中应该注意的事项等。

④异议处置情况,包括省资助中心是否遇到贫困生认定相关异议反馈或申诉,如果遇到异议反馈或申诉,省资助中心如何处置等。

⑤监管情况,包括省资助中心如何压实贫困生认定任务、如何考核学校的认定工作、如何管控认定精准性及规范性等。

⑥认定政策发展情况,包括国家或省级认定政策最近几年的变化情况,在进入相对贫困治理阶段,贫困生认定政策是否要做出相应调整及如何调整等。

二、调研问卷

A 部分:基本情况

A1. 您的性别:(　　　)。

1. 男　2. 女

A2. 您的出生年月:(　　　)年(　　　)月。

A3. 您的户籍所在地:(　　　)省(　　　)市(　　　)区/县。

A4. 您现在是几年级：（　　　）。

1. 大一　2. 大二　3. 大三　4. 大四

A5. 您最近一学期学习成绩在班级排名？（　　　）。

1. 很差　2. 中等偏下　3. 中等　4. 中等偏上　5. 很好

A6. 您在班里担任什么职务？（选1个及以上）（　　　）。

1. 班长　2. 团支书　3. 组织委员　4. 宣传委员　5. 生活委员

6. 学习委员　7. 文体委员　8. 寝室长

9. 班级贫困生认定评议小组负责人

10. 班级贫困生认定评议小组成员　11. 没有担任班级职务　12. 其他

A7. 您父母的受教育程度：（表格中打"√"）

	小学及以下	初中、中专、技校	职业高中、高中、大学专科	大学本科	研究生及以上
父亲					
母亲					

A8. 您父亲的职业类型：（　　　）。

1. 国家机关事业单位领导与工作人员　2. 企业/公司中高级管理人员

3. 教师、工程师、医生、律师　4. 技术工人　5. 第二三产业一般职工

6. 个体户　7.（农民）外出务工　8. 农民　9. 无业/失业/下岗

10. 其他

A9. 您母亲的职业类型：（　　　）。

1. 国家机关事业单位领导与工作人员　2. 企业/公司中高级管理人员

3. 教师、工程师、医生、律师　4. 技术工人

5. 第二三产业一般职工　6. 个体户　7.（农民）外出务工

8. 农民　9. 无业/失业/下岗　10. 其他

A10. 您的家庭人均年收入（家庭总收入除以家庭人口数）是多少？（　　　）。

1. 7200元以下　2. 7200～16 000元　3. 16 000元以上　4. 不清楚

A11. 您属于以下哪类？（多选）（　　　）。

1. 建档立卡贫困户家庭学生　2. 最低生活保障家庭学生　3. 特困供养

学生　4. 孤残学生　5. 烈士子女　6. 家庭经济困难残疾学生及残疾人子女

7. 家庭遭受重大自然灾害或重大突发意外事件等特殊情况的学生

8. 一般家庭学生,没有上面所说的情况

A12. 您每月的生活开支是多少?(　　)。

1. 500 元以下　2. 501—1000 元　3. 1001—1500 元

4. 1501—2000 元　5. 2001 元以上

A13. 您的生活费主要用于哪里?(多选)(　　)。

1. 吃饭　2. 日常用品　3. 学习　4. 娱乐　5. 人际交往　6. 其他

A14. 您有过兼职经历吗?(　　)。

1. 有(跳至 A15)　2. 没有(跳至 A16)

A15. 您从事兼职的主要原因是什么?(多选)(　　)。

1. 积累社会经验　2. 减轻家庭负担　3. 支付学习、生活等基本开支

4. 支付学习、生活等基本开支以外的其他额外开支　5. 扩大社会交往

6. 打发时间　7. 其他

A16. 您不做兼职的原因是什么?(多选)(　　)。

1. 没时间　2. 担心受骗　3. 怕耽误学习　4. 薪酬太低

5. 兼职工作层次低　6. 家人不允许　7. 其他

B 部分:贫困生认定情况

B1. 您通过哪些途径了解到贫困生认定相关政策?(多选)(　　)。

1. 班会通知　2. 班级 QQ、微信群　3. 班干部通知

4. 校园上公布的通知　5. 报纸杂志　6. 亲朋好友

7. 随新生录取通知书发放的资助政策宣传单

8. 家乡的相关政府部门　9.其他

B2. 您认为自己贫困吗?(　　)。

1. 贫困　2. 不贫困

B3. 您有没有参加过贫困生认定?(　　)。

1. 有　2. 没有(跳至 B13)

B4. 您为什么参加贫困生认定?(　　)。

1. 家庭经济困难　2. 补贴个人学习、生活以外的额外开支

3. 好多人申请,所以申请　4. 其他

B5. 您认为参加贫困生认定需要准备哪些工作?(多选)(　　)。

1. 提前研究学校下发的认定政策　2. 准备学校要求的正式申请表

3. 准备其他能证明家庭经济情况的佐证材料

4. 处理好与同学的关系,为班级推荐做准备

5. 向辅导员或相关领导老师说明自己家庭经济等情况,寻求他们的支持

6. 努力学习,树立良好形象

7. 积极参与班级事务或社会活动,赢得周围人的好感

8. 其他

B6. 您被认定的等级是什么?(　　)。

1. 不困难(跳至 B9)　2. 一般困难　3. 困难　4. 特别困难

B7. 被认定为贫困生后,以下对您的影响程度如何?

	完全不同意	比较不同意	一般	比较同意	完全同意
感觉受到重视					
可以拿到学生资助					
可以得到老师更多的关心					
可以为家里减轻负担					
激励我努力学习					
个人信息被泄露					
感觉"低人一等"					
注意自己言行,尤其是消费行为					
有压力,以后要表现好一点儿					

B8. 您觉得自己被认定上贫困生,主要原因是什么?(多选)(　　)。

1. 我家里经济确实困难　2. 因为我人缘好,同学们都支持我

3. 因为我平时表现积极,辅导员等老师支持我

4. 班里申请贫困生认定的人少　5. 其他

B9. 您觉得自己没有被认定上贫困生,主要原因是什么?(多选)(　　)。

1. 与其他同学比,我的家庭经济情况相对好一些

2. 由于个人交际能力有限,同学们支持得少

3. 由于自己平时表现一般,没有得到辅导员等老师的关注

4. 申请材料准备不充分　5. 班里申请的人多,指标有限　6. 其他

B10. 您后面还会继续参加贫困生认定吗?(　　)。

1. 会继续参加(跳至 B11)　2. 不再参加了(跳至 B12)　3. 还不确定

B11. 您为什么继续参加贫困生认定?(　　)。

1. 家庭经济情况没有好转,经济压力还是比较大

2. 补贴生活费和学习费用,减轻父母负担

3. 别人申请,我也申请

4. 其他

B12. 您为什么不再继续参加贫困生认定?(　　)。

1. 自己家庭经济情况好转了,把机会留给别人

2. 觉得有更需要的人,把机会留给那些更需要的人

3. 虽然申请成功了,拿了资助,但有压力

4. 自食其力,靠自己

5. 因为之前没有申请成功,不想再次说出自己的隐私

6. 不公平,所以不想再次申请

7. 其他

B13. 您觉得您所在班级的贫困生认定公平吗?(　　)。

1. 非常不公平　2. 比较不公平　3. 一般　4. 比较公平　5. 非常公平

B14. 您周围被认定的贫困生是否有明显超出其经济水平的消费行为?(　　)。

1. 没有　2. 较少　3. 一般　4. 比较多　5. 特别多

B15. 在您心目中,您认为什么是"贫困"?

	完全不同意	比较不同意	一般	比较同意	完全同意
家庭经济收入很低					
就学子女多					
家里有人生大病					
家庭遭遇天灾人祸					
家庭位于老、少、边、穷地区					

B16. 在您心目中，您所认为的"贫困生"是什么样子的？

	完全不同意	比较不同意	一般	比较同意	完全同意
吃、穿、用都很一般					
没有大额消费					
学习很认真、很刻苦					
乐于助人、团结同学					
有点自卑					

B17. 对于你们班级每年进行的贫困生认定，您有什么想法或建议？

	完全不同意	比较不同意	一般	比较同意	完全同意
大家的经济情况都差不多，应该轮流享受贫困生资助					
最重要的是保护申请者个人隐私					
最重要的是公开透明公正					
申请者只向评议小组或辅导员私下说明申请理由					
申请者以自我介绍的形式向全班同学当面说明申请理由					
小范围的评议小组讨论决定贫困生人选					
全班投票决定贫困生人选					

B18. 如果对贫困生认定有异议，您会如何处理？（多选题）（　　）。

1. 憋在心里　2. 向室友或同学私下吐槽　3. 向评议小组反映

4. 向老师反映　5. 直接向学校反映　6. 通过网络表达自己的不满

7. 其他

三、《扬帆大学全日制本科生家庭经济困难学生认定工作实施办法》

扬帆大学全日制本科生家庭经济困难学生认定
工作实施办法

第一章　总则

第一条　为深入贯彻党的十九大精神,进一步健全学生资助制度,提高学生资助精准度,根据省《家庭经济困难学生认定工作实施办法》,结合我校实际,制定本办法。

第二条　本办法所称家庭经济困难学生认定工作的对象是指本人及其家庭的经济能力难以满足在校期间的学习、生活基本支出的学生。

第三条　本办法所称学生是指被我校正式录取、具有我校正式学籍的全日制在校本科学生。

第四条　家庭经济困难学生认定工作基本原则

(一)坚持实事求是、客观公平。认定家庭经济困难学生要从客观实际出发,以学生家庭经济状况为主要认定依据,认定标准和尺度要统一,确保公平公正。

(二)坚持定量评价与定性评价相结合。既要建立科学的综合指标体系,进行定量评价,也要通过定性分析修正评价结果,更加准确、全面地了解学生的实际情况。

(三)坚持公开透明与保护隐私相结合。既要做到认定内容、程序、方法等透明,确保认定公正,也要尊重和保护学生隐私,严禁让学生当众诉苦、互相比困。

(四)坚持积极引导与自愿申请相结合。既要引导学生如实反映家庭经济困难情况,主动利用国家资助完成学业,也要充分尊重学生个人意愿,遵循自愿申请的原则。

第二章　认定工作的组织管理

第五条　家庭经济困难学生的认定工作实行四级管理负责制:

（一）成立组长为分管学生工作的校领导，成员为学工部、财务处、监察处主要负责人及各学院分管学生工作领导组成的校学生资助工作领导小组，负责领导和监督全校家庭经济困难学生的认定工作。

（二）学工部作为资助工作管理机构，负责组织、审核和管理全校家庭经济困难学生的认定工作。

（三）各学院成立以分管学生工作的领导为组长，全体辅导员参加的认定工作组，负责本学院家庭经济困难学生认定的具体组织和审核工作。

（四）以年级（或专业、班级）为单位，成立以辅导员任组长，班长、团支部书记和学生代表参加的认定评议小组，负责做好本年级（或专业、班级）学生困难学生认定的民主评议和确定工作。认定评议小组成员中，学生代表应具有广泛的代表性，学生代表人数一般不应少于本年级（或专业、班级）学生人数的10％。认定评议小组成立后，其名单应在本年级（或专业、班级）范围内公示。

第三章　认定依据和档次划分

第六条　家庭经济困难学生认定依据：

（一）家庭经济因素。主要包括家庭收入、财产、债务等情况。

（二）特殊群体因素。主要指是否属于建档立卡贫困户家庭学生、最低生活保障家庭学生、特困供养学生、孤残学生、烈士子女、家庭经济困难残疾学生及残疾人子女等情况。

（三）地区经济社会发展水平因素。主要指校园地、生源地经济发展水平、城乡居民最低生活保障标准、学校收费标准等情况。

（四）突发状况因素。主要指遭受重大自然灾害、重大突发意外事件等情况。

（五）学生消费因素。主要指学生消费的金额、结构等是否合理。

（六）其他影响家庭经济状况的有关因素。主要包括家庭负担、劳动力及职业状况等。

第七条　家庭经济困难学生认定标准设置为一般困难、困难和特殊困难三个档次。以下学生应认定为家庭经济困难学生：建档立卡贫困户家庭学生（含外省）、最低生活保障家庭学生、特困供养学生、孤残学生、烈士子女、家庭经济困难残疾学生及残疾人子女、家庭遭受重大自然灾害或重大突发意外事件等特殊情况的学生。建档立卡贫困户家庭学生（含外省），认定为特殊困难档次。

第四章 认定程序

第八条 家庭经济困难学生认定工作原则上每学年进行一次,在新学年开学(或新生报到)一个月内完成认定工作。每学期按照家庭经济困难学生实际情况进行动态调整。

第九条 认定工作程序一般应包括提前告知、个人申请、评议确定、审核公示、建档备案等环节。

(一)提前告知。通过校园公告、班会、发放告知书等多种途径和方式,提前向学生或监护人告知家庭经济困难学生认定工作事项,发放《家庭经济困难学生认定申请表》,做好资助政策宣传工作。

(二)个人申请。每学年开学(新生报到)后,需要申请认定的学生或监护人提交如实填写的《家庭经济困难学生认定申请表》。

(三)评议确定。年级(或专业、班级)评议小组根据申请人提供的《家庭经济困难学生认定申请表》,综合考虑学生日常消费情况及影响家庭经济状况的有关因素,认真进行评议,开展认定工作,初步确定各档次家庭经济困难学生资格,报学院认定工作组进行审核。认定中,可采取信息比对、家访、个别访谈、大数据分析、信函索证、量化评估等方式提高认定精准度。

学院认定工作组认真审核各年级认定评议小组申报的初步评议结果。若有异议,应在征得认定评议小组意见后予以更正。

(四)结果公示。学院将认定的家庭经济困难学生名单及档次在全学院范围内进行公示5个工作日。公示期结束及时撤销公示信息。公示时,严禁涉及学生个人敏感信息及隐私,不得将学生身份证件号码、家庭住址、电话号码、出生日期等个人敏感信息进行公示。若师生有异议,可通过正当方式向学院认定工作组质疑。学院认定工作组应在接到异议材料的3个工作日内予以答复。师生若对学院认定工作组的答复仍有异议,可通过正当方式向学校资助工作领导小组提请复议。学校资助工作领导小组应在接到复议提请的3个工作日内予以答复,如果所反映的情况属实,应责成有关学院及时做出调整。

(五)建档备案。学工部负责汇总各学院审核通过的家庭经济困难学生名单,连同学生申请材料统一建档,并按要求录入全国学生资助管理信息系统。

第五章 相关责任

第十条 学生本人在家庭经济状况好转后,应主动向学校报告,并申请停止家庭经济困难学生资格。

　　第十一条　各部门各学院各班级在工作中加强学生资助信息安全管理,不得泄露学生资助信息。

　　第十二条　各部门各学院加强对学生的诚信教育,要求学生或监护人如实提供家庭经济情况,并及时告知家庭经济变化情况。如发现有恶意提供虚假信息情况,一经核实,学校及时取消学生的认定资格和已获得的相关资助,并追回资助金,并酌情予以惩戒。

　　第十三条　工作中注意提高学生资助政策及执行情况的透明度,主动接受社会监督。做到资助项目公开、申请条件公开、评审过程公开、资助结果公开。

第六章　其他

　　第十四条　本办法由学工部负责解释。

　　第十五条　本办法自发布之日起实施,原《扬帆大学全日制本科生家庭经济困难学生认定工作实施办法》同时废止。各学院可根据本办法制定实施细则,报学工部备案。

四、《扬帆大学全日制本科生家庭经济困难学生认定申请表》

扬帆大学全日制本科生家庭经济困难学生认定申请表

学院：_____ 专业：_____ 年级：_____ 班级：_____

基本情况	姓 名		性 别		出生年月			籍 贯		
	身份证号码				家庭人口			手机号码		

家庭通信信息	详细通信地址									
	邮政编码				家长姓名手机号码					

家庭成员情况	姓名	年龄	与学生关系	工作(学习)单位	职业	年收入(元)	健康状况

特殊群体类型	建档立卡贫困家庭学生：□是　□否；最低生活保障家庭学生：□是　□否； 特困供养学生：□是　□否；孤残学生：□是　□否；烈士子女：□是　□否； 家庭经济困难残疾学生及残疾人子女：□是　□否。

影响家庭经济状况有关信息	家庭人均年收入_____元。 家庭遭受自然灾害情况：_____。家庭遭受突发意外事件：_____。 家庭成员因残疾、年迈而劳动能力弱情况：_____。 家庭成员失业情况：_____。家庭欠债情况：_____。 其他情况：_____。

个人承诺	承诺内容： 　　　　　　　　　　　　　　学生本人或监护人签字：　　　年　　月　　日

认定档次	经评议小组评议，学院工作组审核，并公示5个工作日，无异议。该生家庭经济认定为： □特殊困难　　□困难　　□一般困难 辅导员签字：　　　年　　月　　日　　　　学院盖章　　　年　　月　　日

注：1. 本表用于家庭经济困难学生认定，可在学工部网页下载专区下载，可复印。

2. 承诺内容须本人手工填写"本人承诺以上所填写资料真实，如有虚假，愿承担相应责任"。

3. 已通过建档立卡贫困户数据与学籍数据比对识别出的建档立卡贫困户家庭学生无须填写此表。

五、访谈对象的基本信息

编码	访谈对象资料（相关管理者）						
	姓名	性别	年龄	职业（职务）	文化程度	访谈地点	访谈时间
101	LZZ	女	38	省学生资助管理中心科员	研究生	电话、微信	2018 年 12 月至 2020 年 12 月多次
102	JZZ	男	48	扬帆大学学工部副部长	研究生	JZZ 办公室	2019 年 12 月—2020 年 8 月多次
103	MW	男	56	扬帆大学 W 学院党委书记	大学本科	MW 办公室、饭店	2018 年 11 月多次
104	TL	女	55	扬帆大学 W 学院党委副书记	大学本科	TL 办公室	2018 年 12 月多次
105	WXA	男	38	扬帆大学学生资助管理科科长	研究生	WXA 办公室、电话	2018 年 10 月—2021 年 3 月多次
106	LKK	女	50	扬帆大学 R 学院党委副书记	研究生	LKK 办公室	2018 年 10 月—2021 年 3 月多次
107	ZY	女	52	扬帆大学 J 学院党委副书记		ZY 办公室	2019 年 12 月多次
108	GCG	男	39	扬帆大学 Y 学院团委书记、辅导员	研究生	Y 学院辅导员办公室	2018 年 10 月—2020 年 7 月多次
109	LXF	男	36	扬帆大学 S 学院辅导员	研究生	LXF 办公室及其家中	2018 年 6 月—2020 年 10 月多次
110	LY	女	30	扬帆大学 S 学院辅导员	研究生	LY 办公室	2019 年 11 月多次
111	LHH	男	37	扬帆大学 R 学院辅导员	研究生	LHT 办公室	2020 年 8 月—2021 年 12 月多次
112	LWY	男	35	扬帆大学 J 学院辅导员	研究生	LWY 办公室	2019 年 9 月多次
113	WYY	男	32	扬帆大学 Y 学院辅导员	研究生	WYY 办公室	2018 年 10—2019 年 10 月多次
114	LZY	女	35	扬帆大学 Y 学院辅导员	研究生	LZY 办公室	2018 年 10—2019 年 10 月多次
115	LGQ	男	32	扬帆大学 D 学院辅导员	研究生	LGQ 办公室、篮球场	2018 年 10—2019 年 10 月多次

续表

编码	访谈对象资料（相关管理者）						
	姓名	性别	年龄	职业（职务）	文化程度	访谈地点	访谈时间
116	GXF	男	36	扬帆大学 W 学院辅导员	研究生	GXF 办公室及其家中	2018 年 10 月—2020 年 10 月多次
117	QSX	女	32	扬帆大学 C 学院辅导员	研究生	QSX 办公室	2018 年 11 月多次
118	WZY	女	37	扬帆大学 R 学院辅导员	研究生	WZY 办公室	2019 年 10 月—2020 年 5 月多次
119	ZPX	女	28	扬帆大学 R 学院辅导员、学生资助联络员	研究生	R 学院会议室	2019 年 9 月—2021 年 3 月多次
120	CDC	男	36	扬帆大学 Y 学院团委书记、辅导员	研究生	Y 学院辅导员办公室	2019 年 12 月—2020 年 10 月多次
121	LXX	女	34	扬帆大学 D 学院辅导员	研究生	D 学院会议室	2018 年 10 月—2020 年 10 月多次
122	WZ	男	35	扬帆大学 J 学院辅导员	研究生	WZ 办公室、饭店、电话	2019 年 11 月—2020 年 5 月多次
123	XCH	男	36	扬帆大学 R 学院辅导员	研究生	R 学院会议室	2019 年 11 月多次
124	SGW	男	33	扬帆大学 J 学院辅导员	研究生	J 学院会议室、电话	2019 年 10 月—2020 年 3 月多次
125	YH	男	30	扬帆大学 C 学院辅导员	研究生	C 学院会议室	2018 年 10 月—2020 年 10 月多次
126	HXC	女	34	扬帆大学 D 学院辅导员	研究生	D 学院会议室	2019 年 10 月—2020 年 3 月多次
127	XHC	女	33	扬帆大学 R 学院辅导员	研究生	R 学院会议室	2018 年 10 月—2020 年 10 月多次

编码	访谈对象资料（学生）								
	姓名	性别	年龄	是否参加过贫困生认定	目前贫困等级	职务	年级	访谈地点	访谈时间
201	LX	女	20	是	特殊困难	学生	三年级	W学院办公室	2018年10月多次
202	YQZ	男	21	是	特殊困难	班长	三年级	R学院会议室	2019年12月多次
203	XJH	女	20	是	特殊困难	学生	二年级	S学院教室	2021年6月多次
204	YXQ	女	21	是	特殊困难	学生	二年级	S学院会议室	2021年6月多次
205	ZXC	女	20	是	特殊困难	学生	三年级	Q学院教室	2021年6月多次
206	YXS	女	19	是	特殊困难	学生	一年级	S学院教室	2021年9月多次
207	FJ	女	20	是	困难	学生	三年级	R学院办公室	2018年8月—2019年12月多次
208	SJ	女	19	是	困难	团支书	一年级	D学院教室	2019年9月—12月多次
209	HSW	女	21	是	困难	学生	二年级	W学院会议室	2019年10月多次
210	GWJ	女	22	是	困难	学生	四年级	W学院办公室	2019年9月多次
211	ZYW	女	20	是	困难	学生	一年级	操场	2019年9月—12月多次
212	MJL	男	20	是	困难	学生	二年级	D学院教室	2021年6月2次
213	PHL	男	20	是	困难	学生	二年级	D学院教室	2021年6月2次
214	RSY	男	21	是	困难	体育委员	三年级	D学院教室	2021年6月2次
215	LHR	女	20	是	困难	学生	二年级	D学院会议室	2021年6月2次
216	CWJ	女	22	是	一般困难	组织委员	二年级	Y学院办公室	2019年9月多次

续表

编码	访谈对象资料（学生）								
	姓名	性别	年龄	是否参加过贫困生认定	目前贫困等级	职务	年级	访谈地点	访谈时间
217	YIQ	男	22	是	一般困难	学生	二年级	S学院办公室	2019年12月多次
218	HCY	男	21	是	一般困难	学生	三年级	J学院办公室	2020年2月多次
219	XJ	女	20	是	一般困难	学生	二年级	S学院教室	2019年12月多次
220	SC	女	20	是	一般困难	院学生会学生干部	二年级	S学院教室	2020年2月多次
221	WZW	女	20	是	一般困难	院学生会学生干部	二年级	S学院教室	2020年2月多次
222	WFT	女	21	是	一般困难	学生	三年级	S学院教室	2021年6月2次
223	ZCC	女	20	是	一般困难	班长	二年级	Q学院教室	2021年6月2次
224	YTY	女	22	是	一般困难	团支书	四年级	Q学院教室	2021年6月2次
225	XLJ	女	23	是	一般困难	学生	三年级	Q学院教室	2021年6月2次
226	ZJ	女	17	是	一般困难	学生	一年级	D学院办公室	2019年9月2次
227	CZH	男	19	是	不困难	班长	一年级	D学院办公室	2019年10月2次
228	HWS	女	22	是	不困难	学生	三年级	R学院会议室	2019年12月多次
229	WL	男	21	是	不困难	学生	二年级	S学院会议室	2019年10月多次
230	WTT	女	21	是	不困难	生活委员	二年级	Q学院教室	2020年2月1次
231	LYX	女	22	否	/	宣传委员、认定评议小组成员	二年级	C学院办公室	2019年12月多次

续表

编码	访谈对象资料（学生）								
	姓名	性别	年龄	是否参加过贫困生认定	目前贫困等级	职务	年级	访谈地点	访谈时间
232	JFP	男	20	否	/	班长、认定评议小组副组长	一年级	R学院会议室	2019年12月多次
233	LXY	女	21	否	/	学习委员、认定评议小组副组长	三年级	R学院会议室	2019年12月多次
234	GXJ	女	20	否	/	认定评议小组成员	二年级	Q学院教室	2020年9月多次
235	GXS	女	20	否	/	认定评议小组成员	二年级	Q学院教室	2020年9月多次
236	JR	男	20	否	/	副班长、认定评议小组副组长	二年级	S学院会议室	2019年12月多次
237	LFJ	男	20	否	/	班长、认定评议小组副组长	二年级	S学院会议室	2019年12月多次
238	ZKJ	男	21	否	/	组织委员、认定评议小组副组长	四年级	R学院会议室	2019年12月多次
239	XLP	男	20	否	/	认定评议小组成员	二年级	D学院教室	2020年6月1次
240	YHY	男	21	否	/	生活委员、认定评议小组副组长	三年级	Y学院会议室	2019年12月多次
241	XJL	女	21	否	/	认定评议小组成员	三年级	R学院办公室	2020年9月多次
242	RYH	男	20	否	/	认定评议小组成员	二年级	R学院办公室	2019年9月多次
243	ZXX	女	19	否	/	认定评议小组成员	一年级	J学院办公室	2019年9月多次
245	ZT	男	22	否	/	班长、认定评议小组副组长	四年级	J学院会议室	2019年12月多次
246	LYL	女	20	否	/	学生	二年级	R学院办公室	2019年12月多次

续表

| 编码 | 访谈对象资料(学生) | | | | | | | | |
	姓名	性别	年龄	是否参加过贫困生认定	目前贫困等级	职务	年级	访谈地点	访谈时间
247	FYX	女	20	否	/	学生	二年级	R 学院教室	2019 年 10 月 1 次
248	ZZY	女	20	否	/	学生	三年级	J 学院办公室	2020 年 2 月多次
249	ZSY	男	21	否	/	学生	三年级	J 学院办公室	2020 年 2 月多次
250	LYR	女	21	否	/	学生	三年级	R 学院办公室	2020 年 6 月多次
251	ZHY	男	22	否	/	学生	三年级	D 学院教室	2021 年 6 月多次
252	SYL	男	22	否	/	学生	二年级	S 学院会议室	2021 年 6 月多次
253	CJL	男	20	否	/	寝室长	二年级	S 学院教室	2021 年 6 月 2 次

后　记

　　贫困生认定是贫困生资助的基础环节或核心议题,关系到贫困生资助增进个体效能、消解阶层固化等社会保护功能的有效释放,但如何认定贫困生是一个极具挑战的议题。这种挑战首先来自贫困生认定时间的有限性,也就是需要在辅导员最繁忙的 9 月快速完成认定工作。其次,来自认定的复杂性,这种复杂性不仅是由于贫困本身的复杂性,也是由于贫困生认定标准、认定方法、认定程序的不确定性而引发的复杂性。但无论认定时间多么有限,认定过程多么复杂,每年的贫困生认定都得以顺利完成,与之相关的各类奖助学金也都得以顺利评选。由此不免产生一个隐蔽的疑问,那就是在匆忙与复杂性中,贫困生认定何以顺利完成?

　　6 年前,怀着对美好未来的憧憬,经过不断努力与尝试,我终于如愿考上博士。然而,读博远没有想象的那么容易。在进入博士论文选题环节,脑海中闪现过多个研究主题,有社区治理议题的,有农村发展议题的,有数字经济议题的……但这些议题都只是一念而过,未有具体行动,因为内心深处还是对大学及其相关议题较为感兴趣。记得一个晚上,睡梦中,迷迷糊糊,头脑中突然蹦出"贫困生"三个字,后又围绕着"贫困生",想了很多很多。第二天早上醒来,在提前联系好导师王毅杰教授后,我急切地来到王老师办公室,向他表达了我想研究贫困生群体这样的想法。王老师思索片刻,说可以做这个议题,但从资料的获得性或丰富性角度来看,可以研究一下贫困生识别的问题,并且理论上可以与农村贫困人口的识别形成对话。王老师的肯定与指导不仅鼓励了我,而且为我指明了方向,使我在迷茫与困惑中,找到了研究议题的突破口。

　　有了研究方向,接踵而来的便是如何开展调研。虽然我对大学场域并不陌生,但要真正进行深入的研究,作为一个田野调查新手,内心不免还是有些紧迫感。在快速拟订调查计划和访谈提纲后,我便进入田野调查地点扬帆大学,进行相关经验资料的挖掘与收集,而其具体过程在文中已有专门介绍,在此不再赘述。但总体来看,田野调查使我对高校贫困生认定有了一个清晰而全面的认知。与此同时,在调查的过程中,我不仅深感学生工作"上面千条线,下面一根针"的压力与"事无巨细"的烦琐,而且被学生资助场域内所发生的一个个鲜活故事、一幕幕动人画卷所感动。

有了调查而来的经验材料,接下来便是如何运用这些材料,也即如何撰写论文。结合博士毕业论文开题时专家所提建议,以及同门所给出的意见,我以贫困生认定的时间线,搭建了一个写作框架,然后将经验材料融入其中。以时间逻辑来写作有其利弊,利是逻辑清晰、写作方便,而弊是平铺直叙,缺少惊喜与巧妙。但彼时毕业的压力已让我无暇顾及那么多。在一拟好写作框架后,我便开始夜以继日地"码字"。不过,初稿的写作还算顺利。印象非常深的是,论文初稿完成于 2020 年 1—6 月。那段时间为了应对疫情,一直是"两点一线"生活。在老人的帮衬下,除了回家休息,就是到办公室写论文。将近 20 万字的论文初稿在半年时间内完成,于我个人来说,算是满意的。但之后的修改过程却是漫长而艰辛的,因为心中一直困惑于理论与经验材料如何更好地对话,经验材料如何更好地凝练与提升,总归于论文如何摆脱就事论事的桎梏,从而达到跳出经验材料来看材料的效果。幸好经过博士毕业论文预答辩专家组鞭辟入里的点评,以及王老师醍醐灌顶的深入指导,最终我将论文锁定在高校贫困生认定政策执行,并且运用孙立平教授"过程—事件分析"的研究策略,动态展示高校贫困生认定的全景图,以此揭示政策目标何以实现的整体性问题。后经河海大学沈洪成教授的进一步指点,我意识到贫困生的身份具有建构性,贫困生认定政策实施过程实际上就是贫困生身份的制造过程。因此,在论文的结论部分,我将"身份制造"作为结论之一。

在本书即将付梓出版之际,除了感到幸运与喜悦外,更多的是怀念与感恩。首先感谢导师王毅杰教授。在王老师的指导和关心下,本文才能从一个构想到最终成形,过程虽艰辛,但总算得到一分收获。王老师平时看上去很严肃,其实私下非常和蔼可亲,尤其是在同门的微信群里,王老师总是那个"最活跃的人"。最令人印象深刻的是,王老师广博的学识和对研究议题高超的理解力。每当我遇到困惑,甚至是茫然不知所措时,他总是能拨开云雾,为我指明前进的方向。尤其是在博士毕业论文预答辩之后,面对专家提出的各种问题,我感到无从下手,压力很大。就在这时,王老师不惜利用休息时间,为我指点迷津、答疑解惑,并且亲自为我调整论文框架,使我看到了希望与曙光。不仅如此,王老师严谨的治学态度也深深影响着我,他常常教导我们同门,要读书、调研、交流、反思、写作。而且,经常向我们分享学习资料,如每隔一段时间,他就将《社会学研究》《社会》《中国社会科学》《中国青年研究》等权威刊物的论文发给我们,孜孜不倦。

感谢导师杨文健教授,是他将我领进河海大学,使我有机会求学于各位师长。杨老师虽已离开我们多年,但第一次和他见面的场景至今仍浮现在我眼前。杨老师为人豪爽、幽默,深受学生喜爱。我虽未能在专业学习上进一步求教于他,但他对健康的忠告不时提醒着我,要平衡好学习、工作与身体之间的关系。感谢杨门师兄弟姐妹的关心与帮助。

感谢在调研中为我提供帮助的人。他们是一线的辅导员、相关管理人员、学生骨干、贫困生认定的申请者及相关学生。经过他们的同意,我得以顺利深入班级、宿舍等各种场合,对调查对象进行了各种层面的访谈与观察,获得了丰富的一手资料。在调查过程中,我能真切地感受到一线政策执行者所面临的压力,但同时也被他们在应对压力时所展现出的智慧所折服。记得一个大一年级的班级贫困生认定负责人,当我问起他如何在有限条件下更好地执行认定时,他很清晰地表达出了自己的做法,从中不仅可以感受到青年学生的智慧和想象力,而且可以洞见一线政策执行者的政策变通。不仅于此,通过调研,我对辅导员在日常工作中所展现出的艺术性也有一个更为深入的了解。在政策的刚性约束与灵活执行之间,他们时常能够找到一个很好的平衡点,促使贫困生认定这项工作按照规定时间节点顺利地向前推进。出于研究伦理,我不能公布他们的姓名,但感谢之情溢于言表。

在论文的写作过程中,我还得到多位师长、前辈的指点与帮助。他们是河海大学施国庆教授、陈阿江教授、孙其昂教授、陈绍军教授、黄健元教授、曹海林教授、顾金土教授、沈洪成教授、张虎彪副教授,南京大学童星教授、成伯清教授,以及南京师范大学金一虹教授等。

感谢王门师兄弟姐妹,同门情谊,弥足珍贵。感谢丁百仁、任宇东、蔡文强、乔文俊、王刘飞、王开庆、王春、宋庆宇、李红芳、赵晓敏、薄小奇、董伟、孟皓、卜莲秀、白杨、孙旌程、唐建华、陈云娇等给予我的关心与帮助,让我感受到师门一家亲的温暖。

感谢安徽工程大学人文学院为我提供的良好写作环境,感谢刘军院长为本书的顺利出版所给予的关心与指导。本书的研究受 2023 年度安徽省高校哲学社会科学研究项目(项目编号:2023AH040119)、安徽省高等学校省级优秀青年人才基金项目(项目编号:gxyq2021009)、2020 年安徽工程大学校级科研项目"场域理论视角下高校学生资助政策执行与创新研究"(项目编号:Xjky2020138)资助;出版受安徽工程大学地方政府与社会治理创新研究中心资助,在此一并表示感谢。

感谢我的父母和岳父母,感谢他们的养育之恩和默默付出。感谢内弟杨圆。一直以来,他对我和妻子都很照顾,而且在个人事业发展、家庭照料等方面,他都是我学习的榜样。感谢我的爱人杨娟,如果没有她的陪伴与鼓励,我不可能完成本文,更不可能完成学业。感谢我的儿子李正航,他是我前行的动力,希望他健康、快乐成长,将来成为一个社会有用之才。

回到研究本身。有人说"小题大做"是一条学术研究的坦途。我认同这样的说法,但做起来却是不容易的。高校贫困生认定是学校场域内的议题。据我所知,国内以这一议题作为博士论文选题的并不多见。从这个方面来看,我也算是第一个吃螃蟹的人。但如何将这个螃蟹吃好,吃出新意、吃出高度,这是我目前所面临的一个难题,也是我下一步继续深化的大方向。正如在我的博士毕业论文答辩时,答辩组专家南京大学成伯清教授指出,国内专门研究高校贫困生认定的人并不多,因此做一点儿这方面的研究也是蛮有意思的,但还是要在如何"小处见大"上面做进一步研究。

最后,我想说的是,这是我的第一本书,也是我的第一个田野研究,虽然满怀理想,特别想做好前期调研,并将文章写出新意、写出深度,但受限于自身能力与水平,前期调研和本书的写作难免存在不足与错误,恳请业内同仁与读者共同商榷,并给予批评与指正,为本书的修改与完善提供意见和建议。

2023 年 1 月 26 日